Espacio Joven 360

Libro del profesor

Equipo ESPACIO

Nivel

A2.1

Edinumen

1.ª edición: 2018
1.ª reimpresión: 2021

© **Equipo ESPACIO:**
María Carmen Cabeza Sánchez, Francisca Fernández Vargas, Luisa Galán Martínez, Amelia Guerrero Aragón, Emilio José Marín Mora, Liliana Pereyra Brizuela y Francisco Fidel Riva Fernández
Coordinación: David Isa de los Santos y Nazaret Puente Girón

Depósito legal: M-21766-2018
ISBN - Libro del profesor: 978-84-9848-941-5

Impreso en España
Printed in Spain
0621

Coordinación editorial:
David Isa

Diseño y maquetación:
Carlos Casado y Sara Serrano

Actividades interactivas:
Antonio Arias y Eva Gallego

Fotografías:
Archivo Edinumen

Impresión:
Gráficas Glodami. Madrid

Editorial Edinumen
José Celestino Mutis, 4. 28028 Madrid. España
Teléfono: (34) 91 308 51 42
e-mail: edinumen@edinumen.es
www.edinumen.es

ÍNDICE

1. Espacio Joven 360º

2. Libro del profesor

3. Guía didáctica

4. Apéndices

PRESENTACIÓN

Espacio Joven 360º es un curso comunicativo de lengua y cultura españolas, moderno e innovador, que integra múltiples contenidos y soluciones multimedia para facilitar una nueva experiencia de aprendizaje global y motivadora a jóvenes adolescentes, adaptándose a la forma en la que ellos interactúan en su día a día.

Dividido en cinco niveles y siguiendo las directrices del *Marco común europeo de referencia* (MCER) y del *Plan curricular del Instituto Cervantes*, **Espacio Joven 360º** conduce a la adquisición de una competencia comunicativa del nivel B1.2 y prepara para los nuevos exámenes DELE.

COMPONENTES DISPONIBLES

Para el estudiante

Libro del alumno

Cuaderno de ejercicios

eBook libro del alumno

Cuaderno de ejercicios *online*

Para el profesor

Libro del profesor

eBook libro del profesor

PACK **Guía Maestra Digital**

eBook alumno

eBook profesor

eBook ejercicios

Todo el material digital puede ser utilizado en ordenadores (PC, Mac), iPads y *tablets* de Android, con o sin conexión a internet.

LA PLATAFORMA ELETECA© 4.0

ELEteca© 4.0, una sólida plataforma de aprendizaje que amplía las posibilidades del manual y se adapta a las necesidades de cada escuela.

En la ELEteca el profesor dispone de diferentes recursos y funcionalidades digitales:

- **Funcionalidades** que permiten al profesor personalizar sus propios cursos, organizar materiales en línea, realizar tareas colaborativas, hacer un seguimiento de los estudiantes...
- **Extensión digital** con recursos extras para el alumno y el profesor: vídeos, actividades interactivas, materiales de ampliación, refuerzo, evaluación...

Altas y gestión

> Gestiona y administra tus clases de forma personalizada según las necesidades de tus grupos y de tu escuela.

Diversidad de actividades

> Accede a los recursos extras de los manuales, crea actividades propias y aprovecha los materiales y herramientas que te ofrece la plataforma.

Seguimiento personalizado

> Sigue el trabajo de tus estudiantes en la plataforma en tiempo real con un sistema avanzado de calificaciones, mensajería y notificaciones.

Audios y videotareas

> Disfruta de las nuevas actividades de audio y vídeo para un aprendizaje más activo y completo.

Módulo de eBooks integrado

> Accede a tus eBooks y Packs GMD de Edinumen con una única cuenta de usuario y en el mismo entorno.

EXTENSIÓN DIGITAL ESPACIO JOVEN 360

Espacio Joven 360º cuenta con una gran cantidad de recursos multimedia que han sido diseñados para enriquecer el proceso de enseñanza y aprendizaje de una forma global y motivadora, y que se ofrecen integrados en la secuencia didáctica del libro del estudiante.

ALUMNO

A lo largo de las unidades se hace referencia a diferentes **instrumentos digitales** a disposición del estudiante que permiten la **profundización** y la **revisión** de los contenidos, **dinamizando** el curso.

Actividades interactivas

+ Prácticas

Cada uno de los contenidos que aparecen en la unidad se complementan con nuevas actividades *online* para practicar y repasar de una manera divertida.

Serie

Sesión de cine

Serie sobre un grupo de jóvenes hispanos que protagonizan situaciones de la vida cotidiana.

360

Actividades colaborativas

Actividades variadas concebidas para ser desarrolladas como tareas de trabajo cooperativo a través de wikis y foros.

VIDEOGRAMAS

Vídeos didácticos

Vídeo situacional y explicación gráfica de los aspectos gramaticales de la unidad.

SPANISH BLOGGER

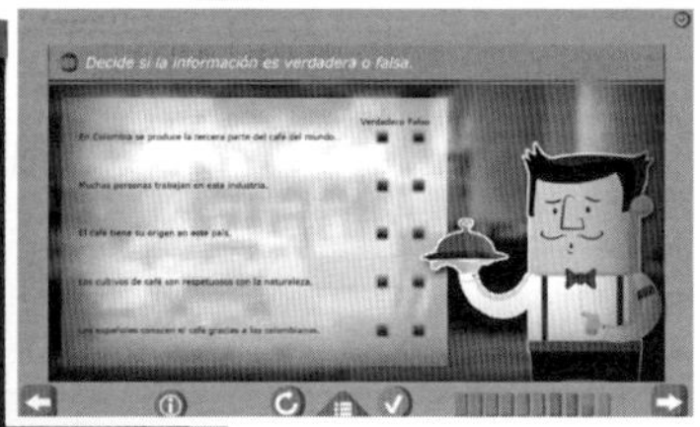

Spanish Blogger es un juego de carácter narrativo que permite a los estudiantes seguir aprendiendo español en un contexto lúdico, al finalizar la unidad. Vivirán la experiencia de trabajar en un periódico y de crear su propio blog sobre la cultura hispana.

Gamificación

PROFESOR

El profesor dispone en su espacio en la ELEteca de los siguientes materiales extras para que sus clases sean mucho más atractivas y dinámicas:

ELEteca

Material fotocopiable y proyectable

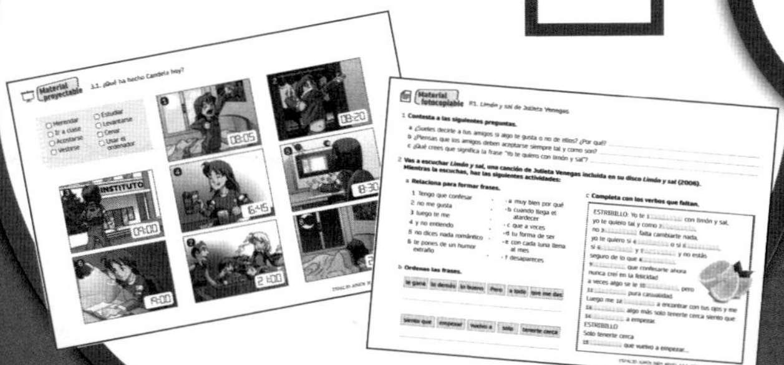

Test de evaluación

Guía de las actividades colaborativas

Claves del cuaderno de ejercicios

360

Audiciones y transcripciones

Vocabulario de cada unidad

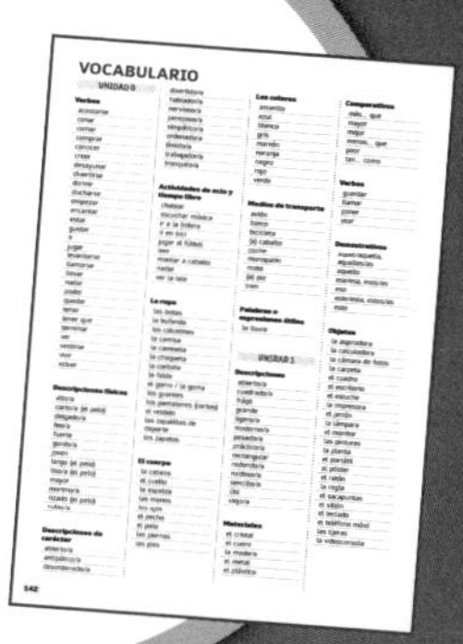

Vídeos

VIDEOGRAMAS

La casa del español

Sesión de cine

¡Acción!

El estudiante dispone en su espacio de la ELEteca de actividades que se corrigen automáticamente y que permiten al profesor acceder a los resultados obtenidos a través del **libro de calificaciones *online***.

LIBRO DEL PROFESOR

El libro del profesor de **Espacio Joven 360º** es una guía didáctica completa para obtener un mayor rendimiento de las actividades y contenidos del libro del alumno. En cada unidad, las actividades se explican de manera clara y secuenciada. Para ello, se señalan las sugerencias de explotación, actividades opcionales, todas las transcripciones de las audiciones, soluciones o claves, etc., con las que reforzar y mejorar el proceso de enseñanza/aprendizaje. Además, encontrará información adicional útil sobre contenidos culturales, gramaticales, fonéticos y léxicos, con los que podrá resolver con más facilidad las dudas o preguntas que le puedan surgir a usted o a sus alumnos.

El **Libro del profesor** consta de:

1. **Guía didáctica** con sugerencias de explotación con claves, referencias a los contenidos multimedia, materiales fotocopiables y proyectables, información adicional, transcripciones, etc.
2. Relación del **material proyectable y fotocopiable** que están descargables en la plataforma educativa (ELEteca).
3. Apéndice de **transcripciones**.
4. **Claves** del cuaderno de ejercicios.

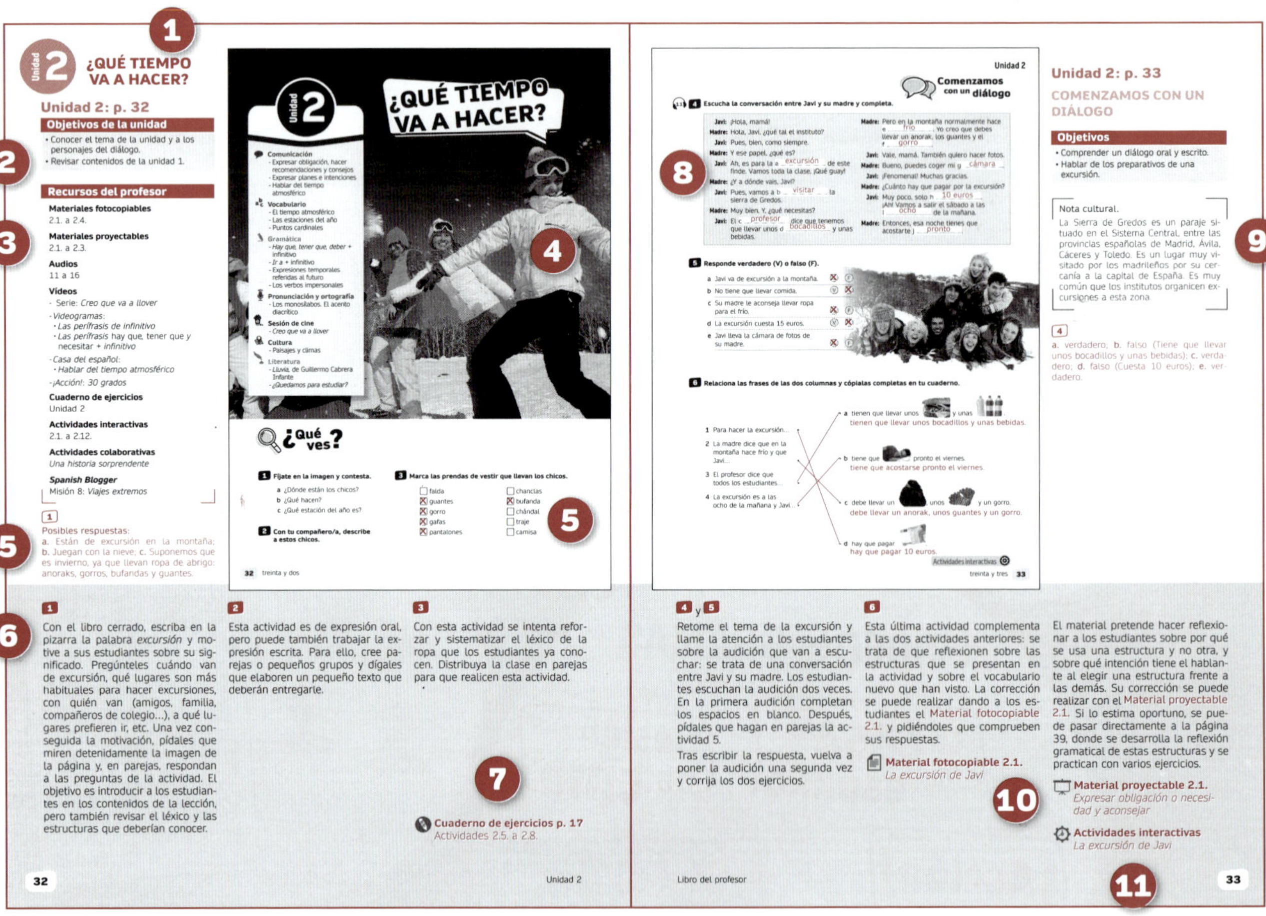
Unidad 2
¿QUÉ TIEMPO VA A HACER?
Unidad 2: p. 32
Objetivos de la unidad
• Conocer el tema de la unidad y a los personajes del diálogo.
• Revisar contenidos de la unidad 1.
Recursos del profesor
Materiales fotocopiables
2.1. a 2.4.
Materiales proyectables
2.1. a 2.3.
Audios
11 a 16
Vídeos
- Serie: *Creo que va a llover*
- *Videogramas*:
• *Las perífrasis de infinitivo*
• *Las perífrasis* hay que, tener que *y* necesitar + *infinitivo*
- *Casa del español*:
• *Hablar del tiempo atmosférico*
- *¡Acción!: 30 grados*
Cuaderno de ejercicios
Unidad 2
Actividades interactivas
2.1. a 2.12.
Actividades colaborativas
Una historia sorprendente
Spanish Blogger
Misión 8: *Viajes extremos*
1
Posibles respuestas:
a. Están de excursión en la montaña; b. Juegan con la nieve; c. Suponemos que es invierno, ya que llevan ropa de abrigo: anoraks, gorros, bufandas y guantes.
1
Con el libro cerrado, escriba en la pizarra la palabra *excursión* y motive a sus estudiantes sobre su significado. Pregúnteles cuándo van de excursión, qué lugares son más habituales para hacer excursiones, con quién van (amigos, familia, compañeros de colegio...), a qué lugares prefieren ir, etc. Una vez conseguida la motivación, pídales que miren detenidamente la imagen de la página y, en parejas, respondan a las preguntas de la actividad. El objetivo es introducir a los estudiantes en los contenidos de la lección, pero también revisar el léxico y las estructuras que deberían conocer.
2
Esta actividad es de expresión oral, pero puede también trabajar la expresión escrita. Para ello, cree parejas o pequeños grupos y dígales que elaboren un pequeño texto que deberán entregarle.
3
Con esta actividad se intenta reforzar y sistematizar el léxico de la ropa que los estudiantes ya conocen. Distribuya la clase en parejas para que realicen esta actividad.
Cuaderno de ejercicios p. 17
Actividades 2.5. a 2.8.
32
Unidad 2
Unidad 2: p. 33
COMENZAMOS CON UN DIÁLOGO
Objetivos
• Comprender un diálogo oral y escrito.
• Hablar de los preparativos de una excursión.
Nota cultural.
La Sierra de Gredos es un paraje situado en el Sistema Central, entre las provincias españolas de Madrid, Ávila, Cáceres y Toledo. Es un lugar muy visitado por los madrileños por su cercanía a la capital de España. Es muy común que los institutos organicen excursiones a esta zona.
4
a. verdadero; b. falso (Tiene que llevar unos bocadillos y unas bebidas); c. verdadero; d. falso (Cuesta 10 euros); e. verdadero.
4 y 5
Retome el tema de la excursión y llame la atención a los estudiantes sobre la audición que van a escuchar: se trata de una conversación entre Javi y su madre. Los estudiantes escuchan la audición dos veces. En la primera audición completan los espacios en blanco. Después, pídales que hagan en parejas la actividad 5.
Tras escribir la respuesta, vuelva a poner la audición una segunda vez y corrija los dos ejercicios.
6
Esta última actividad complementa a las dos actividades anteriores: se trata de que reflexionen sobre las estructuras que se presentan en la actividad y sobre el vocabulario nuevo que han visto. La corrección se puede realizar dando a los estudiantes el Material fotocopiable 2.1. y pidiéndoles que comprueben sus respuestas.
Material fotocopiable 2.1.
La excursión de Javi
El material pretende hacer reflexionar a los estudiantes sobre por qué se usa una estructura y no otra, y sobre qué intención tiene el hablante al elegir una estructura frente a las demás. Su corrección se puede realizar con el Material proyectable 2.1. Si lo estima oportuno, se puede pasar directamente a la página 39, donde se desarrolla la reflexión gramatical de estas estructuras y se practican con varios ejercicios.
Material proyectable 2.1.
Expresar obligación o necesidad y aconsejar
Actividades interactivas
La excursión de Javi
Libro del profesor
33

1. Unidad y título
2. Objetivos de la unidad o de la sección
3. Recursos del profesor
4. Libro del alumno
5. Soluciones de las actividades
6. Sugerencias o información adicional para el profesor
7. Referencias a las actividades del cuaderno de ejercicios
8. Transcripciones de las audiciones
9. Notas culturales y gramaticales
10. Material fotocopiable y proyectable
11. Actividades interactivas y vídeos

ORGANIZACIÓN DE CADA UNIDAD DIDÁCTICA

¿Qué ves?

Comenzamos con un diálogo

Como indica el título, esta sección se centra en una **conversación** que introduce el **tema de la unidad**, el **vocabulario previo** y las **estructuras gramaticales**. Con ello los estudiantes comienzan a interpretar el significado y a usar la lengua en un contexto auténtico, sin necesidad de entender todas las palabras.

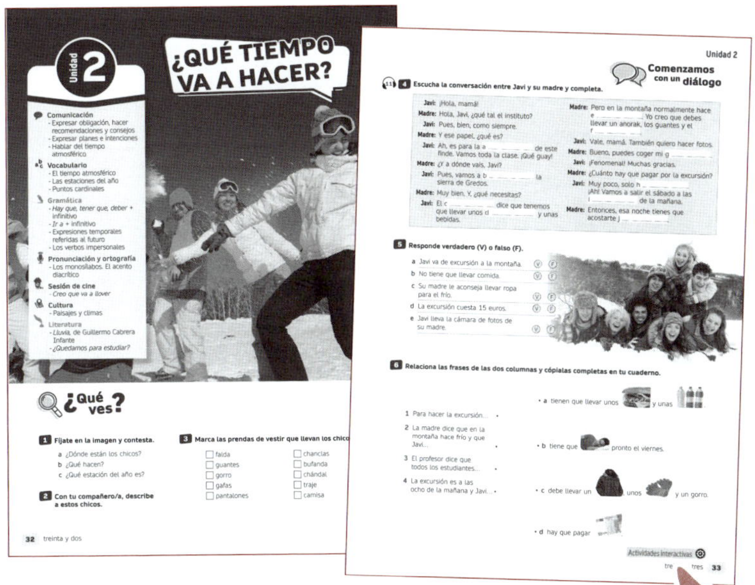

Referencia a las actividades interactivas.

Sección: *¿Qué ves?*

Esta sección introduce el tema de la unidad, trabajando contenidos que los alumnos ya conocen o han estudiado anteriormente. La unidad se inicia con una imagen, es decir, un estímulo visual relacionado con el tema que se va a trabajar, y se explota con un par de actividades. El objetivo de este apartado es estimular, motivar a los estudiantes y revisar los contenidos estudiados anteriormente.

Sección: *Comenzamos con un diálogo*

Esta sección va siempre encabezada por un diálogo que gira alrededor del tema de la imagen de la sección anterior y que sirve como introducción a la unidad a través de la comprensión oral y escrita. Los diálogos son muestras de lengua sencilla y cotidiana que presentan situaciones cercanas al estudiante, en las que se activan estructuras gramaticales, contenidos léxicos y recursos comunicativos que los estudiantes van a trabajar en profundidad en otras secciones de la unidad.

Hablar por hablar

Presentación de los **objetivos comunicativos** a través de sencillos cuadros funcionales, seguidos de actividades de producción y comprensión oral.

Las estructuras y las funciones se presentan como elementos de la conversación.

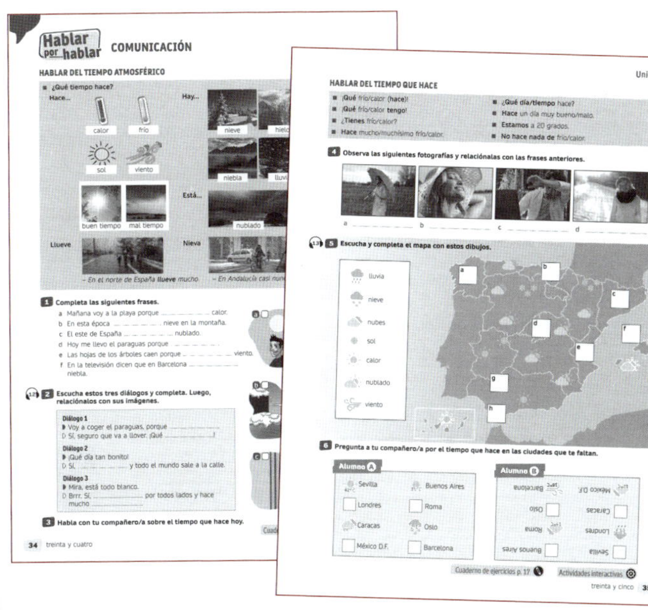

Sección: *Hablar por hablar (Comunicación)*

Esta sección presenta los contenidos funcionales de la lección de una forma esquemática y sencilla, con el objetivo de ayudar al estudiante a comunicarse utilizando el léxico y las funciones gramaticales que se trabajan en la unidad.

La sección consta de cuadros funcionales donde se sistematizan los diferentes exponentes para expresar una función determinada y se trabajan a través de varias actividades, que van desde una producción más sencilla hasta un grado de dificultad más complejo, con el fin de reforzar la autonomía oral de los estudiantes. Como se trata de un apartado centrado en la comunicación, primarán las actividades orales, ya sean de comprensión o de expresión.

Palabra por palabra

Resumen y análisis de los **elementos léxicos** introducidos en el diálogo a través de la presentación de **cuadros léxicos** y de actividades lúdicas y motivadoras. Trabajar las actividades con su compañero/a o en pequeños grupos anima a los estudiantes a aprender colaborativamente.

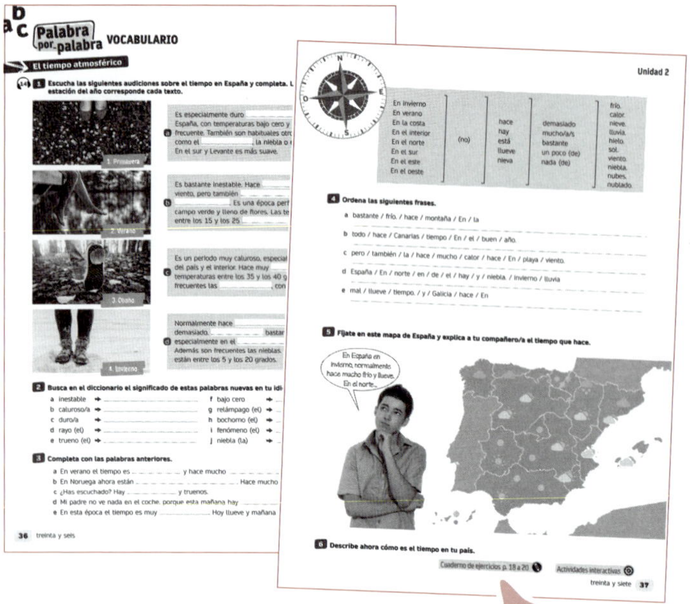

Referencias al *Cuaderno de ejercicios.*

Sección: *Palabra por palabra (Léxico)*

Esta sección trata de ampliar y/o presentar un léxico complementario al que puedan haber visto en apartados anteriores.

En este apartado, primero se realiza una presentación del vocabulario relativo a un tema determinado y, después, se trabaja con él. La práctica del vocabulario presentado se hace utilizando una variada combinación de ejercicios que tratan de activar todas las destrezas del estudiante. Estos ejercicios se presentan secuenciados desde tareas simples (prácticas controladas) a ejercicios de libre desempeño que ayudan a estimular la autonomía del estudiante y a facilitar la interacción con sus compañeros.

Paso a paso

Sistematización de los **aspectos gramaticales** gracias a cuadros con explicaciones claras y completas, y a una serie de actividades de reflexión.

El apéndice gramatical al final del libro del alumno ofrece numerosas **profundizaciones** de estos aspectos gramaticales.

Referencias a *Videogramas.*

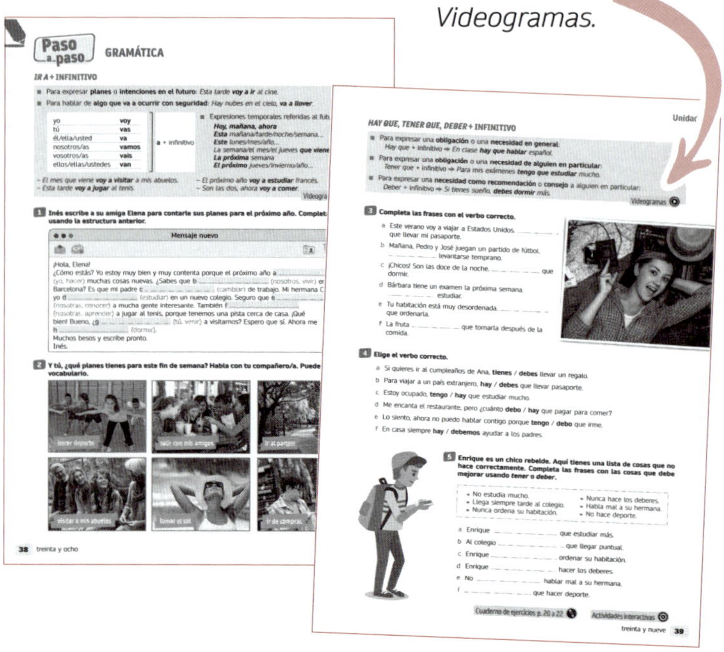

Sección: *Paso a paso (Gramática)*

Este apartado se centra en el estudio de la gramática. Generalmente se sigue la misma estructura en todas las unidades: presentación de un contenido gramatical y sus actividades correspondientes.

El objetivo de esta sección es doble: por un lado, se completan los contenidos de la unidad introduciendo de una manera más explícita los contenidos gramaticales necesarios para la correcta activación de las funciones comunicativas trabajadas en secciones anteriores. Por otro lado, se pretende ampliar la competencia gramatical de los estudiantes con la explicación de contenidos propios de su nivel de aprendizaje.

La sección va encabezada por cuadros de gramática con una serie de ejemplos significativos y claros.

La dinámica de los ejercicios es más pautada y controlada y presenta, por ello, menos contextualización que las otras secciones.

Sección dedicada a los **aspectos ortográficos y fonéticos** de la lengua española.

Sección: *Suena bien (Pronunciación y ortografía)*

En este epígrafe se trabaja la fonética, la ortografía y la pronunciación del español. Está encaminado a la enseñanza de la correcta pronunciación de las unidades léxicas y a la presentación de las principales reglas ortográficas que existen en la lengua española. Puesto que este apartado centra su atención en la pronunciación, normalmente aparecen varias audiciones, con las que los estudiantes escuchan y repiten en voz alta. Normalmente esta sección acaba con un dictado para poner en práctica lo aprendido.

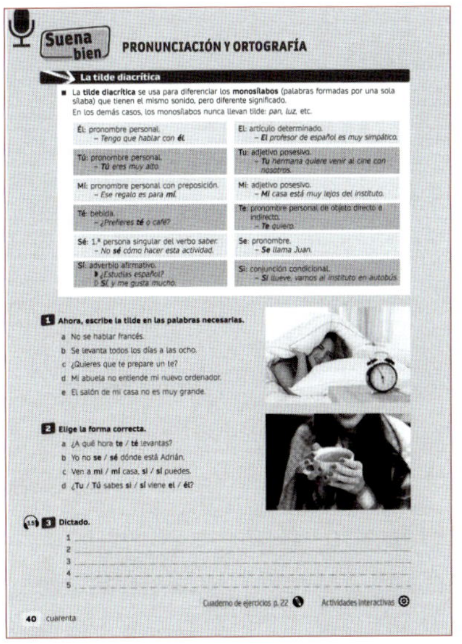

Esta sesión presenta **vídeos** sobre la vida de un grupo de adolescentes, relacionados con el tema de la unidad. Van acompañadas de actividades para predecir e interpretar la historia.

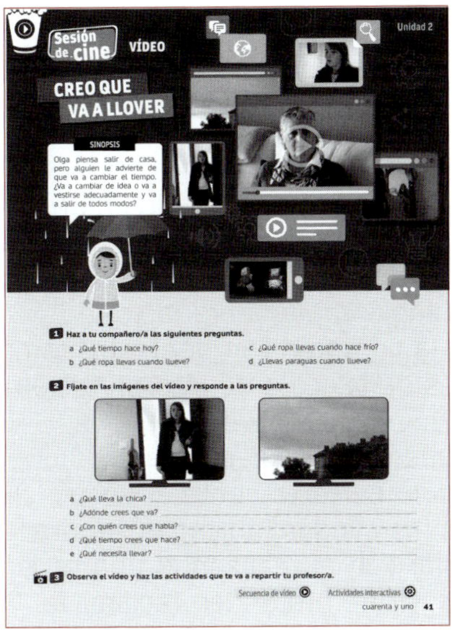

Sección: *Sesión de cine (Vídeo)*

Serie en español en la que un grupo de jóvenes hispanos protagoniza situaciones de la vida cotidiana. La visualización y explotación de estos vídeos ayudará a los estudiantes a aprender más acerca de la cultura y los comportamientos de los hispanohablantes y a desarrollar su competencia sociocultural.

Cada vídeo se relaciona con el tema, el vocabulario y las estructuras de la unidad, para así reforzar el aprendizaje.

Para trabajar otros acentos hispanos, el profesor también dispone de la versión de Hispanoamérica de la serie *¡Acción!*

La unidad concluye con tres secciones que agrupan todos los elementos lingüísticos presentados en las páginas anteriores, permitiendo al estudiante la **utilización global y personal de las competencias adquiridas.**

Mundo hispano

Desarrollo y profundización de uno o más **aspectos culturales** presentados en la unidad.

Esta sección cultural va más allá de una simple instantánea cultural e invita a los estudiantes a profundizar más en las perspectivas hispanas con información y actividades diseñadas para alentarles a ampliar el contenido cultural del texto.

Sección: *Mundo Hispano (Cultura)*

Este apartado acerca a los estudiantes la realidad sociocultural de España y de América Latina. El objetivo principal es ofrecerles una nueva oportunidad para practicar y consolidar los contenidos estudiados, envolviéndolos en la cultura del idioma que están aprendiendo.
La información adicional que presenta esta sección se desarrolla a partir de un título y a través de textos, recursos visuales atractivos y ejercicios variados, donde se invita al alumno a la reflexión cultural, teniendo en cuenta su conocimiento del mundo y su edad. También se aprovecha para presentar temas transversales de valor universal.
Finaliza esta sección con un extracto de noticia sobre cine, música, sociedad, etc. para que los estudiantes profundicen más en el tema a través del uso de las nuevas tecnologías.

Érase una vez...

Introducción a autores hispanos, su contexto histórico y su trabajo, y culmina con una muestra o fragmento literario.

Sección: *Érase una vez (Literatura)*

Este apartado consiste en la explotación de un texto literario o relato a partir del cual se realizarán una serie de actividades. Los textos, de autores hispanos y de diferentes géneros literarios, están relacionados con los contenidos tratados a lo largo de la unidad y aporta información adicional. Todos los textos están grabados para trabajar también la comprensión auditiva. Al estudiante se le dan, además, herramientas complementarias que ayudan a la comprensión del texto, como actividades de léxico o de interpretación del mismo.
Una vez que el aprendiente ha comprendido perfectamente el texto con todas las ayudas indicadas, tendrá que trabajar con él realizando una serie de ejercicios que pretenden facilitar la comprensión lectora, la consolidación de los contenidos léxicos, gramaticales y funcionales aprendidos en la lección y trabajar la expresión escrita y la interacción oral.

Me preparo para el DELE

¡Me lo sé!

Para la **evaluación del aprendizaje**, se han incluido:

- **actividades de preparación al DELE**, concebidas según el modelo de las pruebas de examen de cada nivel;
- **actividades de evaluación** con puntuación, que se realiza de forma autónoma.

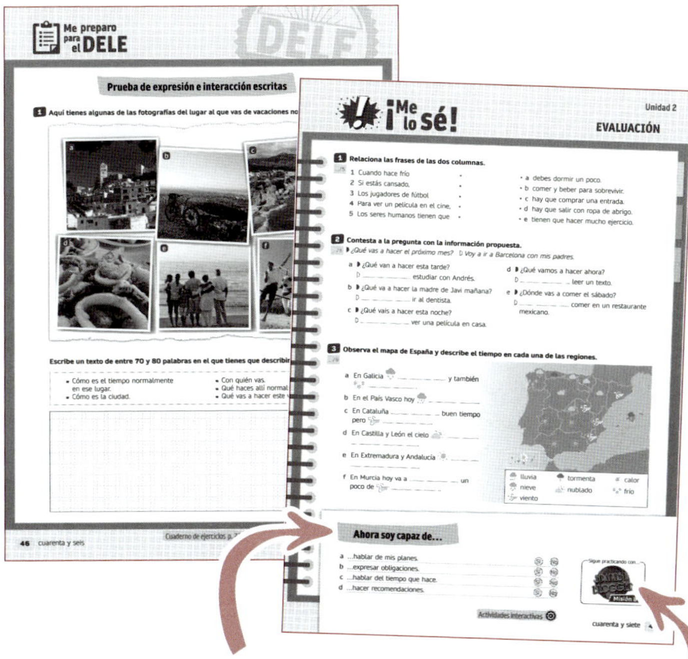

En la sección *Ahora soy capaz de...* se requiere que el estudiante demuestre, con sus propios ejemplos o explicaciones, qué ha aprendido en la unidad.

Referencias al juego *Spanish Blogger.*

Sección: *Me preparo para el DELE*

Esta sección tiene como objetivo la evaluación final del alumno, al mismo tiempo que se familiariza con las pruebas de examen de DELE, y que pueda prepararse para obtener el *Diploma oficial de español como lengua extranjera* (DELE).
Para ello se han seguido los modelos oficiales de examen, según el *Marco común europeo de referencia*. En cada unidad se practicará uno o dos tipos de prueba que el estudiante puede encontrar en un examen real; si bien hay que tener en cuenta que, aunque sean ejercicios del mismo tipo, trabajarán los contenidos de las unidades del libro y serán más breves.
Conviene que, al tratarse de una preparación de un examen, las actividades se realicen individualmente y en un tiempo determinado.

Sección: *¡Me lo sé! (Evaluación)*

La unidad finaliza con la evaluación de todos los contenidos trabajados a lo largo de la unidad. Son actividades en las que se evalúan principalmente las funciones, la gramática y el léxico vistos.
Los ejercicios se presentan en formato de test o examen, ya que su fin es la evaluación por parte del profesor. Al mismo tiempo se incorpora el apartado "Ahora soy capaz de..." que permite la autoevaluación o repaso por parte de los estudiantes.
Como complemento a este apartado, en algunos niveles el profesor va a encontrar en la plataforma educativa diferentes test (test de recuperación, profundización y verificación) para evaluar el aprendizaje de sus estudiantes.
Se incorpora al final de la unidad el videojuego narrativo ***Spanish Blogger*** (niveles A1, A2.1., A2.2. y B1.1.) o ***Spanish.org*** (nivel B1.2) para seguir practicando lo aprendido de una manera lúdica y divertida.

Cada uno de los contenidos de la unidad se refuerzan con **actividades interactivas** y con los ejercicios complementarios del **libro de ejercicios.**

ÍNDICE DEL LIBRO DEL ALUMNO

Pronunciación y Ort.	Sesión de cine	Cultura	Literatura	DELE
• Repaso general: letras y sonidos		• La familia y la vida cotidiana en España		
• Las sílabas y el acento prosódico	• *En la papelería*	• Regalos y celebraciones	• *Alegría*, de David Isa • *Un día solo para mamá*	• Prueba de expresión e interacción escritas **EVALUACIÓN**
• Los monosílabos. El acento diacrítico	• *Creo que va a llover*	• Paisajes y climas	• *Lluvia*, de Guillermo Cabrera Infante • *¿Quedamos para estudiar?*	• Prueba de expresión e interacción escritas **EVALUACIÓN**
• Las palabras llanas	• *¿Qué has hecho hoy?*	• La educación	• *Novela de Andrés Choz*, de José M.ª Merino • *Mi vecino famoso*	• Prueba de comprensión auditiva **EVALUACIÓN**
• Las palabras agudas	• *Don Quijote*	• El turismo en España y el ecoturismo	• *La ruta del lobo perdido*	• Prueba de expresión e interacción orales • Prueba de comprensión auditiva **EVALUACIÓN**
• Las palabras esdrújulas	• *Dime, Carlos*	• Una región conectada	• *Breve historia de un hombre que hablaba lenguas*, de Horacio Vázquez-Rial • *Las ventajas de internet*	• Prueba de comprensión de lectura • Prueba de expresión e interacción orales **EVALUACIÓN**
• Los diptongos	• *¿Vamos de compras?*	• Herencias y tópicos	• *Tú, la oscuridad*, de Mayra Montero • *Viaje en el tiempo*	• Prueba de expresión e interacción escritas • Prueba de expresión e interacción orales **EVALUACIÓN**

Unidad **0**

EL DÍA A DÍA

Unidad 0: p. 10

Objetivos de la unidad

- Describir a personas, su carácter y sus rasgos físicos.
- Hablar de acciones habituales.
- Expresar los gustos.
- Identificar algunos medios de transportes.

Recursos del profesor

Audios

1 a 3

Cuaderno de ejercicios

Unidad 0

1

Descripción 1: Es castaña y delgada. Tiene el pelo largo y un poco rizado. Tiene los ojos negros. No es ni alta ni baja. Es muy guapa, y parece buena persona.

Descripción 2: Es mayor. Tiene el pelo blanco y corto. Lleva barba y bigote. Es alto y tiene los ojos marrones. Es un poco gordo, pero no mucho. Es muy amable.

Descripción 3: Es joven, tiene 15 años. Es moreno, alto y delgado. Tiene el pelo corto y rizado. Tiene los ojos verdes y lleva gafas. Es muy simpático. Lleva siempre ropa moderna.

Descripción 4: Es joven, morena, alta y delgada. Tiene 14 años. Tiene el pelo largo y liso. Tiene los ojos grandes y verdes. Es deportista y siempre sonríe.

Unidad 0

Comunicación
- Hablar de acciones habituales
- Expresar gustos
- Describir personas: rasgos físicos y de carácter

Vocabulario
- El cuerpo humano
- Descripción física
- Los medios de transporte
- La ropa
- Actividades de tiempo libre

Gramática
- Presente de indicativo regular e irregular

Pronunciación y ortografía
- Repaso general: letras y sonidos

Cultura
- La familia y la vida cotidiana en España

¿Qué ves?

1 **1** **Escucha las descripciones y elige la que corresponde a Javi, el chico de la imagen.**

Descripción 1 ☐ Descripción 3 ☒
Descripción 2 ☐ Descripción 4 ☐

2 **Ahora, lee su descripción y completa.**

Javi es joven, tiene 15 años. Es moreno, alto y delgado. Tiene el pelo corto y rizado. Tiene los ojos verdes y lleva gafas. Es muy simpático. Lleva siempre ropa moderna.

1 **3** **Escucha de nuevo y relaciona las otras tres descripciones con la imagen correspondiente.**

4

2

1

10 diez

1

Antes de comenzar, explique a los estudiantes que en esta unidad 0 verán contenidos ya estudiados en el nivel anterior. En este primer ejercicio se recuerda cómo se da en español información para describir a una persona hablando de la edad, las aficiones, la ropa y la descripción física.

Pida a los estudiantes que describan la imagen del chico del patinete y escriba en la pizarra todas las frases que se den en clase.

A continuación, presente a Javi, el chico que aparece con su ordenador. Dígales que van a escuchar cuatro descripciones y tienen que marcar la descripción que corresponde a la de Javi.

2

El objetivo de esta actividad es completar la descripción de Javi que han escuchado en la actividad anterior. Vuelva a poner la audición para que los alumnos comprueben sus respuestas.

Como sugerencia, pregunte sobre la ropa de Javi y si realmente ellos también piensan que su ropa es moderna. Si no es así, vuelva a preguntarles qué es para ellos llevar ropa moderna.

3

Ponga de nuevo la audición y pídales que relacionen las otras tres descripciones con la foto correcta. Si lo desea, haga preguntas relacionadas con el aspecto físico y de carácter de cada una de ellas. El objetivo de esta actividad es reforzar el léxico que ya conocen.

4 **Este es un día normal en la vida de Javi. Lee el texto y contesta verdadero (V) o falso (F).**

Hola chicos, **me llamo** Javi y tengo 15 años. **Vivo** en Madrid con mi familia y **estudio** 2.° de la ESO. Todos los días **me levanto** a las ocho de la mañana, **desayuno** en casa y **voy** a clase a pie, porque el insti **está** muy cerca. Las clases **empiezan** a las nueve y **terminan** a las dos y media. **Vuelvo** a casa a las tres y **como** con mi abuela. Por la tarde, los lunes y los miércoles voy a mis clases particulares de Inglés, y los martes **quedo** con Carlos para jugar al tenis y charlar de nuestras cosas; **me río** mucho con él. Nunca vuelvo a casa después de las siete, porque siempre **tengo** que hacer deberes.

		V	F
a	Javi nunca coge el autobús para ir al instituto.	☒	F
b	Todos los días va a clases de Inglés.	V	☒
c	Queda con Carlos los sábados y los domingos.	V	☒
d	Termina sus clases a las tres.	V	☒
e	Vuelve a casa antes de las siete.	☒	F

b. falso (Los lunes y miércoles por la tarde); c. falso (Los martes); d. falso (Termina a las dos y media).

5 **Clasifica los verbos en presente de indicativo resaltados en el texto del ejercicio 4. Luego, conjúgalos en todas las personas en tu cuaderno.**

-AR	-ER	-IR	Reflexivos
estudio, desayuno, está, empiezan, terminan, quedo	vuelvo, como, tengo	vivo, voy	me llamo, me levanto, me río

6 **Ahora escribe los infinitivos de los verbos irregulares del ejercicio 4. ¿Recuerdas qué irregularidad tienen?**

7 **Escribe qué hace cada persona en las fotos siguientes.**

dormir
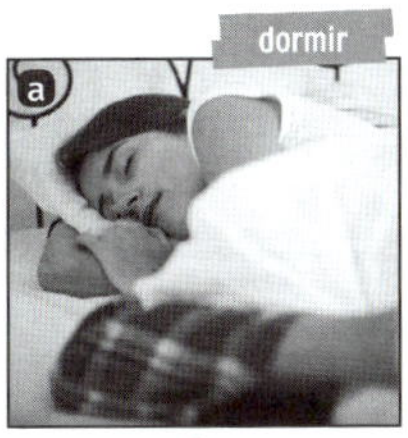
Luisa duerme

vestirse
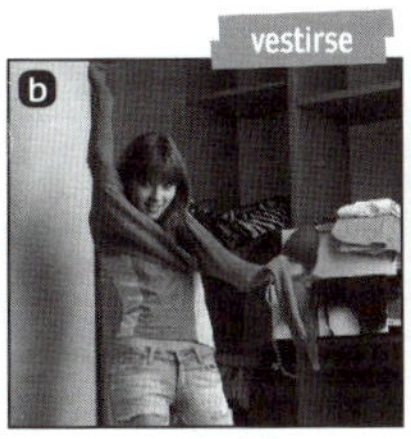
Yo me visto

ducharse
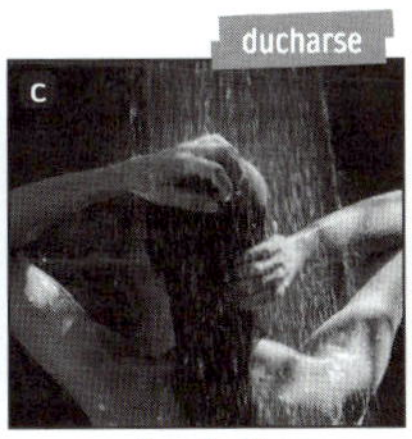
Tú te duchas

jugar

Ellos juegan

8 **Escribe un texto similar al del ejercicio 4 para explicar cómo es un día normal en tu vida.**

Cuaderno de ejercicios p. 4

Unidad 0: p. 11

Objetivos

- Revisar el presente de indicativo.
- Hablar sobre acciones habituales.

Nota de vocabulario.
En el lenguaje juvenil es muy habitual utilizar formas acortadas de palabras. Entre ellas, podemos señalar *insti* (instituto), *cole* (colegio), *profe* (profesor), *mates* (Matemáticas), etc.

6
Estar, irregularidad en la primera persona (*estoy*); Empezar, irregularidad vocálica e>ie, excepto en nosotros y vosotros (*empiezo, empiezas, empieza, empezamos, empezáis, empiezan*); Volver, irregularidad vocálica o>ue, excepto en nosotros y vosotros (*vuelvo, vuelves, vuelve, volvemos, volvéis, vuelven*); Tener, irregularidad en la primera persona e irregularidad vocálica e>ie, excepto en nosotros y vosotros (*tengo, tienes, tiene, tenemos, tenéis, tienen*); Ir, irregular en todas las personas (*voy, vas, va, vamos, vais, van*); Reírse, irregularidad vocálica e>i, excepto en nosotros y vosotros (*me río, te ríes, se ríe, nos reímos, os reís, se ríen*).

4
Antes de la lectura, enseñe la palabra *insti*, un término muy común en el lenguaje juvenil para referirse al instituto.

Después de realizar la actividad, los estudiantes comparan sus respuestas con las de su compañero/a.

5 y **6**
Antes de realizar la actividad 5, pregunte a los estudiantes qué tienen en común los verbos en negrita de la actividad anterior. La idea es que determinen que se trata de un texto donde se utiliza el presente de indicativo.

Después de completar los cuadros, los estudiantes deben escribir los infinitivos de los verbos anteriores.

7
En este ejercicio se escribe la forma correcta para cada verbo en presente de indicativo. Después, los estudiantes en su cuaderno pueden escribir todas las personas de cada uno de los verbos y marcar cuáles son irregulares. Todos son irregulares excepto *ducharse*.

8
Los estudiantes pueden entregarle los textos que han escrito para que los corrija.

Cuaderno de ejercicios p. 4
Actividades 0.1., 0.2. y 0.3.

Unidad 0: p. 12

ASÍ SOMOS

Objetivo

- Describir el físico y el carácter.

Nota de vocabulario.

El antónimo de *joven* es *viejo/a*, pero sobre todo en España, por una cuestión de educación, se prefiere decir *mayor*. La palabra *viejo/a* aplicada a una persona puede sonar despectiva. Por otra parte, el antónimo de *feo/a* es *guapo/a*, aunque en diferentes países de Hispanoamérica (por ejemplo, Argentina) se prefiere *lindo/a*.

ASÍ SOMOS

1 **Estos son los miembros de la familia de Javi. Escribe su descripción física como en el ejemplo.**

a 

Madre, Ángela, 45 años.

Se llama Ángela y tiene 45 años. Es morena, tiene el pelo corto y los ojos marrones.

b 

Padre, Pedro, 48 años.

Posible respuesta: Se llama Pedro, tiene 48 años, es moreno y tiene los ojos marrones.

c 

Abuela, María, 78 años.

Posible respuesta: Se llama María, tiene 78 años, tiene el pelo blanco y lleva gafas.

d 

Hermana, Isabel, 12 años.

Posible respuesta: Se llama Isabel y tiene 12 años. Tiene el pelo rubio y rizado y los ojos verdes.

2 **Clasifica los siguientes adjetivos de descripción física y de carácter y escribe sus contrarios. ¿Cómo se dicen en tu lengua?**

gordo/a ▪ divertido/a ▪ antipático/a ▪ responsable ▪ feo/a ▪ abierto/a hablador/a ▪ fuerte ▪ joven ▪ alto/a ▪ tranquilo/a ▪ trabajador/a

Adjetivos de descripción física

Adjetivos	En tu lengua	Contrarios	En tu lengua
gordo/a	→	delgado/a	→
fuerte	→	débil	→
feo/a	→	guapo/a	→
joven	→	mayor	→
alto/a	→	bajo/a	→

Adjetivos de carácter

Adjetivos	En tu lengua	Contrarios	En tu lengua
antipático/a	→	simpático/a	→
responsable	→	irresponsable	→
abierto/a	→	cerrado/a	→
divertido/a	→	aburrido/a	→
hablador/a	→	callado/a	→
tranquilo/a	→	inquieto/a, nervioso/a	→
trabajador/a	→	vago/a, perezoso/a	→

Cuaderno de ejercicios p. 4 y 5

12 doce

1 y **2**

Las actividades de esta página retoman la descripción física y de carácter. Para la realización de la actividad 1 puede remitir a los estudiantes a la Unidad 3 de *Espacio Joven nivel A1*. Haga un recordatorio en la pizarra utilizando la siguiente tabla:

Nombre	Edad	Descripción física
Se llama...	Tiene... años.	Es... Tiene... Lleva...

Como actividad adicional, cada estudiante describe a su familia y se lo cuenta a su compañero/a. Este/a tiene que dibujar el árbol genealógico de su compañero/a.

A continuación invítelos a que coloquen los adjetivos según sean para describir el físico o el carácter.

Cuaderno de ejercicios p. 4 y 5
Actividades 0.4. y 0.5.

EL FIN DE SEMANA

1 Javi habla con Carlos, su nuevo compañero de clase, sobre el fin de semana. Escucha y corrige los seis errores.

Carlos: ¿Qué haces los fines de semana, Javi?
Javi: Casi nunca voy al cine con mis padres. ¿Y tú?
Carlos: Sí, voy siempre, pero los sábados por la tarde nunca voy a la bolera. ¿Tú también?
Javi: Yo no, casi siempre. Prefiero jugar al fútbol.
Carlos: ¡Ah! ¡Qué bien! ¿Y dónde juegas?
Javi: A menudo jugamos en un polideportivo en mi barrio.
Carlos: Pues yo a veces juego al fútbol, prefiero el tenis.

2 Coloca en el cuadro las actividades de tiempo libre que hacen Carlos y Javi.

	Siempre	Casi siempre	A menudo	A veces	Casi nunca	Nunca
Javi		jugar al fútbol en un polideportivo	ir al cine		ir a la bolera	
Carlos	ir a la bolera los sábados			ir al cine		jugar al fútbol

3 Aquí tienes una lista de actividades cotidianas y de tiempo libre. Relaciónalas con su imagen correspondiente.

- a Jugar al fútbol. 3
- b Ir a la bolera. 6
- c Chatear. 2
- d Ir en bici. 1
- e Ver la tele. 8
- f Escuchar música. 5
- g Nadar. 7
- h Leer. 4

4 Pregunta a tu compañero/a qué actividades del ejercicio 3 hace los fines de semana.

▸ *¿Ves la tele los fines de semana?*
▹ *Sí, a veces veo la tele.*

Cuaderno de ejercicios p. 5

Unidad 0: p. 13

EL FIN DE SEMANA

Objetivo

- Expresar la frecuencia de la realización de acciones.

1

Carlos: ¿Qué haces los fines de semana, Javi?
Javi: **A menudo** voy al cine con mis padres. ¿Y tú?
Carlos: Sí, voy **a veces**, pero los sábados por la tarde **siempre** voy a la bolera. ¿Tú también, Carlos?
Javi: Yo no, **casi nunca**. Prefiero jugar al fútbol.
Carlos: ¡Ah! ¡Qué bien! ¿Y dónde juegas?
Javi: **Casi siempre** jugamos en un polideportivo en mi barrio.
Carlos: Pues yo **nunca** juego al fútbol, prefiero el tenis.

2

Carlos: ¿Qué haces los fines de semana, Javi?
Javi: A menudo voy al cine con mis padres. ¿Y tú?
Carlos: Sí, voy a veces, pero los sábados por la tarde siempre voy a la bolera. ¿Tú también, Carlos?
Javi: Yo no, casi nunca. Prefiero jugar al fútbol.
Carlos: ¡Ah! ¡Qué bien! ¿Y dónde juegas?
Javi: Casi siempre jugamos en un polideportivo en mi barrio.
Carlos: Pues yo nunca juego al fútbol, prefiero el tenis.

1

Es importante que aclare a los estudiantes que van a escuchar la audición dos veces. En una primera escucha, deben subrayar los errores, y en una segunda, cambiar los marcadores de frecuencia.

Como explotación adicional, sugiera a los estudiantes que trabajen la frecuencia. Para ello, dibuje en la pizarra una flecha para que sitúen en ella los marcadores que aparecen en el diálogo. La colocación correcta debe quedar de la siguiente manera:

Siempre — Casi siempre — A menudo — A veces — Casi nunca — Nunca

\+ ⟶ −

2

Sirviéndose de las correcciones que los estudiantes han hecho en la actividad 1, ahora pueden señalar las actividades de tiempo libre que suelen hacer Javi y Carlos.

3 y **4**

Antes de realizar la actividad 3, pregunte por las actividades de tiempo libre que conocen los alumnos y anótelas en la pizarra.

Después de realizar la actividad 4, póngala en común preguntándoles: *¿Qué os gusta hacer en vuestro tiempo libre?*

Cuaderno de ejercicios p. 5
Actividades 0.6. y 0.7.

Unidad 0: p. 14

¡ME ENCANTA! ¿Y A TI?

Objetivos

- Expresar gustos y preferencias.
- Mostrar acuerdo y desacuerdo.

1

Existen múltiples opciones, pero lo importante es que la gradación sea correcta. Las siguientes soluciones son orientativas.

¡ME ENCANTA! ¿Y A TI?

EXPRESAR GUSTOS

A mí A ti A él/ella/usted A nosotros/as A vosotros/as A ellos/ellas/ustedes	(no)	me te le nos os les	encanta(n) gusta(n)	ø muchísimo mucho bastante un poco nada

! ■ Recuerda que:

- ***gusta*** + nombre singular/infinitivo: – ***Me gusta*** *la lectura.* – ***Me gusta*** *escribir cartas.*
- ***gustan*** + nombre plural: – ***Me gustan*** *las novelas de aventuras.*

■ Con el verbo ***encantar*** no se pueden usar los adverbios de intensidad:
– *Me encantan los libros de misterio.* = *Me gustan mucho los libros de misterio.*

1 **Isabel, la hermana de Javi, tiene 12 años. Estas son las cosas que le gustan, ordenadas de más a menos y forma frases con ellas.**

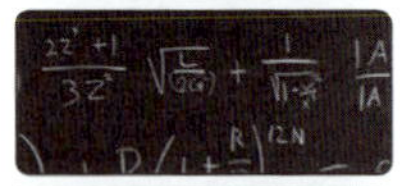

(+)
- **a** el chocolate → A Isabel le encanta el chocolate.
- **b** las Matemáticas → A Isabel le gustan muchísimo las Matemáticas.
- **c** la piscina → A Isabel le gusta mucho la piscina.
- **d** el queso → A Isabel le gusta mucho el queso.
- **e** bailar → A Isabel le gusta bastante bailar.
- **f** Sevilla → A Isabel le gusta Sevilla.
- **g** los gatos → A Isabel le gustan un poco los gatos.
- **h** los días de lluvia → A Isabel no le gustan los días de lluvia.
- **i** el fútbol → A Isabel no le gusta nada el fútbol.

(–)

2 **¿Estás de acuerdo con los gustos de Isabel? Fíjate en el cuadro y habla con tu compañero/a.**

EXPRESAR ACUERDO Y DESACUERDO

Acuerdo		Desacuerdo	
■ Mismos gustos		■ Gustos diferentes	
Me gusta(n). – **A mí, también.**	No me gusta(n). – **A mí, tampoco.**	Me gusta(n). – **A mí, no.**	No me gusta(n). – **A mí, sí.**

A Isabel le gusta el chocolate, y a mí también. *A Isabel no le gusta el fútbol, y a mí tampoco.*

Cuaderno de ejercicios p. 5

EXPRESAR GUSTOS

Para contextualizar y motivar a los alumnos, escriba tres frases en la pizarra con sus gustos, dos de ellas verdaderas y una falsa, y en las que se muestren la estructura del verbo *gustar*: *Me gusta leer los fines de semana*. Los alumnos hacen preguntas de respuesta *sí* o *no* hasta averiguar cuáles son las verdaderas y cuál es la falsa (*¿Te gustan los libros? ¿Compras libros a menudo?*). De esta manera también se recuerda a los alumnos la estructura estudiada en el nivel anterior. Después, leen juntos el cuadro gramatical y reflexionan sobre la estructura del verbo *gustar*.

2

Actividad oral en la que los alumnos en parejas practican *A mí también/tampoco/sí/no* con las palabras del ejercicio anterior y hablan de ellos mismos.

Cuando realicen la actividad, pregunte a algunas parejas las coincidencias: *¿Qué cosas os gustan a los dos? ¿Qué cosas no os gustan a ninguno?* De esta forma se practica ahora la persona gramatical *nosotros/as*. También puede preguntar a una pareja acerca de la información de otra y practicar así la forma *ellos/as*.

Como actividad adicional, divida la clase en cuatro grupos para que elaboren una encuesta sobre los gustos, con diez preguntas del tipo: *¿Te gustan las verduras?* Después, un miembro de cada grupo es el que rota por cada uno de los otros tres grupos, anotando las respuestas de los compañeros. Cuando haya terminado, regresa a su grupo y pone en común las respuestas. Con la información extraída, un portavoz de cada grupo presenta al resto de la clase las conclusiones del grupo, utilizando frases como: *A la mayoría/A algunos/A nadie le/s gusta/n...*

Cuaderno de ejercicios p. 5
Actividad 0.8.

3 Observa los dibujos y completa la lista de prendas de vestir que llevan los personajes y su color.

El chico lleva:
Unos zapatos marrones
Un pantalón verde
Una camiseta negra
Una camisa de rayas
Una gorra amarilla

La chica lleva:
Unas sandalias azules
Una falda verde
Un cinturón marrón
Una camiseta rosa

4 Describe la ropa de tu compañero/a en tu cuaderno.

5 Relaciona estos medios de transporte con su fotografía correspondiente. Después, encuéntralos en la sopa de letras.

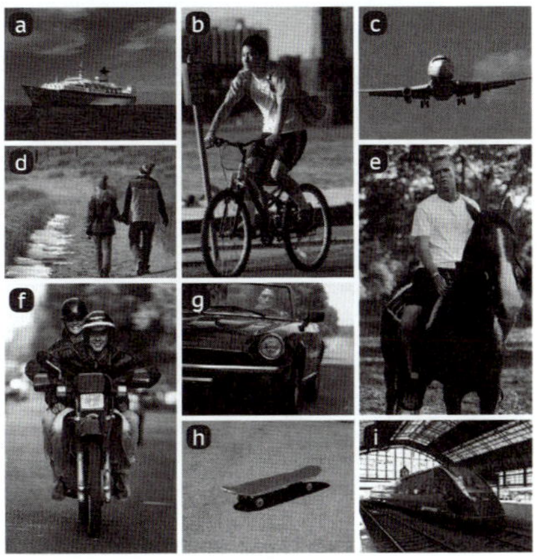

- [d] a pie
- [i] tren
- [b] bicicleta
- [c] avión
- [g] coche
- [e] a caballo
- [h] monopatín
- [a] barco
- [f] moto

a	b	r	b	i	c	i	c	l	e	t	a	f	h	m	n	a
o	a	p	l	a	f	j	k	l	o	r	m	s	t	u	r	p
l	r	f	m	o	n	o	p	a	t	í	n	f	g	h	t	i
t	c	m	ñ	o	p	e	r	t	g	h	v	b	a	h	r	e
e	o	o	b	a	í	m	o	p	ñ	o	v	v	t	u	s	o
y	q	t	k	l	q	e	r	f	g	u	i	h	ñ	l	k	l
m	n	o	l	l	a	b	a	c	a	ó	g	u	v	ó	m	v
n	ó	l	u	t	y	u	d	e	n	f	g	h	f	t	b	x
m	p	o	ñ	k	q	a	z	n	o	p	ñ	r	q	a	w	e
s	c	o	c	h	e	g	h	r	n	u	t	e	n	e	r	t

6 Completa el siguiente texto sobre Madrid con las sílabas que faltan. Después, escucha y comprueba.

Madrid es la capital de España. Está en el centro del país y tiene muchas cosas interesantes. Tiene un parque muy bonito que se llama El Retiro, con un pequeño lago. También tiene un palacio, el Palacio Real, cerca de la Puerta del Sol. La Plaza Mayor es otro de los sitios más turísticos. A mí me encanta el estadio de fútbol Santiago Bernabéu y el mercado típico de los domingos, El Rastro. La gente de Madrid es muy simpática. Quiero volver pronto para disfrutar de sus deliciosas tapas de tortillas, paellas, jamón, chorizo, queso, espárragos, gambas al ajillo, mmmm. Lo único que no tiene Madrid es playa. ¡Qué pena! Espero regresar muy pronto. ¡Hasta la vista, Madrid!

Unidad 0: p. 15

¡ME ENCANTA! ¿Y A TI?

Objetivos

- Revisar el léxico de la ropa.
- Conocer algunos medios de transporte.

3

Madrid es la capital de España. Está en el centro del país y tiene muchas cosas interesantes. Tiene un parque muy bonito que se llama El Retiro, con un pequeño lago. También tiene un palacio, el Palacio Real, cerca de la Puerta del Sol. La Plaza Mayor es otro de los sitios más turísticos. A mí me encanta el estadio de fútbol Santiago Bernabéu y el mercado típico de los domingos, El Rastro. La gente de Madrid es muy simpática. Quiero volver pronto para disfrutar de sus deliciosas tapas de tortilla, paella, jamón, chorizo, queso, espárragos, gambas al ajillo, mmmm. Lo único que no tiene Madrid es playa. ¡Qué pena! Espero regresar muy pronto. ¡Hasta la vista, Madrid!

3

Antes de realizar el ejercicio, para repasar el vocabulario, divida a los alumnos en dos grandes grupos (A y B). Ellos deben elegir un nombre para su grupo, ya que van a participar en un concurso. Con una letra del abecedario que usted les dará, tienen que anotar prendas de ropa que empiecen por esa letra. Gana el grupo que más número de prendas escriba en dos minutos. Puede repetirse la dinámica varias veces.

4

Cada estudiante tiene que describir la ropa que lleva un compañero/a de la clase.

Después de la actividad de expresión escrita, pida a algunos alumnos que lean en alto su texto y los otros identificarán de quién se trata.

5

Compruebe los conocimientos de sus estudiantes acerca de los medios de transporte. Dígales que se fijen en las imágenes y que digan qué medio de transporte muestra.

6

Los alumnos intentan completar el texto antes de escucharlo individualmente. Después, comparan con su compañero/a y lo corrigen escuchando la audición.

Como actividad adicional, ponga a los alumnos en parejas y, con el libro cerrado, pregúnteles qué tres cosas recuerdan de Madrid. Después, en grupo clase haga la corrección.

Unidad **1**

¡CUÁNTAS COSAS!

Unidad 1: p. 16

Objetivos de la unidad

- Conocer el tema de la unidad y a los personajes del diálogo.
- Revisar el léxico de la unidad 0.

Recursos del profesor

Materiales fotocopiables
1.1. a 1.7.

Materiales proyectables
1.1. y 1.2.

Audios
4 a 10

Vídeos
- Serie: *En la papelería*
- *Videogramas*:
  - *Los adjetivos y pronombres demostrativos*
  - *Los pronombres de objeto directo*
- *Casa del español*:
  - *Hacer comparaciones*
- *¡Acción!: Un bolso para mi hermana*

Cuaderno de ejercicios
Unidad 1

Actividades interactivas
1.1. a 1.12.

Spanish Blogger
Misión 7: *Viaje al carnaval*

1

a. Está en la pared, encima de la cama; **b.** Está a la izquierda de la estantería/a la izquierda de la cama/debajo de la ventana; **c.** Hay un ordenador; **d.** Hay una guitarra.

Comunicación
- Describir objetos y su utilidad
- Comparar objetos

Vocabulario
- Objetos de casa y de la clase
- Los números cardinales (100-900)
- Adjetivos descriptivos

Gramática
- *Para qué/para*
- Los comparativos
- Los pronombres demostrativos
- Los pronombres de objeto directo

Pronunciación y ortografía
- Las sílabas y el acento prosódico

Sesión de cine
- *En la papelería*

Cultura
- Regalos y celebraciones

Literatura
- *Alegría*, de David Isa
- *Un día solo para mamá*

¿Qué ves?

1 **Fíjate en la habitación de Javi y contesta.**

a ¿Dónde está el póster del Real Madrid?
b ¿Dónde está el escritorio de Javi?
c ¿Qué hay encima del escritorio?
d ¿Qué hay a la derecha de la estantería?

2 **Elige la respuesta correcta.**

a La ventana está **encima de** / **a la derecha de** / **a la izquierda de** la estantería.
b La estantería está **a la derecha del** / **entre** / **debajo del** escritorio.
c El ordenador está **debajo del** / **encima del** / **entre el** escritorio.
d La silla está **delante del** / **a la derecha del** / **al lado del** escritorio.
e La guitarra está **dentro de** / **fuera de** la habitación.

16 dieciséis

1

Antes de iniciar la actividad 1, pida a los estudiantes que describan la imagen. De esta forma se actualiza el vocabulario de los objetos de la casa y de descripción de objetos, que será necesario para las actividades siguientes.

2

Dígales que entre las posibles opciones elijan la correcta en cada caso, teniendo en cuenta la fotografía.

Como actividad adicional, cada estudiante puede describir su habitación a su compañero/a.

Comenzamos con un diálogo

3 Escucha el diálogo entre Javi y Sara y contesta verdadero (V) o falso (F).

		V	F
a	Javi no puede guardar sus cosas en el armario.		X
b	El piso nuevo de Javi tiene terrazas en todas las habitaciones.	X	
c	El ordenador nuevo de Javi es portátil.		X
d	El escritorio de Javi es muy grande.		X
e	La habitación de Javi está muy desordenada.		X

4 Ahora lee el diálogo y comprueba el ejercicio 3.

Javi: Mira, Sara, esta es mi nueva habitación.
Sara: ¡Qué bonita!, tienes muchas cosas y todo está muy ordenado, ¿dónde las guardas?
Javi: Ahí, mira, ese armario es muy grande y caben muchas cosas, y en la terraza tengo una caja para guardar los cedés y los libros.
Sara: ¿Tienes terraza? ¿Dónde?
Javi: Allí, en aquella puerta, al lado de la ventana. En este piso todas las habitaciones tienen terraza, pero son menos amplias que las del piso anterior.
Sara: ¿Qué es esto? ¿Un regalo?
Javi: No, es mi nuevo ordenador de mesa. El portátil viejo está en la habitación de mi hermana: este es más moderno y más grande.
Sara: ¿Y ese póster? ¿De qué es?
Javi: Es un póster del Real Madrid, ¡mi equipo! Pero tengo uno nuevo que me ha regalado mi padre. No es tan grande como ese, pero es mejor, porque es de esta temporada.

5 Mira las fotos y escribe el nombre de cada objeto. Luego, relaciónalos con sus usos.

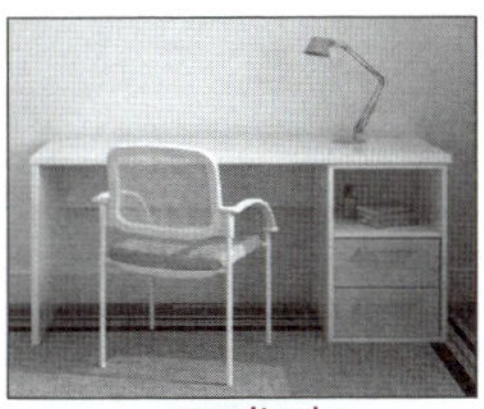
1 escritorio

2 libro

3 armario

4 cama

5 ordenador (portátil)

6 espejo

a Para guardar cosas.	3	c Para mirarse en él.	6
b Para buscar en internet.	5	d Para dormir.	4
e Para estudiar o escribir.	1	f Para leer.	2

Actividades interactivas

Unidad 1: p. 17

COMENZAMOS CON UN DIÁLOGO

Objetivos

- Comprender un diálogo oral y escrito.
- Describir una habitación.

3

a. falso (Caben muchas cosas en él); **b.** verdadero; **c.** falso (Es un ordenador de mesa); **d.** falso (Lo que es grande es su ordenador); **e.** falso (Todo está muy ordenado).

3

Antes de poner la audición, contextualice el diálogo diciendo que van a escuchar una conversación entre Javi y su amiga Sara y que ambos se encuentran en la habitación de Javi.

Ponga la audición dos veces. En la primera escucha, sin mirar el libro, los estudiantes tratan de entender el diálogo. Después hacen la actividad y escuchan otra vez.

4

En parejas, los estudiantes leen el texto que han escuchado y comprueban que las opciones marcadas en el ejercicio 3 son correctas.

A continuación, hágales preguntas de comprensión para comprobar que han entendido el texto, como por ejemplo: *¿Cómo es el armario? ¿Dónde está la caja con libros?...*

5

Los estudiantes tienen que escribir el nombre de cada objeto debajo de la foto y relacionarlo con el uso que tienen.

Cuando terminen, pueden añadir otros usos a cada objeto. Por ejemplo: *el ordenador sirve para buscar información en internet, pero también para jugar, escribir, escuchar música*, etc.

Actividades interactivas
La habitación de Javi

Unidad 1: p. 18

HABLAR POR HABLAR

Objetivo

- Describir un objeto: su forma, su material y su utilidad.

Material fotocopiable 1.1.

Respuestas:

Forma y dimensión: viejo, nuevo, cómodo, moderno.
Material: papel, tela, cartón, aluminio.
Uso: comer, beber, llamar, hacer deporte.

1

Cedés: son, sirven/se usan para; **Goma de borrar:** es, sirve/se usa para; **Portátil:** es, es de, sirve/se usa para; **Estuches:** son, sirven/se usan para.

Hablar por hablar — COMUNICACIÓN

DESCRIBIR UN OBJETO

- Forma, dimensión, consistencia, etc.:
  - ***¿Cómo es? Es...*** *grande, pequeño, cuadrado, redondo, rectangular, blando, duro.*
- Material:
  - ***¿De qué es? Es de...*** *plástico, metal, cristal, cuero, madera.*
- Utilidad o uso:
  - ***¿Para qué sirve?***
  - ***¿Para qué se usa?***

  Sirve para.../Se usa para... *leer, escribir, escuchar música.*

1 **Completa la descripción de estos objetos.**

Cedés: .... redondos, de plástico y .... reproducir sonido e imágenes.

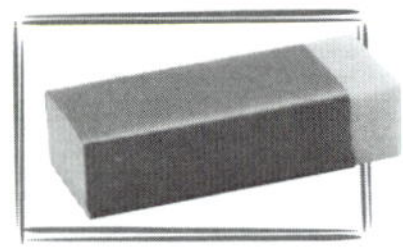

Goma de borrar: .... pequeña, blanda y .... quitar lo escrito o dibujado.

Portátil: .... rectangular, ... metal y plástico y .... trabajar, leer, escribir y conectarse a internet.

Estuches: .... cuadrados y .... guardar los cedés.

5 **2** **Javi le está enseñando su nuevo ordenador a su abuela. Escucha el diálogo y completa los espacios que faltan en la conversación. Después, representa el diálogo con tu compañero/a.**

Abuela: Javi, ¿me explicas para qué a ....sirven.... esas cosas?
Javi: Sí, abuela, son los accesorios de mi nuevo ordenador. Esto se llama "teclado" y sirve b ....para.... escribir.
Abuela: Ya, ¿y eso de ahí? ¿c ....Es.... una televisión?
Javi: No, abuela, es el monitor y d ....se usa.... para ver las imágenes y leer los textos.
Abuela: Vale. ¿Y eso e ....redondo.... que tienes debajo de la mano?
Javi: Esto es el ratón y f ....sirve para.... seleccionar las opciones que quiero utilizar.

3 **Ahora, piensa en un objeto y tu compañero/a tiene que averiguarlo haciendo preguntas.**

Cuaderno de ejercicios p. 6 y 7

DESCRIBIR UN OBJETO

Proyecte o copie en la pizarra el cuadro comunicativo. Antes de su explicación, rodee con un círculo las palabras (1) "forma, dimensión", (2) "material" y (3) "uso".

Reparta, a continuación, las palabras del Material fotocopiable 1.1. y pida a los estudiantes que las clasifiquen en uno de los tres grupos. Después, pregunte qué objeto puede ser *viejo*, *cómodo*, *de papel*, etc.

Material fotocopiable 1.1.
Describir un objeto

1

El objetivo de esta actividad es que los alumnos practiquen las estructuras para describir un objeto.

2

Antes de la audición, enseñe las palabras: *teclado*, *monitor* y *ratón*. Puede recurrir a señalar los objetos si la clase dispone de ordenador. Después, ponga la audición y pida que completen los espacios en blanco.

3

Anime a los estudiantes a que jueguen en parejas. Uno de ellos piensa en un objeto y su compañero/a le hace preguntas (de respuestas *sí* o *no*) hasta que lo adivine.

También se puede jugar en grupo clase. Un estudiante piensa en un objeto y el resto levanta la mano para hacerle preguntas.

Cuaderno de ejercicios p. 6 y 7
Actividades 1.1., 1.2. y 1.3.

COMPARAR CUALIDADES DE OBJETOS O PERSONAS

La silla es **más** moderna **que** el sofá.
El sofá es **menos** nuevo **que** la silla.
La silla es **tan** cómoda **como** el sofá.

- Comparativos irregulares:
  - *más bueno* ➜ ***mejor***
  - *más malo* ➜ ***peor***
  - *más grande/viejo* ➜ ***mayor***
  - *más pequeño/joven* ➜ ***menor***

Ver **Apéndice gramatical** p. 118

4 **Relaciona las imágenes con sus nombres y, después, con sus características.**

1 e

2 f

3 a

4 b

5 c

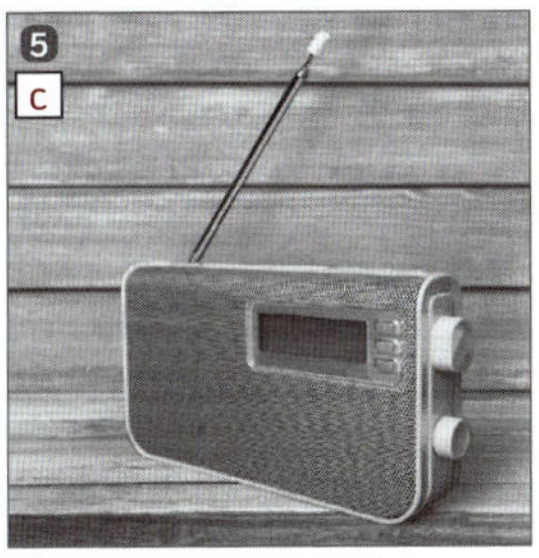

6 d

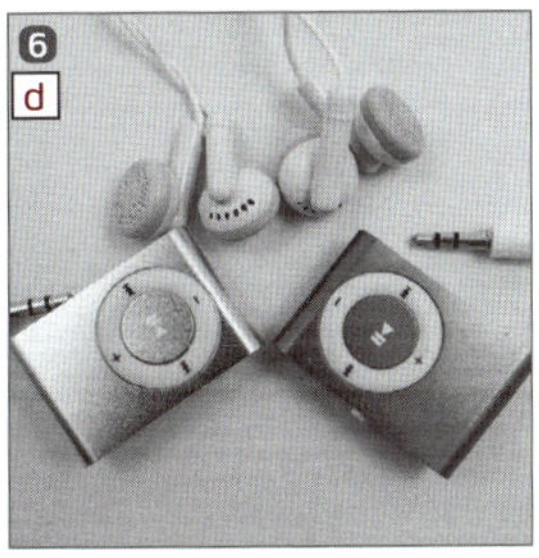

a Teléfono móvil.
b Teléfono fijo.
c Radio.
d Mp4.
e Ordenador portátil.
f Ordenador de mesa.

1 Moderno, práctico, frágil. 990 euros.
2 Pesado, grande, resistente. 750 euros.
3 Nuevo, atractivo, ligero. 200 euros.
4 Clásico, sencillo, fácil de usar. 40 euros.
5 Vieja, pesada, incómoda. 20 euros.
6 Ligero, cómodo, pequeño. 90 euros.

5 **Compara los objetos anteriores utilizando las estructuras para comparar.**

Cuaderno de ejercicios p. 7 Actividades interactivas

Unidad 1: p. 19

HABLAR POR HABLAR

Objetivo

- Saber cómo comparar objetos y personas.

Nota de vocabulario.
En español hay que tener en cuenta las siguientes formas:

Es más bueno ➜ Es mejor
Es más malo ➜ Es peor
Es más grande/viejo ➜ Es mayor (personas)
Es más pequeño/joven ➜ Es menor (personas)

COMPARAR CUALIDADES DE OBJETOS O PERSONAS

Proyecte el cuadro comunicativo y proceda a la explicación de las estructuras necesarias para comparar, con adjetivos, cualidades de objetos o personas.

4

Los estudiantes tienen que escribir junto a las imágenes la letra correspondiente a los nombres que aparecen en la primera columna. Después, relacionan los nombres con sus características (segunda columna).

Explique a los estudiantes que con todos los adjetivos se usa el verbo *ser* y que con los precios se usa el verbo *costar*. Por ejemplo: *Es moderno, práctico y frágil y cuesta 990 euros.*

Como actividad adicional, proponga otros objetos para que escriban frases con los verbos *ser* y *costar*. Como los estudiantes no saben cuánto cuestan los objetos, pueden usar *aproximadamente*. Por ejemplo: *Cuesta 500 euros aproximadamente.*

5

Los estudiantes, con los objetos de la actividad 4, hacen comparaciones entre ellos practicando la expresión oral. Si lo cree conveniente, pueden escribir las frases en sus cuadernos para su posterior corrección. Después, abra un debate en clase con las siguientes cuestiones:

¿Es mejor el ordenador portátil o el de mesa? ¿Es mejor la radio o el mp4? ¿Es mejor el teléfono móvil o el fijo? Forme dos grupos y cada grupo defiende su opinión.

Si lo desea, proyecte el vídeo de Casa del español para ver cómo la gente hace comparaciones.

Casa del español
Hacer comparaciones

Cuaderno de ejercicios p. 7
Actividades 1.4. y 1.5.

Actividades interactivas
Describir un objeto

Unidad 1: p. 20

PALABRA POR PALABRA

Objetivo

- Aprender algunos objetos de la casa y de la clase.

Palabra por palabra VOCABULARIO

Objetos de casa y de la clase

Casa

Clase

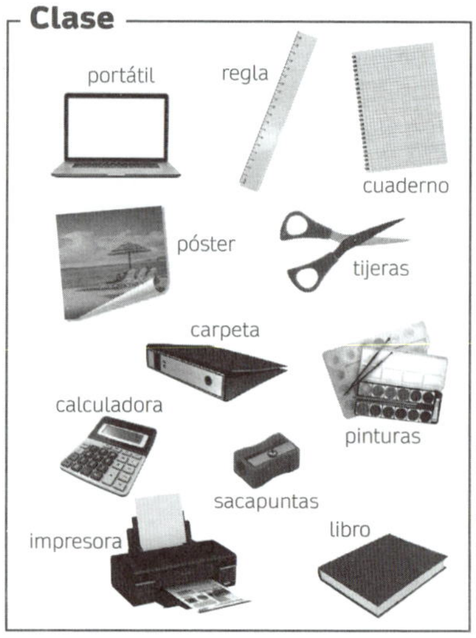

1 **Escribe las palabras anteriores en su lugar correspondiente.**

Aparatos	Material escolar	Muebles	Objetos de decoración
portátil, impresora, videoconsola, aspiradora, calculadora	cuaderno, libro, regla, carpeta, pinturas, calculadora, tijeras, sacapuntas	escritorio, estantería, silla, sillón	planta, jarrón, cuadro, alfombra, póster, lámpara

2 **Completa.**

a Javi tiene un ......póster...... del Real Madrid en su habitación.
b Usa el ......cuaderno...... para escribir los ejercicios.
c Este ......libro...... de español es muy interesante.
d En la exposición hay un ......cuadro...... de Goya.
e Estas ......tijeras...... no cortan bien.

3 **Señala el adjetivo incorrecto para cada una de las siguientes palabras.**

1 aspiradora: a ruidosa, b pesada, (c) frágil
2 ordenador: a de mesa, (b) de cristal, c portátil
3 planta: a natural, (b) divertida, c artificial
4 estanterías: a de madera, b de metal, (c) eléctricas
5 silla: a alta, (b) abierta, c baja
6 móvil: a pequeño, (b) triangular, c práctico
7 mesa: a cuadrada, b redonda, (c) blanda
8 jarrón: a antiguo, b clásico, (c) simpático

Cuaderno de ejercicios p. 8

OBJETOS DE CASA Y DE LA CLASE

Antes de hacer las actividades, recorte las fotografías del Material fotocopiable 1.2. y enseñe el vocabulario con repeticiones hasta su memorización. Después, divida la pizarra en dos partes: "casa" y "clase". Los alumnos, con adhesivos, irán pegando las fotos en el lugar correcto y escriben el nombre del objeto al lado.

Material fotocopiable 1.2. (1 y 2)
Objetos de casa y de la clase

1

Proyecte sobre la pizarra el Material proyectable 1.1. para que los alumnos peguen ahí las fotos anteriores. Luego, mirando las imágenes y recordando sus nombres, copian en sus libros las respuestas del ejercicio 1.

Material proyectable 1.1.
Objetos de casa y de la clase

2

Antes de hacer la actividad y siguiendo con las estrategias de memorización y ampliación del vocabulario, así como con las estructuras trabajadas en la unidad, asigne un verbo a cada objeto. Por ejemplo, *tijeras/cortar*, *carpeta/archivar*, *póster/decorar*... Cuando los alumnos tengan estos grupos de palabras escritos en la pizarra, pídales que escriban frases con la estructura de la unidad, como por ejemplo: *Las tijeras sirven/se usan para cortar.*

Más tarde, en parejas, lo practican con preguntas y respuestas, según el ejemplo: *¿Para qué sirven las tijeras? Las tijeras sirven para cortar.*

3

Antes de realizar el ejercicio, enseñe los adjetivos nuevos mediante definiciones. Defina un adjetivo y la clase debe adivinar de qué adjetivo está hablando. Por ejemplo: *Es algo que se rompe fácilmente* (*frágil*).

Cuaderno de ejercicios p. 8
Actividades 1.6. a 1.7.

Los números del 100 al 900

6 **4** **Escucha y lee.**

100	cien	526	quinientos veintiséis
101	ciento uno	600	seiscientos
200	doscientos	669	seiscientos sesenta y nueve
202	doscientos dos	700	setecientos
300	trescientos	720	setecientos veinte
303	trescientos tres	800	ochocientos
400	cuatrocientos	897	ochocientos noventa y siete
415	cuatrocientos quince	899	ochocientos noventa y nueve
500	quinientos	900	novecientos

7 **5** **Escribe los números que escuches. Luego, escríbelos en letras.**

a 333: trescientos treinta y tres
b 679: seiscientos setenta y nueve
c 510: quinientos diez
d 967: novecientos sesenta y siete
e 701: setecientos uno
f 480: cuatrocientos ochenta
g 992: novecientos noventa y dos
h 216: doscientos dieciséis

6 **Escribe en letras los números siguientes.**

a 185: *ciento ochenta y cinco*
b 202: doscientos dos
c 450: cuatrocientos cincuenta
d 753: setecientos cincuenta y tres
e 560: quinientos sesenta
f 941: novecientos cuarenta y uno

7 **Lee en voz alta tus números y tu compañero/a tiene que escribirlos en letras.**

Alumno A

349 455 788 519

Los números de tu compañero/a:
a trescientos cuarenta y nueve
b setecientos ochenta y ocho
c cuatrocientos cincuenta y cinco
d quinientos diecinueve

Alumno B

746 623 590 168

Los números de tu compañero/a:
a setecientos cuarenta y seis
b quinientos noventa
c seiscientos veintitrés
d ciento sesenta y ocho

Cuaderno de ejercicios p. 9 Actividades interactivas

Unidad 1: p. 21

PALABRA POR PALABRA

Objetivo

- Aprender los números del 100 al 900.

7

Trescientos treinta y tres; seiscientos setenta y nueve; quinientos diez; novecientos sesenta y siete; setecientos uno; cuatrocientos ochenta; novecientos noventa y dos; doscientos dieciséis.

4

Con los números proyectados en la pizarra, marque las diferencias ortográficas con el idioma de los estudiantes (en clases monolingües) para su correcta escritura. Como sugerencia, los alumnos, en parejas, pueden reconocer y memorizar los números de la siguiente manera: el alumno A dice un número que escribe el alumno B como dígito. Si es correcto, el alumno B dice otro al alumno A, que lo escribe en su cuaderno; si no es correcto, lo escribe correctamente en otro color. Gana el alumno que menos fallos haya tenido.

5

Pida primero que copien los ocho números que oigan en su casilla correspondiente. En una segunda fase, pídales que escriban en letras los números que han escuchado.

6

Como actividad opcional, puede realizar un dictado de carreras. Escriba en un papel los números: 324, 565, 329, 743, 621, 104, 299, 963, 321, 645, 349, 439, y péguelos en la pizarra. Divida la clase en tres grupos. Un alumno de cada grupo se levanta, ve en número y se lo dice a su grupo. Después, otro alumno del grupo es el que debe levantarse y dictar el segundo número. Gana el grupo que acabe antes y cuyas cifras estén correctas.

7

El objetivo de la actividad es comprender y saber escribir los números de sus compañeros.

Cuaderno de ejercicios p. 9
Actividad 1.8.

Actividades interactivas
Objetos y números

Unidad 1: p. 22

PASO A PASO

Objetivo

- Aprender los pronombres demostrativos.

Paso a paso GRAMÁTICA

LOS PRONOMBRES DEMOSTRATIVOS

Distancia con respecto a quien habla	singular		plural		
	masculino	femenino	masculino	femenino	neutro
Aquí (cerca)	este	esta	estos	estas	esto
Ahí (intermedio)	ese	esa	esos	esas	eso
Allí (lejos)	aquel	aquella	aquellos	aquellas	aquello

- Los pronombres demostrativos (masculinos y femeninos) son iguales a los adjetivos demostrativos.
- Los pronombres demostrativos neutros (***eso***, ***esto***, ***aquello***) se usan para identificar una cosa que no se conoce:
  – *¿Qué es **esto/eso/aquello**?* – ***Esto/Eso/Aquello*** *es un libro de español.*

  También para referirnos a un conjunto de cosas:
  – *¿De quién es **eso**?* – *Todo **eso** es de Juan.*

  No se usan nunca para las personas.

Videogramas

Ver **Apéndice gramatical** p. 118

- En la frase 1, ***esa*** es un **adjetivo demostrativo**, que acompaña siempre a un nombre.
- En la frase 2, ***esta*** y ***aquella*** son **pronombres demostrativos**, que sustituyen al nombre al que se refieren (en este caso, carpeta).

1 Completa las frases con los correspondientes pronombres demostrativos.

a Este ordenador es muy lento. ......Ese...... de ahí es más rápido.
b ¿Qué es ......aquello...... de allí? No lo veo bien.
c Aquella pizarra está muy lejos. ......Esta...... (de aquí) está más cerca.
d Aquellos edificios son más modernos que ......esos...... (de ahí).
e Mira, esos cedés de ahí son tan baratos como ......estos...... (de aquí).
f Quiero ese bolígrafo, ...este...... que estoy usando no escribe.

2 Vuelve a leer el diálogo de Javi y Sara en la página 17 y señala los pronombres y los adjetivos demostrativos. Los pronombres, ¿a qué nombre sustituyen?

Cuaderno de ejercicios p. 9

22 veintidós

2

esta es mi nueva habitación (pronombre, sustituye a *habitación*); ese armario es muy grande (adjetivo); aquella puerta (adjetivo); En este piso (adjetivo); ¿Qué es esto? (pronombre neutro); este es más moderno (pronombre, sustituye a *ordenador*); en este no cabe (pronombre, sustituye a *escritorio*); ¿Y ese póster? (adjetivo); No es tan grande como ese (pronombre, sustituye a *póster*).

LOS PRONOMBRES DEMOSTRATIVOS

Explique el cuadro gramatical, proyectándolo en la pizarra. Después, escriba el mismo cuadro en la pizarra sin los demostrativos:

	singular		plural		
	masculino	femenino	masculino	femenino	neutro
Aquí					
Ahí					
Allí					

Los estudiantes, con el libro cerrado, le ayudarán a completarlo. Después, abren el libro para comprobarlo.

Proyecte el vídeo de gramática para ver una explicación gramatical de los pronombres demostrativos.

Videogramas
Los adjetivos y pronombres demostrativos

1

Recuerde a sus alumnos que, antes de escribir los pronombres demostrativos, se fijen en el género y en el número del sustantivo al que se refieren.

2

Dígales que vuelvan al texto de la página 17 para que subrayen todos los pronombres demostrativos que encuentren. Decidan entre todos cuáles son pronombres y a qué nombre sustituyen.

Cuaderno de ejercicios p. 9
Actividades 1.9. y 1.10.

LOS PRONOMBRES DE OBJETO DIRECTO

yo	**me**
tú	**te**
él/ella/usted	**lo/la**
nosotros/as	**nos**
vosotros/as	**os**
ellos/ellas/ustedes	**los/las**

Uso todos los días **el ordenador**. → **Lo** uso todos los días.
Guardo **la bicicleta** en la terraza. → **La** guardo en la terraza.
Llamo **a Cristina** por teléfono. → **La** llamo por teléfono.

■ En español, el objeto directo va introducido por la preposición ***a*** cuando indica un nombre de persona o animal.

Videogramas

3 **La habitación de Isabel está muy desordenada. Ayuda a Isabel a ordenarla. Debes formar frases correctas combinando las columnas, como en el ejemplo.**

a El portátil	la sacamos	dentro del cesto.
b La ropa sucia	los metemos	en la estantería.
c Las revistas	lo ponemos	al baño.
d El cepillo de dientes	lo llevamos	en el escritorio.
e Las pinturas y los bolígrafos	las colocamos	a la terraza.
f La bicicleta	la ponemos	en el estuche.

4 **¿Sabes dónde podemos comprar estos objetos? Completa como en el ejemplo.**

a El libro ...lo... puedes comprar en	la librería
b Los ordenadores ...los... puedes comprar en	la tienda de informática
c La planta ...la... puedes comprar en	la floristería
d El periódico ...lo... puedes comprar en	el quiosco
e Las gafas ...las... puedes comprar en	la óptica
f Las tartas ...las... puedes comprar en	la pastelería

5 **Escribe frases. Sigue el ejemplo.**

a Llamar / a mi hermana / por teléfono.
→ La llamo por teléfono.

b Buscar / a ti / en la biblioteca.
→ Te busco en la biblioteca.

c Invitar / a la fiesta / a mis amigos.
→ Los invito a la fiesta.

d Acompañar / a vosotros / al cine.
→ Os acompaño al cine.

e Querer / a Juan y Carlos / mucho.
→ Los quiero mucho.

f No / conocer / a vosotros.
→ No os conozco.

Cuaderno de ejercicios p. 10 a 12 Actividades interactivas

Unidad 1: p. 23

PASO A PASO

Objetivo

- Aprender los pronombres de objeto directo.

LOS PRONOMBRES DE OBJETO DIRECTO

Comience contando que se ha comprado dos cosas y los estudiantes tienen que adivinar de qué se trata: (1) *Lo peino todos los días, lo llamo y viene, lo saco a pasear...* (*perro*). (2) *La pongo en el escritorio, la uso para leer, la enciendo, la apago...* (*lámpara*).

A continuación, escriba las frases en la pizarra y haga un círculo en los pronombres. Explique que los pronombres de objeto directo se usan para sustituir o evitar nombrar al sustantivo al que se refieren, en este caso *perro* y *lámpara*. Lea el cuadro gramatical y sus ejemplos.

4

Antes de la actividad, recuerde el vocabulario sobre las tiendas. Puede usar el Material fotocopiable 1.3. para que relacionen las imágenes de las tiendas con sus nombres. Por grupos, entregue varias tarjetas a cada uno para que hagan parejas.

Si lo estima oportuno, la actividad se puede plantear como un "Memory de tiendas": se disponen las cartas bocabajo en dos grupos y, por turnos, levantan dos tarjetas y buscan las parejas del nombre de la tienda y su imagen.

Material fotocopiable 1.3.
Las tiendas

5

Pida que, en parejas, marquen en cada frase el objeto directo. De esta forma sabrán identificar qué tienen que convertir en un pronombre.

Proyecte la parte del vídeo de gramática donde se da una explicación gramatical de los pronombres de objeto directo. Si quiere adelantar la presentación de los pronombres de objeto indirecto, proyéctelo completo.

Videogramas
Los pronombres de objeto directo

Cuaderno de ejercicios p. 10 a 12
Actividades 1.11. a 1.18.

Actividades interactivas
Los pronombres demostrativos y de objeto directo

Unidad 1: p. 24

SUENA BIEN

Objetivos

- Aprender a reconocer las sílabas de una palabra para su correcta acentuación.
- Identificar la sílaba tónica en una palabra.

8

Abuela, cuadro, árbol, ratón, instituto, bolígrafo, goma, jarrón, España.

Material proyectable 1.2.

Respuestas:

JA	SA	MA	RA	PLAN
RRÓN	CAN	NO	TO	TA
CA	MA	ES	PA	ÑOL
HER	DE	LOS	CU	AR
SO	CUA	DER	NO	IM
PRE	DRO	JE	ES	TEN
MA	A	RE	SI	LLA
O	LE	LA	CAL	PUN
TAS	COR	TA	DO	TAN
ES	TAN	TE	RÍ	A

9

Médico, ordenador, camisa, cámara, ojo, lechuga, lápiz, dormitorio, zapato.

Suena bien — PRONUNCIACIÓN Y ORTOGRAFÍA

Las sílabas

- Se llama **sílaba** a cada una de las partes en las que se divide una palabra y que se pronuncia con un solo golpe de voz:
  - co-sa – es-pal-da – ca-lle
  - me-sa – ó-pe-ra – man-tel
  - li-bro – le-tra – tem-plo
  - sig-ni-fi-ca-do – gua-po – ciu-dad

8 **1 Escucha y separa en sílabas las siguientes palabras.**

a abuela: a-bue-la d ratón: ra-tón g goma: go-ma
b cuadro: cua-dro e instituto: ins-ti-tu-to h jarrón: ja-rrón
c árbol: ár-bol f bolígrafo: bo-lí-gra-fo i España: Es-pa-ña

2 Ordena las sílabas de las siguientes palabras.

rrónja — jarrón

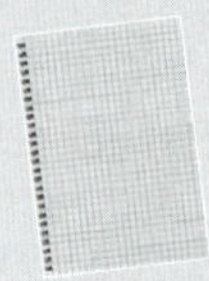
dercuano — cuaderno

tanríaeste — estantería

paeslaño — española

taplan — planta

llasi — silla

nomaher — hermano

talema — maleta

EL ACENTO PROSÓDICO

- Todas las palabras tienen una sílaba (**sílaba tónica**) que se pronuncia con más fuerza: ***pe**-rro, **ca**-sa, ar-**ma**-rio, ma-**le**-ta,* etc.
  En algunos casos, que estudiaremos más adelante, es necesario marcar la sílaba tónica con un acento gráfico, que en español se llama ***tilde*** (´): *ra-tón, plá-ta-no,* etc.

9 **3 Dictado de palabras.**

1 médico 4 cámara 7 lápiz
2 ordenador 5 ojo 8 dormitorio
3 camisa 6 lechuga 9 zapato

9 **4 Escucha de nuevo y subraya la sílaba más fuerte de cada palabra anterior.**

Actividades interactivas Cuaderno de ejercicios p. 13

1

Corrija la actividad pronunciando cada una de las palabras y dando una palmada en cada sílaba.

2

Una vez realizada la actividad, proponga a sus alumnos que separen las sílabas de las palabras escritas.

Como actividad adicional, proyecte el Material proyectable 1.2. para que los estudiantes practiquen la separación silábica mediante una sopa de letras del vocabulario de esta actividad.

Material proyectable 1.2.
Sopa de letras silábica

3 y 4

Durante la corrección de la actividad 4, para ayudar a la identificación de la sílaba tónica, pronuncie la palabra separando sus sílabas y dando una palmada en la sílaba tónica.

Cuaderno de ejercicios p. 13
Actividades 1.19. y 1.20.

Actividades interactivas
Las sílabas y el acento prosódico

Sesión de cine VÍDEO

EN LA PAPELERÍA

SINOPSIS

Laura, una estudiante de español, va a una tienda para comprar algunas cosas que necesita, pero no sabe todos los nombres en español. ¿El dependiente la va a ayudar? ¿Va a conseguir comprar todo lo que necesita?

1 **Con tu compañero/a, discute tus respuestas a las siguientes preguntas.**

a ¿Qué cosas tienes que comprar todos los años antes de empezar las clases? ....

b ¿Qué materiales escolares recibes de tu escuela? ....

c ¿Qué cosas necesitas llevar a tu clase de español? ....

2 **Observa las siguientes imágenes del vídeo y responde a las preguntas.**

a ¿En qué tipo de tienda estamos?

b ¿Qué crees que va a comprar esta chica?

c ¿Qué otras cosas venden en la tienda?

3 **Observa el vídeo y haz las actividades que te va a repartir tu profesor/a.**

Secuencia de vídeo · Actividades interactivas

veinticinco **25**

Unidad 1: p. 25

SESIÓN DE CINE

Objetivos

- Visionar un vídeo donde aparecen los contenidos de la unidad.
- Comprender conversaciones cotidianas entre hispanos.

2

Posibles respuestas.

a. En una papelería; **b.** Algunas cosas para clase; **c.** Periódicos, revistas, libros, chucherías, aperitivos, bebidas, pequeños juguetes…

Material fotocopiable 1.4.

Respuestas:

1. a. plástico / escribir; **b.** escribir / rojo; **c.** madera, borrar; **d.** goma; **e.** guardar.
2. Él: c, d, e; **Ella:** a, b.
3. a. F; **b.** V; **c.** F; **d.** F; **e.** V.
4. Un sacapuntas, un bolígrafo, unas tijeras, un compás, una goma de borrar.

Material fotocopiable 1.5. (1 y 2)

Respuestas:

1. camisetas, bolsos, vestidos, pantalones, pañuelos, cinturones, zapatillas de deporte. **2. a.** muchas, 3; **b.** muy, 4; **c.** más, 1; **d.** muy, 5; **e.** ese, este, 2; **f.** aquí, allí, 6. **3. a.** F; **b.** F; **c.** V; **d.** F; **e.** V; **f.** V. **4. Bolso blanco:** Es de cuero y cuesta $580. Es bonito y espectacular pero demasiado caro; **Bolso beige:** Es demasiado grande y muy pesado. No es práctico; **Bolso azul:** Es moderno, cómodo, sencillo y elegante. Es de plástico. Cuesta $48. **5.** El bolso azul es menos caro que el bolso blanco y más pequeño que el beige… **6. a.** $50; **b.** No. Es demasiado caro; **c.** Sí. Es más barato, cuesta $48; **d.** El celular, los lentes de sol y las llave; **e.** Porque Sebas lleva el bolso y está caminando como Eli. Parece que quiere comprar el bolso para él.

Diga a los estudiantes que observen las imágenes del vídeo. Tiene que identificar los diferentes detalles que aparecen. Pregúnteles: *¿Dónde se desarrolla la acción? ¿Por qué creen está allí la chica? ¿Qué va a comprar? ¿Por qué?* A continuación, invítelos a que lean la sinopsis de forma individual y a que comprueben sus hipótesis.

1

Individualmente, tienen que realizar esta actividad para adelantar el léxico de los materiales escolares que aparecen en el vídeo.

2

En parejas, tienen que observar las imágenes extraídas del vídeo y responder a las preguntas. Corrija la actividad diciendo que la chica está en una papelería, donde venden materiales escolares como lápices, gomas, estuches, bolígrafos, etc.

3

A continuación, proyecte el vídeo y presente el Material fotocopiable 1.4.

Material fotocopiable 1.4.
En la papelería

Secuencia de vídeo
En la papelería

Actividades interactivas
En la papelería

Si lo desea, puede trabajar otros acentos a través de la serie hispana ¡Acción! y del Material fotocopiable 1.5.

Material fotocopiable 1.5. (1 y 2)
Un bolso para mi hermana

¡Acción!
Un bolso para mi hermana

Actividades interactivas
Un bolso para mi hermana

Unidad 1: p. 26

MUNDO HISPANO

Objetivo

- Acercar a los estudiantes a diferentes celebraciones de España.

Nota cultural.

El santo: muchos españoles tienen nombres pertenecientes originalmente al santoral católico. Es tradición celebrar algunos de los santos más conocidos, aunque esta tradición poco a poco se va limitando a una felicitación a los que tienen los nombres de los santos más conocidos.

El ratoncito Pérez: conocido en todos los países de habla hispana.

El cumpleaños: además de tirar de las orejas, en España es costumbre entre los adultos que la persona que cumple años invite a sus amigos a tomar algo, a algunas pastas o a tarta.

San Valentín: se celebra el 14 de febrero y es costumbre entre los jóvenes llevar algo rojo para indicar que están enamorados. Cada vez más en los institutos se celebra este día escribiendo postales o tarjetas a los chicos y chicas para mostrar su amor o amistad.

2

a. verdadero; **b.** falso (La celebran las personas de cualquier edad); **c.** falso (Algunas personas reciben tarjetas de sus enamorados, pero no anónimas); **d.** verdadero.

Mundo hispano

Cultura

Regalos y celebraciones

a. El santo

b. El cumpleaños

c. San Valentín

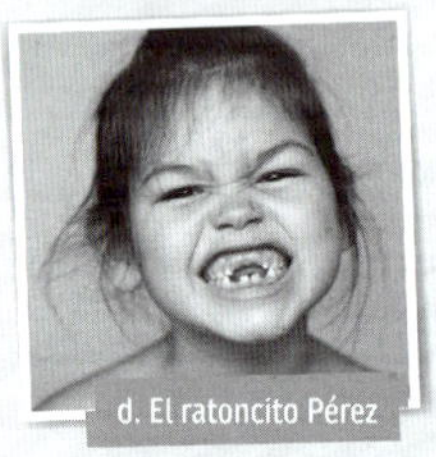
d. El ratoncito Pérez

1 **Aquí tienes varios acontecimientos que en España pueden ser motivo para hacer o recibir regalos. Relaciona los acontecimientos con su descripción.**

Texto 1 [a] El santo.

Es un día de celebración, especialmente para las personas que tienen nombres de santos de gran tradición en España, como San José (19 de marzo), Santiago (25 de julio), la Virgen del Carmen (16 de julio) y la Virgen del Pilar (12 de octubre), entre otros muchos. Ese día se celebra una fiesta familiar o se invita a los amigos a una bebida.

Texto 2 [c] San Valentín.

Se celebra el día 14 de febrero y es el día que dedicamos a la persona que amamos. Es costumbre regalar cosas personales o flores, especialmente a las chicas. Por influencia de otros países, cada vez es más común recibir tarjetas con pequeños textos románticos de sus enamorados.

Texto 3 [d] El ratoncito Pérez.

Es un personaje infantil que se identifica con la caída de los dientes en los niños. Cuando un niño pierde un diente, los padres le regalan dinero. Pero lo normal es esperar a la noche, cuando el ratoncito "recoge" nuestro diente y nos deja dinero bajo la almohada.

Texto 4 [b] El cumpleaños.

Es la fiesta del aniversario del nacimiento de una persona. Ese día se celebra con la familia y los amigos. Los niños lo celebran normalmente con una merienda para los invitados, juegos y, por supuesto, la tradicional tarta con velas. Normalmente te tiran de las orejas el número de veces de tu aniversario.

2 **Contesta verdadero (V) o falso (F) según el texto.**

a ☒V ☐F En los cumpleaños es común tirar de las orejas al protagonista de la celebración tantas veces como años cumple.
b ☐V ☒F El santo es una tradición que solo los niños celebran.
c ☐V ☒F En San Valentín es típico enviar por correo una tarjeta anónima a la persona que amas.
d ☒V ☐F El ratoncito Pérez premia a los niños por su diente dejando dinero debajo de la almohada.

26 veintiséis

1

Lleve a clase algún objeto y muéstrelo con orgullo y satisfacción a los estudiantes. Dígales: *Es un regalo de mi madre/hermana/marido*, etc. y explíqueles por qué lo recibió y cuándo. Pregúnteles si tienen en clase algo que les hayan regalado, y cuándo se lo regalaron y por qué. Seguidamente, pregúnteles si les gusta recibir regalos y también si les gusta hacer regalos, si son observadores y saben normalmente qué regalos elegir y qué hacen cuando reciben un regalo que no les gusta.

Para contextualizar los textos que van a leer, dígales que en España hay momentos especiales donde la gente hace o recibe regalos. Preséntele esos cuatro días especiales y pregúnteles si los conocen y qué saben de ellos.

2

Explique que para la realización de esta actividad no pueden consultar los textos anteriores.

Tras la corrección, aquellos estudiantes que hayan cometido algún error buscan en el texto cuál es la respuesta correcta.

Después de esta actividad, puede trabajar con el **Material fotocopiable 1.6.** Divida la clase en varios grupos y pídales que relacionen las imágenes con su acontecimiento. Otra dinámica es repartir tarjetas a toda la clase, aunque se repitan. A cada estudiante se le da una tarjeta. Deben caminar por la clase y, mediante mímica, encontrar a su pareja.

Material fotocopiable 1.6. *Felicidades*

El carnaval de Oruro

En la ciudad boliviana de Oruro se celebra un carnaval muy famoso: el carnaval de Oruro.
En 2001 la UNESCO declaró esta celebración Obra Maestra del Patrimonio Oral e Intangible de la Humanidad.
Se celebra durante la semana antes de la Cuaresma y dura ocho días.
Durante los desfiles del carnaval, se baila la Diablada. La gente baila con máscaras y un traje de diablo.

El carnaval de las islas Canarias

Cada mes de febrero, Santa Cruz de Tenerife, una de las dos capitales de las islas Canarias, celebra su carnaval.
Este carnaval es el segundo más grande del mundo. El primero es el de Río de Janeiro, en Brasil.
El carnaval tiene dos partes: el carnaval oficial y el carnaval de la calle. En el carnaval oficial participan más de 100 grupos; el carnaval de la calle está abierto a todo el mundo y participan miles de personas.
Este carnaval se celebra desde el siglo XVII. Los ingredientes más importantes del carnaval son: los disfraces, el maquillaje, la música y la danza.
Esta fiesta es un evento enorme y se necesita un año para organizarlo.

3 **Contesta verdadero (V) o falso (F) según los textos.**

a ☒ Ⓕ Oruro está en Bolivia.
b ☒ Ⓕ Barranquilla es una ciudad colombiana.
c ☒ Ⓕ El carnaval de Oruro es uno de los más importantes del mundo.
d Ⓥ ☒ En las islas Canarias el carnaval se celebra desde el siglo XV.
e Ⓥ ☒ El personaje más querido del carnaval de Barranquilla es el diablo.

FIESTAS | EL CARNAVAL DE BARRANQUILLA

“¡Hola! Soy Manuel y vivo en Barranquilla, Colombia. Mi ciudad es caribeña y está al norte de Colombia. Es un lugar muy importante porque allí celebramos el carnaval de Barranquilla. Los personajes más famosos del carnaval son la reina del carnaval y el diablo Arlequín. La reina es el personaje más querido y el diablo es el personaje menos popular. ¡Todos temen al diablo! A mí me gusta esta celebración porque me encantan los disfraces. ¡Me gusta pintarme de verde! ¿Te gusta disfrazarte? ¿Qué disfraz te gusta?”.

Cuaderno de ejercicios p. 13 Actividades interactivas

Unidad 1: p. 27

MUNDO HISPANO

Objetivos

- Identificar algunos lugares hispanos que celebran el carnaval.
- Valorar la importancia de estas fiestas en el mundo.

3

a. verdadero; b. verdadero; c. verdadero; d. falso (Se celebra desde el siglo XVII); e. falso (El diablo es el personaje más popular, el personaje más querido es la reina del carnaval).

3

Antes de realizar la actividad, anime a los estudiantes a describir las imágenes de la página. Recuerde que las islas Canarias están localizadas en la costa norte de África, en el Atlántico, y que son una de las comunidades autónomas de España. Si es posible, señálelas en un mapa.

A continuación, divida la clase en grupos de tres estudiantes. Asigne a cada integrante de cada grupo uno de los textos. Dígales que lean individualmente el texto que les ha correspondido y que posteriormente se lo cuenten al resto de su grupo. Resuelva también las dudas de vocabulario que puedan surgir.

Cuaderno de ejercicios p. 13
Actividades 1.21. y 1.22.

Actividades interactivas
Regalos y celebraciones

Unidad 1: p. 28

ÉRASE UNA VEZ...

Objetivo

- Analizar un fragmento de una obra literaria de un autor hispano.

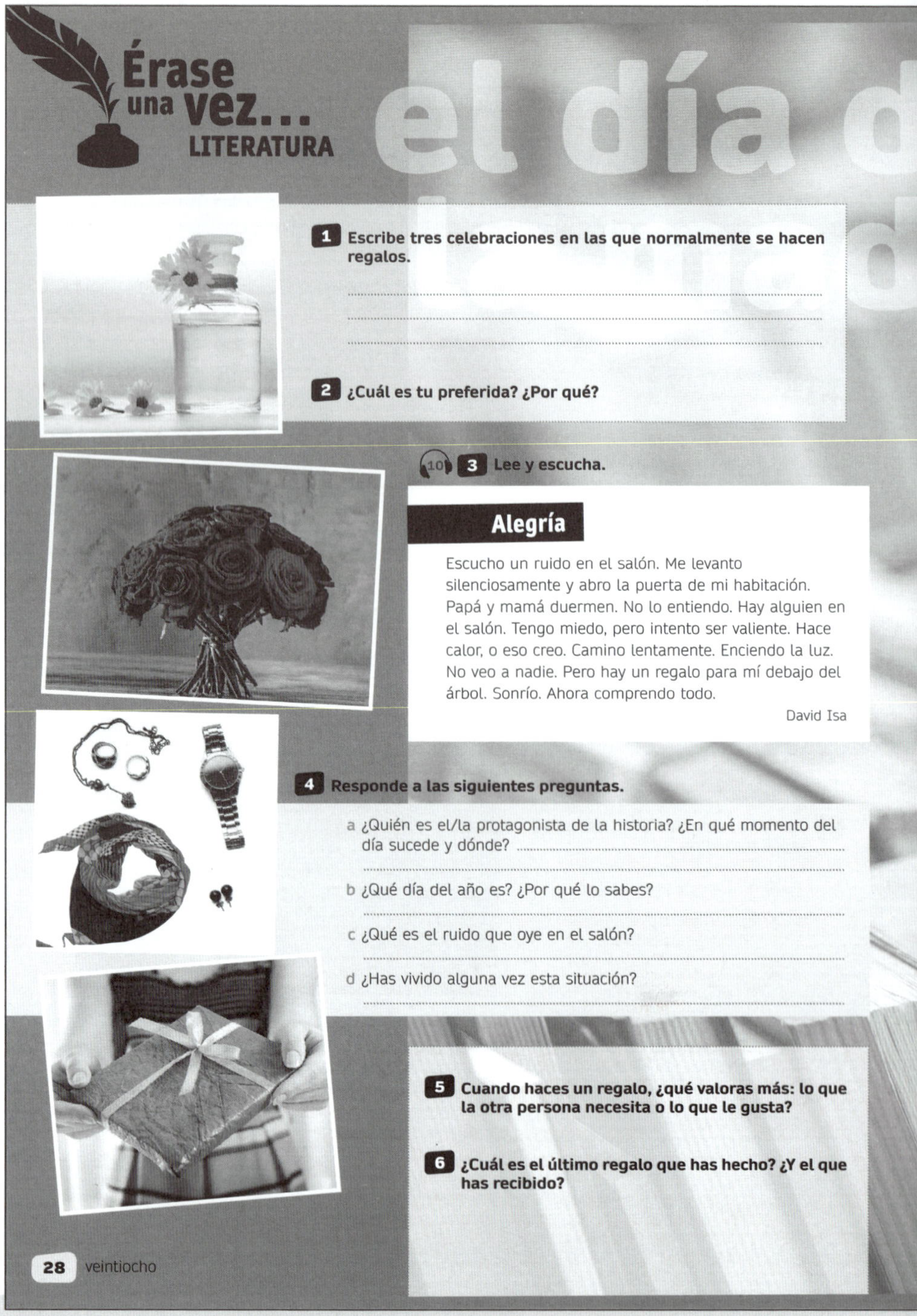

Érase una vez... LITERATURA

1 Escribe tres celebraciones en las que normalmente se hacen regalos.

2 ¿Cuál es tu preferida? ¿Por qué?

10 **3** Lee y escucha.

Alegría

Escucho un ruido en el salón. Me levanto silenciosamente y abro la puerta de mi habitación. Papá y mamá duermen. No lo entiendo. Hay alguien en el salón. Tengo miedo, pero intento ser valiente. Hace calor, o eso creo. Camino lentamente. Enciendo la luz. No veo a nadie. Pero hay un regalo para mí debajo del árbol. Sonrío. Ahora comprendo todo.

David Isa

4 Responde a las siguientes preguntas.

a ¿Quién es el/la protagonista de la historia? ¿En qué momento del día sucede y dónde?

b ¿Qué día del año es? ¿Por qué lo sabes?

c ¿Qué es el ruido que oye en el salón?

d ¿Has vivido alguna vez esta situación?

5 Cuando haces un regalo, ¿qué valoras más: lo que la otra persona necesita o lo que le gusta?

6 ¿Cuál es el último regalo que has hecho? ¿Y el que has recibido?

28 veintiocho

4

a. Es un niño que se levanta el día de Navidad (En España esta situación también podría ocurrir el día de los Reyes Magos); **b.** El 25 de diciembre, porque es el Día de Navidad, ya que en el salón hay un árbol de navidad; **c.** Se supone que el ruido lo hace Papá Noel (o al menos es lo que el niño imagina).

1 y 2

Anote en la pizarra las distintas celebraciones en las que sus estudiantes reciben regalos. Pregúnteles cuál de ellas es la que prefieren y anímelos a justificar sus respuestas.

3

Ponga la audición con los libros cerrados. A continuación, pídales que abran sus libros y lean el texto. Pregúnteles por qué el texto se titula "alegría".

4

Después de leer el texto, invite a sus estudiantes a responder a las preguntas para comprobar la comprensión del texto que han escuchado y leído.

Como actividad opcional, pídales que escriban un texto similar, pero con una de las celebraciones que han señalado en el ejercicio 1.

5 y 6

Con estas actividades se pretende valorar qué tienen en cuenta los alumnos cuando tienen que regalar algo a otra persona. ¿Coinciden en el regalo que suelen hacer a los diferentes miembros de su familia?

7 Lee el texto.

Un día solo para mamá

El primer domingo de mayo celebramos en España el Día de la Madre. Es un día muy bonito porque toda mi familia se reúne para comer y mamá prepara su especialidad: carne asada con patatas y ensalada. Cuando llega el postre es el momento de sacar los regalos. Papá es el más conservador, siempre elige una docena de rosas rojas. Mi hermana mayor adora los perfumes fuertes, es una romántica y cada año regala a mi madre uno nuevo. Mamá siempre sonríe agradecida, pero luego nunca lo usa. Mis abuelos son más prácticos y prefieren los accesorios: un pañuelo de seda, un reloj, un anillo... La tía Rosa va siempre por la parte intelectual y le compra cada año un libro. Yo soy el más modesto, porque tengo menos presupuesto, pero soy también el más original de todos. Con la profe Marta preparamos todos los cursos para las madres un regalo hecho a mano. A veces es un jarrón de arcilla, otras un marco de madera, o un collar con piezas de ámbar. Cuando mamá lo recibe me sonríe satisfecha. Se siente orgullosa y muy contenta de ser, por un día, el centro de atención de todos nosotros. Terminamos la comida cantando y después vemos una película: mi madre siempre la elige, claro.

8 ¿Qué regalos aparecen en el texto? Subráyalos.

9 Cada miembro de la familia tiene una personalidad particular a la hora de hacer su regalo. ¿Cómo son? Relaciona.

1 El padre es...
2 La hermana es...
3 La tía Rosa es...
4 Los abuelos son...
5 El autor del relato es...

a intelectual.
b modesto y original.
c romántica.
d conservador.
e prácticos.

10 ¿Sabes para qué sirven cada uno de los regalos que recibe la madre? Utiliza estos verbos para formar frases. Puede haber más de una opción.

decorar un lugar ▪ oler bien ▪ entretenerse ▪ leer ▪ estar más guapa
vestirse ▪ saber la hora ▪ poner flores ▪ saber más ▪ poner fotos

a *Una docena de rosas sirve para decorar un lugar y oler bien.*
b Un perfume sirve para oler bien.
c Un pañuelo de seda sirve para vestirse y estar más guapa.
d Un reloj sirve para saber la hora.
e Un anillo sirve para estar más guapa.
f Un libro sirve para leer, entretenerse y saber más.
g Un jarrón sirve para poner flores.
h Un marco sirve para poner fotos y decorar un lugar.
i Un collar sirve para estar más guapa.

Posibles respuestas

11 Con tu compañero/a, piensa ahora en los regalos que te hacen normalmente tu familia y amigos. Define cómo son sus personalidades, dependiendo de las cosas que te regalan.

Actividades interactivas

Unidad 1: p. 29

ÉRASE UNA VEZ...

8

Una docena de rosas, un perfume, un pañuelo de seda, un reloj, un anillo, un libro, un jarrón, un marco y un collar.

7

La lectura del texto se puede hacer mediante el **Material fotocopiable 1.7.** En grupos de cuatro, reparta el texto desordenado. Los estudiantes tienen que ordenarlo. Con ello también se practica la comprensión textual.

Material fotocopiable 1.7.
Un día solo para mamá

Una vez terminada la lectura, realice preguntas para verificar la comprensión del texto: *¿Cuándo se celebra en España el día de la madre? ¿Qué comida prepara la madre? ¿Qué le regala el padre? ¿Qué le regala la hermana mayor? ¿Le gustan a la madre los perfumes que le regala la hermana mayor? ¿Qué le regalan los abuelos? ¿Qué le compra la tía Rosa? El protagonista del relato, ¿es un niño o es un adulto? ¿Le compra algo a su madre?*

8

Como actividad lúdica para la corrección de la actividad, haga que los estudiantes se vayan levantando y que realicen dibujos de los regalos en la pizarra. El resto de la clase debe adivinar de cuál se trata.

9

Invítelos a que piensen en regalos que pueden hacer a estas personas según sus personalidades.

10

Dígales que, con los regalos que han escrito en la actividad 8, formen frases como en el ejemplo.

11

Después de realizar esta actividad, se puede seguir practicando la expresión oral. Cada estudiante explica a su compañero/a cómo es su familia y qué personalidad tiene cada miembro. Este debe aconsejarle qué regalos les puede comprar para su próximo cumpleaños y por qué.

Actividades interactivas
Alegría

Unidad 1: p. 30

ME PREPARO PARA EL DELE

Objetivos

- Familiarizarse con el examen de español DELE.
- Prepararse para lograr el nivel.

Me preparo para el DELE

Prueba de comprensión de lectura

1 **Lee la siguiente noticia sobre las piscinas públicas en Madrid y elige la respuesta correcta (a, b, c).**

Sesenta piscinas abren sus puertas en Madrid

El 29 de mayo abren al público las 60 piscinas de verano de la Comunidad de Madrid. El primer día se celebra con una jornada de puertas abiertas en la que los usuarios no deben pagar la entrada. El resto de la temporada los precios serán los mismos que el Ayuntamiento aprobó el año pasado. La entrada incluye el uso de las instalaciones deportivas. El precio es de 4,35 euros para adultos, 2,65 euros la entrada infantil, 3,50 euros los jóvenes y 1,35 euros los mayores de 65 años. Las personas con discapacidad tienen la entrada gratuita si presentan el carné de deporte especial. El horario de las piscinas es de 11.00h a 21.00h durante los tres meses de verano, hasta el 5 de septiembre. Además, hay cursos de natación, y otras actividades deportivas durante los meses de julio y agosto. Por otra parte, el Ayuntamiento de Madrid dice que hay socorristas en todas las piscinas.

(Adaptado de www.20minutos.es)

1 Las piscinas públicas abren...
- a a principios de mayo.
- (b) a finales de mayo.
- c a mediados de mayo.

2 El primer día de piscina...
- (a) es gratuito para todo el mundo.
- b es a mitad del precio.
- c cuesta 4,35 euros para los adultos.

3 Las personas con discapacidad...
- a entran gratis los días de fiesta.
- (b) no pagan si presentan un carné.
- c no entran gratis, tienen un descuento.

4 Con 9 años pagas...
- a 4,35 euros.
- (b) 2,65 euros.
- c 3,50 euros.

5 Todas las piscinas tienen...

(a)

b

c

30 treinta

Cuaderno de ejercicios p. 14 y 15 · Actividades interactivas

ME PREPARO PARA EL DELE

Dedique una sesión de clase para realizar esta actividad. No haga ningún tipo de comentario que sirva de ayuda a los estudiantes y simplemente deles las instrucciones como si fuera el examen real.

Para tener más información sobre los diplomas DELE, acceda a https://examenes.cervantes.es/es/dele-para-escolares/examenes/a2-b1

También puede obtener modelos de exámenes similares a este en el manual *El Cronómetro. Nivel A2/B1 para escolares* (Editorial Edinumen).

1

El examen DELE A2/B1 para escolares incluye la prueba de comprensión de lectura que tiene cuatro tareas con las siguientes características:

	Prueba de Comprensión de lectura
50 min.	Características
Tarea 1	Anuncios publicitarios, carteleras, mensajes personales y avisos de todo tipo (museos, libros, deportes, vacaciones, juegos, ropa, estudios, profesiones, asignaturas, lugares donde vivir...).
Tarea 2	Textos descriptivos, narrativos o informativos (anécdotas, información práctica, experiencias...): cartas, noticias, diarios, biografías, guías de viaje...
Tarea 3	Textos informativos simples (pueden ser sobre un personaje relevante en cualquier disciplina o campo profesional) o relatos (cuentos adaptados, fragmentos de novelas juveniles...).
Tarea 4	Textos descriptivos, narrativos, informativos o epistolares (anécdotas, información, relatos, entrevistas, etc.).

Después de realizar la actividad, los estudiantes pueden escribir tres preguntas más de estilo similar para que las respondan sus compañeros. En este caso, la puntuación final se haría según las cinco preguntas de la actividad, más las tres preguntas libres del compañero/a (en total sobre ocho preguntas).

Cuaderno de ejercicios p. 14 y 15
Actividades 1.23. a 1.28.

Actividades interactivas
Expresión e interacción escritas
Expresión e interacción orales

¡Me lo sé!

EVALUACIÓN

1 Observa las siguientes palabras. ¿Cuáles se corresponden con las definiciones? .../4

▪ un cuaderno ▪ unas gafas ▪ un periódico ▪ un libro ▪ una televisión
un balón ▪ un ordenador ▪ una planta ▪ una regla

a Es redondo, de cuero y sirve para jugar. ➔ un balón
b Es grande, cuadrada, de cristal y plástico, y sirve para ver noticias. ➔ una televisión
c Es mediano, de papel y sirve para leer noticias. ➔ un periódico
d Es pequeña, de plástico y sirve para dibujar líneas rectas. ➔ una regla

2 Completa las frases con un pronombre demostrativo. .../4

a Esa botella, no. Quiero aquella que está allí.
b Ese de ahí es mi hermano.
c Busco un libro. ¿Cuánto cuestan estos que están aquí en la mesa?
d Estas que tienes aquí son revistas de la semana pasada.

3 Completa con el pronombre de objeto directo adecuado. .../4

a ◗ ¿Dónde compras el periódico?
D Lo compro siempre en el quiosco cerca de casa.
b ◗ ¿Dónde nos llevas?
D Os llevo a mi habitación.
c ◗ ¿Cuándo ves a Carlos?
D Lo veo esta tarde, después de clase.
d ◗ ¿Dónde tienes las plantas?
D Las tengo en la cocina, al lado de la ventana.

4 Observa los precios de estos objetos y forma frases comparativas. .../4

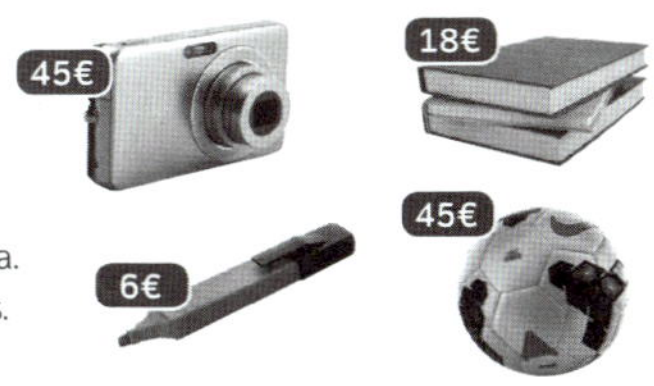

a La cámara es más cara que los libros.
b El balón es tan caro como la cámara.
c El precio del rotulador es menor que el de la cámara.
d El precio de la cámara es mayor que el de los libros.

5 Escribe estos números en letras. .../4

a 475 ➔ cuatrocientos setenta y cinco
b 823 ➔ ochocientos veintitrés
c 914 ➔ novecientos catorce
d 561 ➔ quinientos sesenta y uno

Ahora soy capaz de...

a ...describir mi habitación. Sí No
b ...comparar objetos. Sí No
c ...decir para qué sirven las cosas. Sí No
d ...contar hasta 900. Sí No

Sigue practicando con... Spanish Blogger Misión 7

Actividades interactivas

Unidad 1: p. 31

¡ME LO SÉ!

Objetivos

- Practicar los contenidos aprendidos en la unidad.
- Autoevaluar su aprendizaje.
- Revisar lo aprendido con actividades lúdicas.

¡ME LO SÉ!

En esta sección los estudiantes revisarán los contenidos vistos en la unidad. Esto le servirá para evaluar si los estudiantes han asimilado los objetivos propuestos.

Actividades interactivas
Evaluación

AHORA SOY CAPAZ DE...

Explique a los estudiantes que esta actividad les servirá para evaluar su proceso de aprendizaje.

Pida a los estudiantes que reflexionen exhaustivamente y tomen conciencia de los conocimientos que han adquirido en esta unidad.

SPANISH BLOGGER

Invítelos a seguir practicando lo aprendido en esta unidad a través de la Misión 7. Con ella, los estudiantes podrán utilizar el español en un contexto divertido.

Misión 7
Viaje al carnaval

Unidad 2 ¿QUÉ TIEMPO VA A HACER?

Unidad 2: p. 32

Objetivos de la unidad

- Conocer el tema de la unidad y a los personajes del diálogo.
- Revisar contenidos de la unidad 1.

Recursos del profesor

Materiales fotocopiables
2.1. a 2.4.

Materiales proyectables
2.1. a 2.3.

Audios
11 a 16

Vídeos
- Serie: *Creo que va a llover*
- *Videogramas*:
  - *Las perífrasis de infinitivo*
  - *Las perífrasis* hay que, tener que *y* necesitar + *infinitivo*
- *Casa del español*:
  - *Hablar del tiempo atmosférico*
- *¡Acción!*: *30 grados*

Cuaderno de ejercicios
Unidad 2

Actividades interactivas
2.1. a 2.12.

Actividades colaborativas
Una historia sorprendente

Spanish Blogger
Misión 8: *Viajes extremos*

1

Posibles respuestas:
a. Están de excursión en la montaña; b. Juegan con la nieve; c. Suponemos que es invierno, ya que llevan ropa de abrigo: anoraks, gorros, bufandas y guantes.

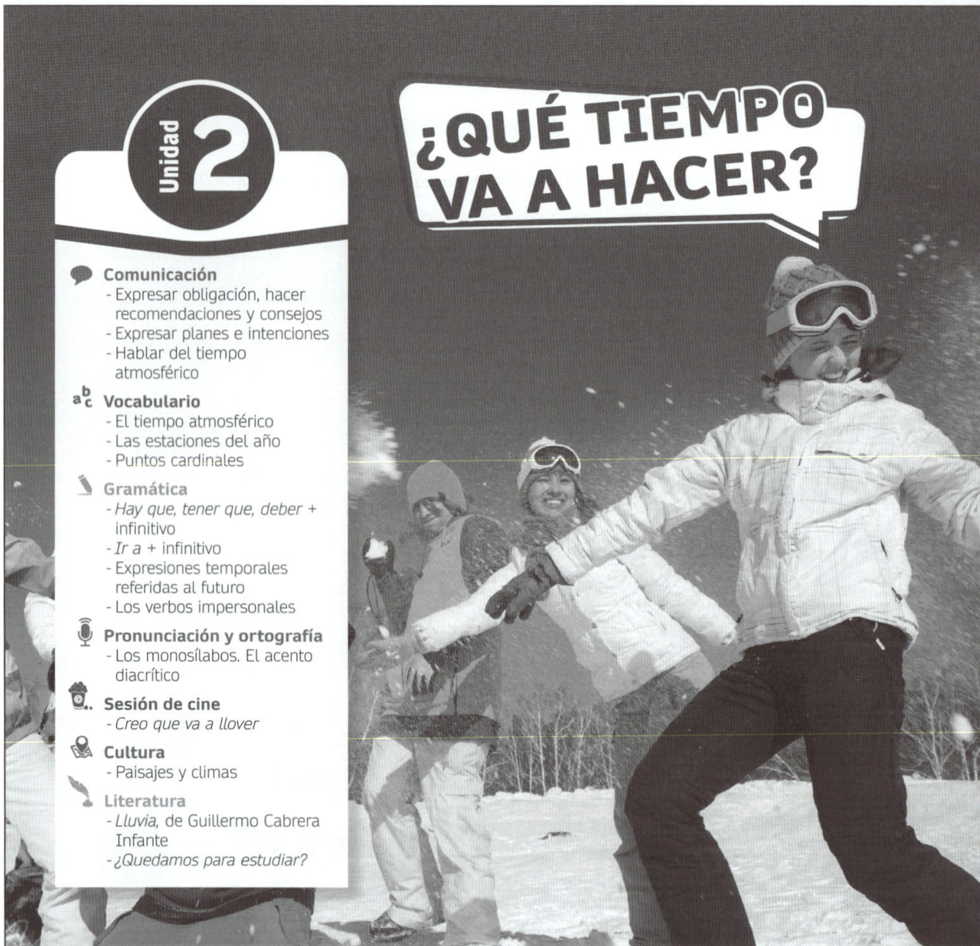

Unidad 2 ¿QUÉ TIEMPO VA A HACER?

Comunicación
- Expresar obligación, hacer recomendaciones y consejos
- Expresar planes e intenciones
- Hablar del tiempo atmosférico

Vocabulario
- El tiempo atmosférico
- Las estaciones del año
- Puntos cardinales

Gramática
- *Hay que, tener que, deber* + infinitivo
- *Ir a* + infinitivo
- Expresiones temporales referidas al futuro
- Los verbos impersonales

Pronunciación y ortografía
- Los monosílabos. El acento diacrítico

Sesión de cine
- *Creo que va a llover*

Cultura
- Paisajes y climas

Literatura
- *Lluvia*, de Guillermo Cabrera Infante
- *¿Quedamos para estudiar?*

¿Qué ves?

1 Fíjate en la imagen y contesta.

a ¿Dónde están los chicos?
b ¿Qué hacen?
c ¿Qué estación del año es?

2 Con tu compañero/a, describe a estos chicos.

3 Marca las prendas de vestir que llevan los chicos.

- [ ] falda
- [x] guantes
- [x] gorro
- [x] gafas
- [x] pantalones
- [ ] chanclas
- [x] bufanda
- [ ] chándal
- [ ] traje
- [ ] camisa

32 treinta y dos

1

Con el libro cerrado, escriba en la pizarra la palabra *excursión* y motive a sus estudiantes sobre su significado. Pregúnteles cuándo van de excursión, qué lugares son más habituales para hacer excursiones, con quién van (amigos, familia, compañeros de colegio...), a qué lugares prefieren ir, etc. Una vez conseguida la motivación, pídales que miren detenidamente la imagen de la página y, en parejas, respondan a las preguntas de la actividad. El objetivo es introducir a los estudiantes en los contenidos de la lección, pero también revisar el léxico y las estructuras que deberían conocer.

2

Esta actividad es de expresión oral, pero puede también trabajar la expresión escrita. Para ello, cree parejas o pequeños grupos y dígales que elaboren un pequeño texto que deberán entregarle.

3

Con esta actividad se intenta reforzar y sistematizar el léxico de la ropa que los estudiantes ya conocen. Distribuya la clase en parejas para que realicen esta actividad.

Comenzamos con un diálogo

11 4 Escucha la conversación entre Javi y su madre y completa.

Javi: ¡Hola, mamá!
Madre: Hola, Javi, ¿qué tal el instituto?
Javi: Pues, bien, como siempre.
Madre: Y ese papel, ¿qué es?
Javi: Ah, es para la a ...excursión... de este finde. Vamos toda la clase. ¡Qué guay!
Madre: ¿Y a dónde vais, Javi?
Javi: Pues, vamos a b ...visitar... la sierra de Gredos.
Madre: Muy bien. Y, ¿qué necesitas?
Javi: El c ...profesor... dice que tenemos que llevar unos d ...bocadillos... y unas bebidas.
Madre: Pero en la montaña normalmente hace e ...frío... Yo creo que debes llevar un anorak, los guantes y el f ...gorro...
Javi: Vale, mamá. También quiero hacer fotos.
Madre: Bueno, puedes coger mi g ...cámara...
Javi: ¡Fenomenal! Muchas gracias.
Madre: ¿Cuánto hay que pagar por la excursión?
Javi: Muy poco, solo h ...10 euros... ¡Ah! Vamos a salir el sábado a las i ...ocho... de la mañana.
Madre: Entonces, esa noche tienes que acostarte j ...pronto...

5 Responde verdadero (V) o falso (F).

a Javi va de excursión a la montaña. ☒V Ⓕ
b No tiene que llevar comida. Ⓥ ☒F
c Su madre le aconseja llevar ropa para el frío. ☒V Ⓕ
d La excursión cuesta 15 euros. Ⓥ ☒F
e Javi lleva la cámara de fotos de su madre. ☒V Ⓕ

6 Relaciona las frases de las dos columnas y cópialas completas en tu cuaderno.

1 Para hacer la excursión...
2 La madre dice que en la montaña hace frío y que Javi...
3 El profesor dice que todos los estudiantes...
4 La excursión es a las ocho de la mañana y Javi...

a tienen que llevar unos [bocadillos] y unas [bebidas].
tienen que llevar unos bocadillos y unas bebidas.

b tiene que [acostarse] pronto el viernes.
tiene que acostarse pronto el viernes.

c debe llevar un [anorak], unos [guantes] y un gorro.
debe llevar un anorak, unos guantes y un gorro.

d hay que pagar [10 euros].
hay que pagar 10 euros.

Actividades interactivas

Unidad 2: p. 33

COMENZAMOS CON UN DIÁLOGO

Objetivos

- Comprender un diálogo oral y escrito.
- Hablar de los preparativos de una excursión.

Nota cultural.
La Sierra de Gredos es un paraje situado en el Sistema Central, entre las provincias españolas de Madrid, Ávila, Cáceres y Toledo. Es un lugar muy visitado por los madrileños por su cercanía a la capital de España. Es muy común que los institutos organicen excursiones a esta zona.

4

a. verdadero; **b.** falso (Tiene que llevar unos bocadillos y unas bebidas); **c.** verdadero; **d.** falso (Cuesta 10 euros); **e.** verdadero.

4 y 5

Retome el tema de la excursión y llame la atención a los estudiantes sobre la audición que van a escuchar: se trata de una conversación entre Javi y su madre. Los estudiantes escuchan la audición dos veces. En la primera audición completan los espacios en blanco. Después, pídales que hagan en parejas la actividad 5.

Tras escribir la respuesta, vuelva a poner la audición una segunda vez y corrija los dos ejercicios.

6

Esta última actividad complementa a las dos actividades anteriores: se trata de que reflexionen sobre las estructuras que se presentan en la actividad y sobre el vocabulario nuevo que han visto. La corrección se puede realizar dando a los estudiantes el Material fotocopiable 2.1. y pidiéndoles que comprueben sus respuestas.

Material fotocopiable 2.1.
La excursión de Javi

El material pretende hacer reflexionar a los estudiantes sobre por qué se usa una estructura y no otra, y sobre qué intención tiene el hablante al elegir una estructura frente a las demás. Su corrección se puede realizar con el Material proyectable 2.1. Si lo estima oportuno, se puede pasar directamente a la página 39, donde se desarrolla la reflexión gramatical de estas estructuras y se practican con varios ejercicios.

Material proyectable 2.1.
Expresar obligación o necesidad y aconsejar

Actividades interactivas
La excursión de Javi

Unidad 2: p. 34

HABLAR POR HABLAR

Objetivo

- Hablar del tiempo atmosférico.

Hablar por hablar COMUNICACIÓN

HABLAR DEL TIEMPO ATMOSFÉRICO

■ ¿Qué tiempo hace?

Hace... calor, frío, sol, viento

Hay... nieve, hielo, nubes, niebla, lluvia, tormenta

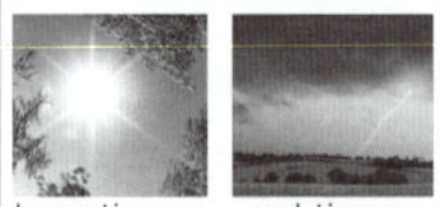

Está...

Llueve

– *En el norte de España **llueve** mucho.*

Nieva

– *En Andalucía casi nunca **nieva**.*

1 Completa las siguientes frases.

a Mañana voy a la playa porque ...hace... calor.
b En esta época ...hay... nieve en la montaña.
c El este de España ...está... nublado.
d Hoy me llevo el paraguas porque ...llueve...
e Las hojas de los árboles caen porque ...hace... viento.
f En la televisión dicen que en Barcelona ...hay... niebla.

12 **2 Escucha estos tres diálogos y completa. Luego, relaciónalos con sus imágenes.**

Diálogo 1
- Voy a coger el paraguas, porque ...está nublado...
- Sí, seguro que va a llover. ¡Qué ...frío...!

Diálogo 2
- ¡Qué día tan bonito!
- Sí, ...hace sol... y todo el mundo sale a la calle.

Diálogo 3
- Mira, está todo blanco.
- Brrr. Sí, ...hay nieve... por todos lados y hace mucho ...frío...

3 Habla con tu compañero/a sobre el tiempo que hace hoy.

Cuaderno de ejercicios p. 16 y 17

34 treinta y cuatro

HABLAR DEL TIEMPO ATMOSFÉRICO

Antes de pasar a la explicación del cuadro, puede pedir a los estudiantes que busquen en el texto de la página 33 si hay alguna mención al tiempo atmosférico. En él aparece la expresión *hace frío*. Es entonces cuando puede comentarles que van a conocer algunas expresiones relacionadas con el tiempo.

Si lo desea, puede repartir el Material fotocopiable 2.2. y pedirles que, en parejas, busquen el significado de las palabras que se presentan. A continuación, presente con las tarjetas el vocabulario y pídales que hagan repeticiones corales.

Por ejemplo: usted muestra la imagen de sol mientras dice en voz alta *Hace sol*, y pide a los alumnos que repitan. Así con todas las imágenes.

Después, proyecte el cuadro comunicativo del libro y proceda a su explicación. Llámeles la atención sobre los verbos impersonales *llover* y *nevar*.

Material fotocopiable 2.2.
El tiempo atmosférico

1

Los estudiantes deben completar el ejercicio usando el vocabulario y las estructuras presentadas.

2

Advierta que van a escuchar tres diálogos dos veces. En la primera audición deben completar las palabras que faltan y, a continuación, en la segunda, relacionar los diálogos con su correspondiente dibujo.

3

Sugiera a los estudiantes que se ayuden del recuadro de la página y que combinen las estructuras y el vocabulario visto. También pueden utilizar frases en negativo como: *Hoy no hay nubes/Hoy no hace frío*. La corrección se puede hacer en grupo clase.

Cuaderno de ejercicios p. 16 y 17
Actividades 2.1. a 2.4.

HABLAR DEL TIEMPO QUE HACE

- ¡Qué frío/calor (**hace**)!
- ¡Qué frío/calor **tengo**!
- ¿**Tienes** frío/calor?
- **Hace** mucho/muchísimo frío/calor.
- ¿**Qué día/tiempo** hace?
- **Hace** un día muy bueno/malo.
- **Estamos** a 20 grados.
- **No hace nada de** frío/calor.

4 **Observa las siguientes fotografías y relaciónalas con las frases anteriores.**

a ....

b ....

c ....

d ....

13 **5** **Escucha y completa el mapa con estos dibujos.**

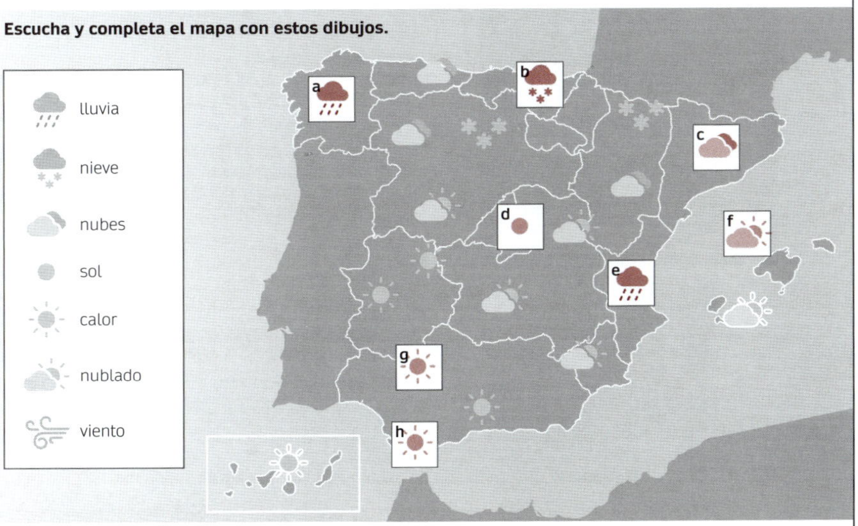

6 **Pregunta a tu compañero/a por el tiempo que hace en las ciudades que te faltan.**

Alumno A

42°C Sevilla	31°C Buenos Aires
13°C Londres	15°C Roma
29°C Caracas	2°C Oslo
12°C México D.F.	16°C Barcelona

Alumno B

42°C Sevilla	31°C Buenos Aires
13°C Londres	15°C Roma
29°C Caracas	2°C Oslo
12°C México D.F.	16°C Barcelona

Cuaderno de ejercicios p. 17 Actividades interactivas

Unidad 2: p. 35

HABLAR POR HABLAR

Objetivos

- Hablar del tiempo que hace.
- Conocer algunas ciudades y regiones de España.

4

Posibles respuestas:

a. ¡Qué día/tiempo hace!, Hace un día muy malo; **b.** ¡Qué calor hace!, ¡Qué calor tengo!, Hace un día muy bueno, No hace nada de frío; **c.** ¡Qué calor hace!, ¡Qué calor tengo!, Hace mucho calor; **d.** ¡Qué frío hace!, ¡Qué frío tengo!, Hace muchísimo frío, Hace un día muy malo.

13

Muy buenos días. Este es el tiempo que tenemos hoy en España. En la zona norte hace mal tiempo. Llueve en Galicia y nieva en el País Vasco. En el este de España, en Cataluña, hay nubes, llueve mucho en Valencia y así va a continuar todo el día. En las Islas Baleares, en Mallorca, esta mañana está nublado. Sin embargo, en el centro de España, en Madrid, hace sol y tenemos una temperatura de 29 grados. En el sur, hace bastante calor, especialmente en Sevilla y Cádiz, con temperaturas que van a llegar a los 35 grados. Es todo. Muchas gracias por su atención. Buenos días.

HABLAR DEL TIEMPO QUE HACE

Lea las frases del recuadro, ayudándose de gestos, y pida a los estudiantes que las repitan. Coménteles que para hablar de la temperatura también pueden usar expresiones como *Tenemos una temperatura de 20 grados* o *Hay una temperatura de 20 grados*, aunque la estructura *Estamos a 20 grados* es la más frecuente.

4

Pídales que, en parejas, piensen cuántas expresiones de las presentadas se pueden asociar con cada imagen y qué pensarían del tiempo si fueran las personas que aparecen en ellas. Hay numerosas soluciones.

5

Pregunte a los estudiantes si escuchan habitualmente la predicción del tiempo. Explíqueles que van a escuchar a un "hombre del tiempo" (meteorólogo/a) que habla sobre el tiempo en España y que deben colocar los dibujos en el lugar correspondiente.

Antes de la audición, proyecte el mapa en la pizarra y pida a los alumnos que localicen: Galicia (a), Sevilla (g), Cataluña (c), Cádiz (h), País Vasco (b), Madrid (d), Valencia (e) y Mallorca (f). También puede indicar dónde están Andalucía y las Islas Baleares. Se trata de que conozcan la ubicación de algunas regiones y provincias de España.

6

Los estudiantes trabajan en parejas cada uno con una tarjeta. La información que falta en la tarjeta A la tiene el alumno B y viceversa. Tienen que hacer preguntas como: *¿Qué tiempo hace en...? ¿Qué temperatura hay/tienen en...? ¿A qué temperatura están en...?* Ponga un ejemplo para que se familiaricen con la dinámica. Una vez terminado el ejercicio, comprueban sus respuestas con la tarjeta de su compañero/a.

Cuaderno de ejercicios p. 17
Actividades 2.5. a 2.8.

Actividades interactivas
Hablar del tiempo atmosférico

Unidad 2: p. 36

PALABRA POR PALABRA

Objetivos

- Aprender el vocabulario relacionado con el tiempo atmosférico.
- Conocer las estaciones del año.

14

a. Es especialmente duro en la zona norte e interior de España, con temperaturas bajo cero y nieve frecuente. También son habituales otros fenómenos como el viento, la niebla o el hielo. En el sur y Levante es más suave.
b. Es bastante inestable. Hace calor, frío, viento, pero también llueve mucho y a veces nieva. Es una época perfecta para ver el campo verde y lleno de flores. Las temperaturas varían entre los 15 y los 25 grados.
c. Es un periodo muy caluroso, especialmente en el sur del país y el interior. Hace muy buen tiempo con temperaturas entre los 35 y los 40 grados. También son frecuentes las tormentas, con rayos y truenos.
d. Normalmente hace frío, pero no demasiado. Llueve bastante y también nieva, especialmente en el norte de España. Además son frecuentes las nieblas. Las temperaturas están entre los 5 y los 20 grados.

Nota cultural.
Se conoce como el Levante peninsular español a la costa mediterránea (este de España) que comprende los territorios de la Comunidad Valenciana y Murcia.

---

abc **Palabra por palabra** VOCABULARIO

El tiempo atmosférico

14 **1** **Escucha las siguientes audiciones sobre el tiempo en España y completa. Luego di a qué estación del año corresponde cada texto.**

a Es especialmente duro en la zona norte e interior de España, con temperaturas bajo cero y nieve frecuente. También son habituales otros fenómenos como el viento, la niebla o el hielo. En el sur y Levante es más suave.

b Es bastante inestable. Hace calor, frío, viento, pero también llueve mucho y a veces nieva. Es una época perfecta para ver el campo verde y lleno de flores. Las temperaturas varían entre los 15 y los 25 grados.

c Es un periodo muy caluroso, especialmente en el sur del país y el interior. Hace muy buen tiempo con temperaturas entre los 35 y los 40 grados. También son frecuentes las tormentas, con rayos y truenos.

d Normalmente hace frío, pero no demasiado. Llueve bastante y también nieva, especialmente en el norte de España. Además son frecuentes las nieblas. Las temperaturas están entre los 5 y los 20 grados.

2 **Busca en el diccionario el significado de estas palabras nuevas en tu idioma.**

a inestable →	f bajo cero → ......
b caluroso/a →	g relámpago (el) → ......
c duro/a →	h bochorno (el) → ......
d rayo (el) →	i fenómeno (el) → ......
e trueno (el) →	j niebla (la) → ......

3 **Completa con las palabras anteriores.**

a En verano el tiempo es caluroso y hace mucho bochorno.
b En Noruega ahora están bajo cero. Hace mucho frío.
c ¿Has escuchado? Hay rayos y truenos.
d Mi padre no ve nada en el coche, porque esta mañana hay niebla.
e En esta época el tiempo es muy inestable. Hoy llueve y mañana hace sol.

36 treinta y seis

1

Indique a los estudiantes que van a escuchar dos veces cuatro audiciones que describen las diferentes estaciones del año.

En la primera audición pídales que completen los textos. En la segunda deben deducir a qué estación corresponde cada una de las descripciones.

2

Pida a los estudiantes que, en parejas, completen el significado por el contexto o la similitud con su idioma. Después, si aún queda alguna duda, se pueden ayudar del diccionario o compartir la información que tienen con su compañero/a. Se trata de que entre todos se habitúen a recurrir al diccionario o a sus compañeros de clase para obtener una nueva información.

3

Deben completar el ejercicio con las palabras nuevas aparecidas en la audición.

Como actividad adicional, los estudiantes pueden poner todo el vocabulario nuevo aprendido en tarjetas y añadir una definición. Este diccionario de clase puede ser un fichero donde se introducen las palabras de otras actividades. Puede servir de ayuda para que los alumnos consulten las palabras que no recuerdan de este nivel. Es un método para potenciar la autonomía en clase.

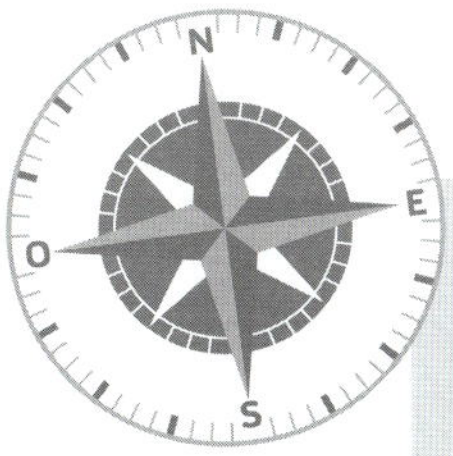

En invierno En verano En la costa En el interior En el norte En el sur En el este En el oeste	(no)	hace hay está llueve nieva	demasiado mucho/a/s bastante un poco (de) nada (de)	frío. calor. nieve. lluvia. hielo. sol. viento. niebla. nubes. nublado.

4 **Ordena las siguientes frases.**

a bastante / frío. / hace / montaña / En / la
En la montaña hace bastante frío.

b todo / hace / Canarias / tiempo / En / el / buen / año.
En Canarias hace buen tiempo todo el año.

c pero / también / la / hace / mucho / calor / hace / En / playa / viento.
En la playa hace calor pero también hace mucho viento.

d España / En / norte / en / de / el / hay / y / niebla. / invierno / lluvia
En invierno, en el norte de España hay lluvia y niebla.

e mal / llueve / tiempo. / y / Galicia / hace / En
En Galicia hace mal tiempo y llueve.

5 **Fíjate en este mapa de España y explica a tu compañero/a el tiempo que hace.**

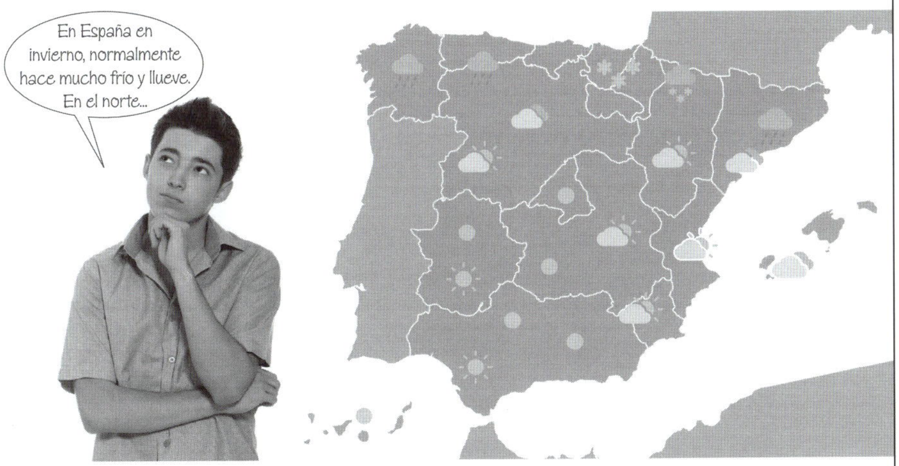

6 **Describe ahora cómo es el tiempo en tu país.**

Cuaderno de ejercicios p. 18 a 20   Actividades interactivas

Unidad 2: p. 37

PALABRA POR PALABRA

Objetivos

- Describir el tiempo que hace en una zona.
- Interpretar un mapa meteorológico.

4

Proyecte el cuadro de la página 37, que sirve de ayuda para hablar del tiempo. Antes de realizar el ejercicio 4, diga un ejemplo como *En Madrid, en invierno hace mucho frío y llueve bastante*. Luego, en grupo clase, pida a varios alumnos que formulen una o varias frases similares a la de usted. Después, completan el ejercicio ordenando las frases.

5

Aunque la actividad está pensada para practicar la expresión oral, se puede plantear de forma individual, pidiendo a los estudiantes que escriban previamente un pequeño texto con el tiempo que hace en España, utilizando todas las palabras posibles que han visto en la lección.

6

Para esta actividad puede sugerir a los estudiantes que busquen un mapa de su país y que, en parejas, se dividan el mapa. Cada uno tiene que escribir cómo es el tiempo en cada una de las zonas que les han tocado. Otra opción interesante para los estudiantes es que, durante la clase, dibujen un mapa en una cartulina y describan cómo es el tiempo en cada región utilizando los recursos que prefieran (fotos, textos, etc.). Después, podrán colgar los mapas en la clase. Pueden presentar la actividad como si fueran meteorólogos que dan la información del tiempo en un telediario.

Si lo desea, proyecte el vídeo de Casa del español para ver cómo la gente de la calle habla del tiempo atmosférico.

Casa del español
Hablar del tiempo atmosférico

Cuaderno de ejercicios p. 18 a 20
Actividades 2.9. a 2.16.

Actividades interactivas
El tiempo atmosférico

Unidad 2: p. 38

PASO A PASO

Objetivos

- Expresar planes o intenciones en el futuro.
- Hablar de hechos que van a ocurrir con seguridad.

Paso a paso GRAMÁTICA

***IR A* + INFINITIVO**

- Para expresar **planes** o **intenciones en el futuro**: *Esta tarde **voy a ir** al cine.*
- Para hablar de **algo que va a ocurrir con seguridad**: *Hay nubes en el cielo, **va a llover**.*

yo	**voy**	a + infinitivo
tú	**vas**	
él/ella/usted	**va**	
nosotros/as	**vamos**	
vosotros/as	**vais**	
ellos/ellas/ustedes	**van**	

- Expresiones temporales referidas al futuro:
  Hoy, mañana, ahora
  ***Esta** mañana/tarde/noche/semana...*
  ***Este** lunes/mes/año...*
  *La semana/el mes/el jueves **que viene***
  ***La próxima** semana*
  ***El próximo** jueves/invierno/año...*

– *El mes que viene **voy a visitar** a mis abuelos.*
– *Esta tarde **voy a jugar** al tenis.*
– *El próximo año **voy a estudiar** francés.*
– *Son las dos, ahora **voy a comer**.*

Videogramas

1 **Inés escribe a su amiga Elena para contarle sus planes para el próximo año. Completa el texto usando la estructura anterior.**

Mensaje nuevo

¡Hola, Elena!
¿Cómo estás? Yo estoy muy bien y muy contenta porque el próximo año **a** voy a hacer (yo, hacer) muchas cosas nuevas. ¿Sabes que **b** vamos a vivir (nosotros, vivir) en Barcelona? Es que mi padre **c** va a cambiar (cambiar) de trabajo. Mi hermana Celia y yo **d** vamos a estudiar (estudiar) en un nuevo colegio. Seguro que **e** vamos a conocer (nosotras, conocer) a mucha gente interesante. También **f** vamos a aprender (nosotras, aprender) a jugar al tenis, porque tenemos una pista cerca de casa. ¡Qué bien! Bueno, ¿**g** vas a venir (tú, venir) a visitarnos? Espero que sí. Ahora me **h** voy a dormir (dormir).
Muchos besos y escribe pronto.
Inés.

2 **Y tú, ¿qué planes tienes para este fin de semana? Habla con tu compañero/a. Puedes usar este vocabulario.**

hacer deporte

salir con mis amigos

ir al parque

visitar a mis abuelos

tomar el sol

ir de compras

38 treinta y ocho

IR A + INFINITIVO

La excursión de Javier puede seguir siendo el hilo conductor del tema. Así, para introducir el contexto de los planes en el futuro, proyecte el Material proyectable 2.2. (1). A continuación, pida a los estudiantes que, ayudados por los dibujos, intenten responder a las preguntas. Se recomienda hacer la actividad por parejas. Después, se corregirá en grupo clase proyectando el Material proyectable 2.2. (2). Llame la atención sobre la estructura *ir a* + infinitivo que aparece en el cuadro gramatical e invítelos a reflexionar sobre su uso para hablar de planes e intenciones futuras, o sobre algo que puede ocurrir con seguridad. Puede formular preguntas de comprobación:

¿La excursión de Javi es un plan? ¿Cuándo tiene lugar: en el presente o el futuro?

Material proyectable 2.2. (1 y 2)
Ir a + *infinitivo*

Proyecte los vídeos de gramática para ver una explicación gramatical de la perífrasis verbal *ir a* + infinitivo.

Videogramas
Ir a + *infinitivo*

1

Actividad de rellenar huecos para que los estudiantes practiquen con la forma presentada.

2

La actividad se puede realizar en parejas. Si es necesario, puede enseñar el vocabulario que aparece en ella. Advierta a sus estudiantes que pueden utilizar este vocabulario u otro que ya conozcan. Los alumnos deben tomar nota de las respuestas de su compañero/a porque se les va a preguntar qué planes tiene este/a para el fin de semana.

Si desea que los estudiantes practiquen un poco más, pídales que escriban sobre sus planes para las próximas vacaciones o para el próximo año. Recoja todos los planes y léalos en voz alta. Los estudiantes deben adivinar de quién creen que es cada papel.

HAY QUE, TENER QUE, DEBER + INFINITIVO

- Para expresar una **obligación** o una **necesidad en general**:
  Hay que + infinitivo ➜ *En clase* ***hay que hablar*** *español.*
- Para expresar una **obligación** o una **necesidad de alguien en particular**:
  Tener que + infinitivo ➜ *Para mis exámenes* ***tengo que estudiar*** *mucho.*
- Para expresar una **necesidad como recomendación** o **consejo** a alguien en particular:
  Deber + infinitivo ➜ *Si tienes sueño,* ***debes dormir*** *más.*

Videogramas

3 **Completa las frases con el verbo correcto.**

a Este verano voy a viajar a Estados Unidos. .... que llevar mi pasaporte.
b Mañana, Pedro y José juegan un partido de fútbol. .... levantarse temprano.
c ¡Chicos! Son las doce de la noche. .... que dormir.
d Bárbara tiene un examen la próxima semana. .... estudiar.
e Tu habitación está muy desordenada. .... que ordenarla.
f La fruta .... que tomarla después de la comida.

4 **Elige el verbo correcto.**

a Si quieres ir al cumpleaños de Ana, **tienes** / **[debes]** llevar un regalo.
b Para viajar a un país extranjero, **[hay]** / **debes** que llevar pasaporte.
c Estoy ocupado, **[tengo]** / **hay** que estudiar mucho.
d Me encanta el restaurante, pero ¿cuánto **debo** / **[hay]** que pagar para comer?
e Lo siento, ahora no puedo hablar contigo porque **[tengo]** / **debo** que irme.
f En casa siempre **hay** / **[debemos]** ayudar a los padres.

5 **Enrique es un chico rebelde. Aquí tienes una lista de cosas que no hace correctamente. Completa las frases con las cosas que debe mejorar usando *tener* o *deber*.**

- No estudia mucho.
- Llega siempre tarde al colegio.
- Nunca ordena su habitación.
- Nunca hace los deberes.
- Habla mal a su hermana.
- No hace deporte.

a Enrique ....tiene.... que estudiar más.
b Al colegio ....tiene.... que llegar puntual.
c Enrique ....debe.... ordenar su habitación.
d Enrique ....debe.... hacer los deberes.
e No ....debe.... hablar mal a su hermana.
f ....Tiene.... que hacer deporte.

Cuaderno de ejercicios p. 20 a 22 Actividades interactivas

Unidad 2: p. 39

PASO A PASO

Objetivos
- Expresar una obligación o una necesidad.
- Expresar una recomendación o consejo.

3

a. Tengo; **b.** Deben/Tienen que; **c.** Hay/ Tenemos; **d.** Debe/Tiene que; **e.** Tienes; **f.** hay.

HAY QUE, TENER QUE, DEBER + INFINITIVO

Vuelva a presentar el Material proyectable 2.1. y pida que lean el cuadro gramatical o que se apoyen en él para completar las actividades de esta página. Si no ha usado antes este material, preséntelo siguiendo las pautas de la página 33.

Material proyectable 2.1.
Expresar obligación o necesidad y aconsejar

Proyecte los vídeos de gramática para ver una explicación gramatical de las perífrasis verbales *hay que*, *tener que*, *deber* + infinitivo.

Videogramas
Las perífrasis hay que, tener que y necesitar + *infinitivo*

3 y **4**

Pida que se apoyen en el cuadro gramatical proyectado para completar las actividades 3 y 4, donde simplemente tienen que completar los huecos con los verbos *haber*, *tener* o *deber*. Explique que, en algunos casos, varias opciones son correctas.

5

En esta actividad tienen que determinar cuáles son las obligaciones de Enrique y cuáles las recomendaciones que debe seguir. Para ello, deben completar con los verbos *tener* o *deber*.

Como actividad adicional, la clase puede elaborar un cartel sobre las obligaciones, necesidades y consejos para *hablar perfectamente español*. O bien, por grupos, elaborar carteles sobre temas diferentes: *viajar al extranjero*, *aprobar un examen*, *comportarse mejor en clase*, *conocer a nuevos amigos*, *usar internet*, *estudiar en ese centro*, etc. Finalizada la actividad, pueden presentar su cartel al resto de la clase, defendiendo cada uno de los puntos tratados. Entre todos se puede elegir el cartel más original.

Cuaderno de ejercicios p. 20 a 22
Actividades 2.17. a 2.25.

Actividades interactivas
Ir a + *infinitivo y* hay que, tener que, deber + *infinitivo*

Unidad 2: p. 40

SUENA BIEN

Objetivo

- Aprender a reconocer los monosílabos y la tilde diacrítica.

Suena bien — **PRONUNCIACIÓN Y ORTOGRAFÍA**

La tilde diacrítica

- La **tilde diacrítica** se usa para diferenciar los **monosílabos** (palabras formadas por una sola sílaba) que tienen el mismo sonido, pero diferente significado.
  En los demás casos, los monosílabos nunca llevan tilde: *pan, luz,* etc.

Él: pronombre personal. – *Tengo que hablar con **él**.*	**El**: artículo determinado. – ***El** profesor de español es muy simpático.*
Tú: pronombre personal. – ***Tú** eres muy alto.*	**Tu**: adjetivo posesivo. – ***Tu** hermana quiere venir al cine con nosotros.*
Mí: pronombre personal con preposición. – *Ese regalo es para **mí**.*	**Mi**: adjetivo posesivo. – ***Mi** casa está muy lejos del instituto.*
Té: bebida. – *¿Prefieres **té** o café?*	**Te**: pronombre personal de objeto directo e indirecto. – ***Te** quiero.*
Sé: 1.ª persona singular del verbo *saber*. – *No **sé** cómo hacer esta actividad.*	**Se**: pronombre. – ***Se** llama Juan.*
Sí: adverbio afirmativo. *¿Estudias español?* ***Sí**, y me gusta mucho.*	**Si**: conjunción condicional. – ***Si** llueve, vamos al instituto en autobús.*

1 **Ahora, escribe la tilde en las palabras necesarias.**

a No se hablar francés.
b Se levanta todos los días a las ocho.
c ¿Quieres que te prepare un te?
d Mi abuela no entiende mi nuevo ordenador.
e El salón de mi casa no es muy grande.

2 **Elige la forma correcta.**

a ¿A qué hora **te** / **té** levantas?
b Yo no **se** / **sé** dónde está Adrián.
c Ven a **mi** / **mí** casa, **si** / **sí** puedes.
d ¿**Tu** / **Tú** sabes **si** / **sí** viene **el** / **él**?

15 **3** **Dictado.**

1 ....
2 ....
3 ....
4 ....
5 ....

Cuaderno de ejercicios p. 22 · Actividades interactivas

15

1. ¿Tú tienes un diccionario en tu cartera?; **2.** Creo que sé quién es tu primo; **3.** La profesora Carmen siempre me pregunta a mí; **4.** A mí me gusta estudiar español; **5.** Si quieres, te invito a un té esta noche.

1 y **2**

Antes de comenzar la actividad, escriba en la pizarra la frase *¿Te gusta el té?* y pida a los estudiantes que, en parejas, intenten deducir el significado de *te* y *té* y que imaginen, si no lo saben, cuál puede ser el motivo de la tilde.

A continuación, dígales que abran el libro por la página 40 y que lean el recuadro sobre la tilde diacrítica y el porqué de su uso. Una vez leído el recuadro, los estudiantes realizan los ejercicios sugeridos en la sección de forma individual. Pueden comparar sus respuestas en parejas antes de la corrección en grupo clase.

3

Para su corrección puede realizar la siguiente dinámica: cinco estudiantes escriben una de las frases en la pizarra. Divida la clase en tres grupos. Cada grupo debe elegir las frases que son correctas y corregir las incorrectas. Gana el grupo que acierte en la corrección de todas las frases.

Cuaderno de ejercicios p. 22
Actividades 2.26. y 2.27.

Actividades interactivas
Los monosílabos. El acento diacrítico

Sesión de cine VÍDEO

CREO QUE VA A LLOVER

SINOPSIS

Olga piensa salir de casa, pero alguien le advierte de que va a cambiar el tiempo. ¿Va a cambiar de idea o va a vestirse adecuadamente y va a salir de todos modos?

1 **Haz a tu compañero/a las siguientes preguntas.**

a ¿Qué tiempo hace hoy?
b ¿Qué ropa llevas cuando llueve?
c ¿Qué ropa llevas cuando hace frío?
d ¿Llevas paraguas cuando llueve?

2 **Fíjate en las imágenes del vídeo y responde a las preguntas.**

a ¿Qué lleva la chica? Un abrigo/Una chaqueta.
b ¿Adónde crees que va? A la escuela o a la biblioteca.
c ¿Con quién crees que habla? Con una amiga o un amigo, con su madre.
d ¿Qué tiempo crees que hace? Está nublado.
e ¿Qué necesita llevar? Necesita llevar un paraguas.

Posibles respuestas

3 **Observa el vídeo y haz las actividades que te va a repartir tu profesor/a.**

Secuencia de vídeo · Actividades interactivas

Unidad 2: p. 41

SESIÓN DE CINE

Objetivos

- Visionar un vídeo donde aparecen los contenidos de la unidad.
- Comprender conversaciones cotidianas entre hispanos.

Material fotocopiable 2.3.

Respuestas:

1. 1. b; **2.** c; **3.** a; **4.** b. **2. a.** O; **b.** M; **c.** O; **d.** O; **e.** M; **f.** M; **g.** O; **h.** O; **i.** M. **3. 1.** a, b, c; **2.** a, d.
4. a. Tienen que presentar un trabajo de lengua el próximo viernes; **b.** Para cenar; **c.** Porque no hay nada en casa; **d.** Hay que comer todos los días.

Material fotocopiable 2.4. (1 y 2)

Posibles respuestas:

Imagen 1: a. Primavera o verano; **b.** Hace buen tiempo. Hace sol y calor; **c.** Puedes pasear por el parque, salir con amigos, montar en bici y jugar al fútbol. **Imagen 2: a.** Están en un gimnasio; **b.** Van a jugar al baloncesto; **c.** Hablan de sus amigos, del instituto, de las clases, etc. **2. a.** F; **b.** S; **c.** F; **d.** F; **e.** S; **f.** F; **g.** F; **h.** F. **3. 1.** b; **2.** a. **4. a.** 5; **b.** 1; **c.** 3; **d.** 4; **e.** 2. **5. Posibles respuestas:** Las chicas quieren jugar al básquetbol con los chicos, pero ellos no quieren porque dicen que ellas juegan muy mal. Ellos juegan y ellas miran, pero los chicos no juegan bien. Ellas se ríen y deciden darles una lección. Ellos se sorprenden y se van un poco tristes. Ellas están muy contentas.

Diga a los estudiantes que observen las imágenes del vídeo. Tiene que identificar los diferentes detalles que aparecen. Después, pídales que lean la sinopsis y respondan a la pregunta que aparece.

1

En parejas, los estudiantes tienen que realizar esta actividad como introducción al visionado del vídeo. Después, haga las preguntas a algunos alumnos para que compartan sus respuestas con el resto de la clase.

2

El objetivo de esta actividad es trabajar con dos imágenes del vídeo para que hagan hipótesis sobre el tema. Después del visionado, podrán comprobar sus respuestas.

3

A continuación, proyecte el vídeo y presente el Material fotocopiable 2.3.

Material fotocopiable 2.3.
Creo que va a llover

Secuencia de vídeo
Creo que va a llover

Actividades interactivas
Creo que va a llover

Si lo desea, puede trabajar otros acentos a través de la serie hispana ¡Acción! y del Material fotocopiable 2.4.

Material fotocopiable 2.4. (1 y 2) *30 grados*

¡Acción!
30 grados

Actividades interactivas
30 grados

Unidad 2: p. 42

MUNDO HISPANO

Objetivos

- Acercar a los estudiantes a dos parques nacionales y naturales de España.
- Reconocer diferentes animales que habitan en estos parques.

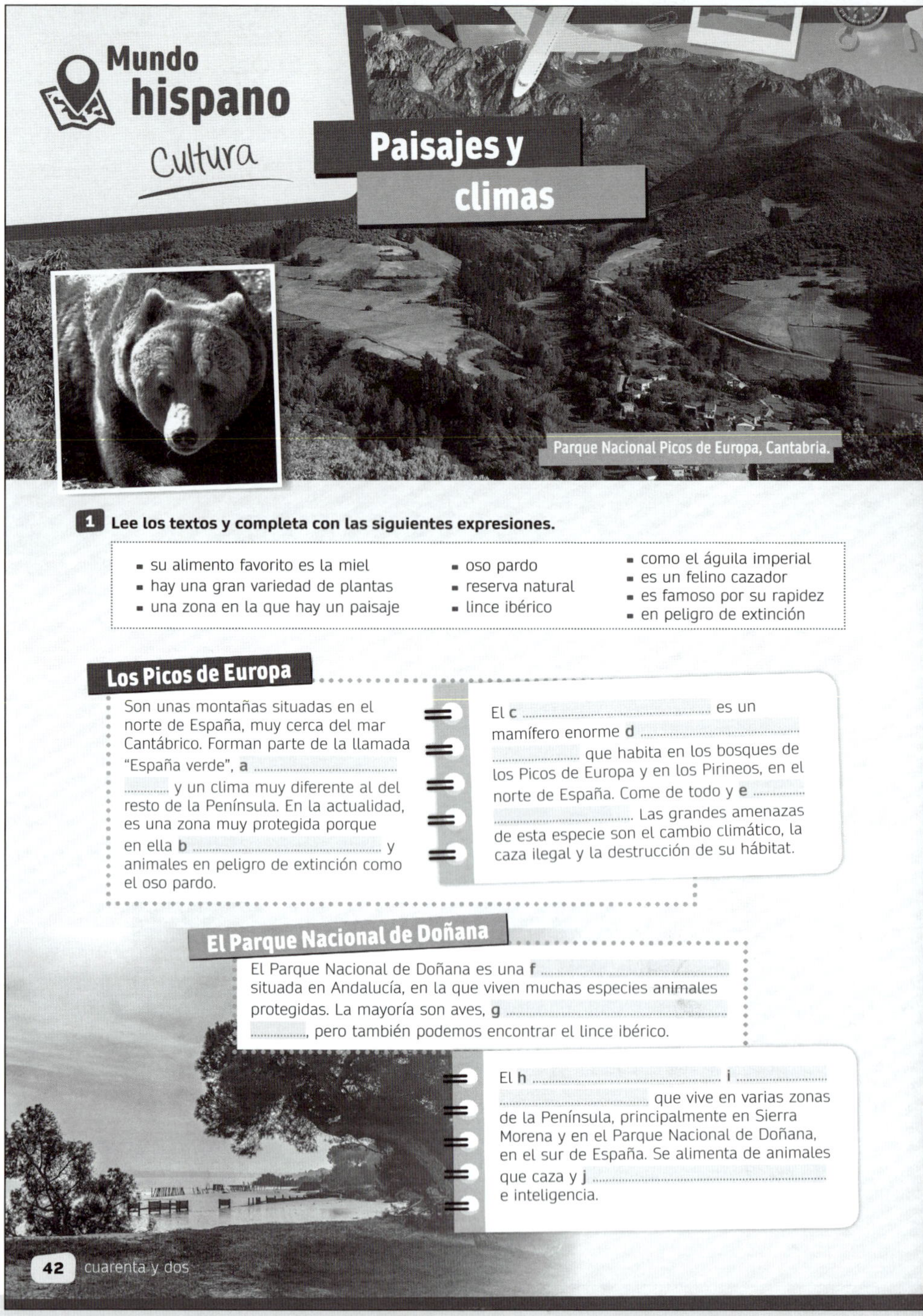

Mundo hispano

Cultura

Paisajes y climas

Parque Nacional Picos de Europa, Cantabria.

1 **Lee los textos y completa con las siguientes expresiones.**

- su alimento favorito es la miel
- hay una gran variedad de plantas
- una zona en la que hay un paisaje
- oso pardo
- reserva natural
- lince ibérico
- como el águila imperial
- es un felino cazador
- es famoso por su rapidez
- en peligro de extinción

Los Picos de Europa

Son unas montañas situadas en el norte de España, muy cerca del mar Cantábrico. Forman parte de la llamada "España verde", **a** .... y un clima muy diferente al del resto de la Península. En la actualidad, es una zona muy protegida porque en ella **b** .... y animales en peligro de extinción como el oso pardo.

El **c** .... es un mamífero enorme **d** .... que habita en los bosques de los Picos de Europa y en los Pirineos, en el norte de España. Come de todo y **e** .... Las grandes amenazas de esta especie son el cambio climático, la caza ilegal y la destrucción de su hábitat.

El Parque Nacional de Doñana

El Parque Nacional de Doñana es una **f** .... situada en Andalucía, en la que viven muchas especies animales protegidas. La mayoría son aves, **g** ...., pero también podemos encontrar el lince ibérico.

El **h** .... **i** .... que vive en varias zonas de la Península, principalmente en Sierra Morena y en el Parque Nacional de Doñana, en el sur de España. Se alimenta de animales que caza y **j** .... e inteligencia.

42 cuarenta y dos

1

a. una zona en la que hay un paisaje; b. hay una gran variedad de plantas; c. oso pardo; d. en peligro de extinción; e. su alimento favorito es la miel; f. reserva natural; g. como el águila imperial; h. lince ibérico; i. es un felino cazador; j. es famoso por su rapidez.

1

Antes de leer los textos, conviene enseñar el vocabulario relacionado con los accidentes geográficos. Para ello, en clase abierta, presente el **Material proyectable 2.3.** donde se recogen, entre otras, las siguientes palabras: *reserva natural*, *montaña*, *parque natural*, *cambio climático sierra*, *paisaje*, *animales en peligro de extinción* y *bosque*. Con este texto estamos acercando a los estudiantes la geografía española, sus principales accidentes geográficos y algunos de los animales que habitan en el territorio español.

Después de comentar el vocabulario, señale en el mapa las principales zonas montañosas de España: la Cordillera Cantábrica, los Pirineos, el Sistema Ibérico, el Sistema Central y Sierra Morena.

Indique la riqueza de las zonas y la existencia de animales protegidos. Para ello, pregunte a los alumnos por nombres de especies animales, como mamíferos y aves, buscando ejemplos que posteriormente aparecerán en el texto. Se señalan las imágenes de "mamíferos" como *el oso* o *el lobo*, de "felinos" como *el lince* y de "aves" como *el águila*. Aproveche para que los alumnos digan otros nombres de animales.

Material proyectable 2.3.
Paisajes de España

A continuación, proponga la lectura de las expresiones que los alumnos tienen que escribir en los huecos del texto y asegúrese de que las han entendido.

Posteriormente, anímelos a que, de manera individual, realicen una primera lectura de los textos y después los completen con las diez expresiones. Finalmente, proceda a la corrección en grupo clase.

El Cono Sur

Los países hispanohablantes que forman el Cono Sur son: Paraguay, Argentina, Chile y Uruguay.
Estos países ofrecen una naturaleza increíble, desde el desierto más árido del mundo, hasta la cordillera más alta del hemisferio sur, pasando por los glaciares más activos del planeta.
El idioma oficial es el español, pero también se hablan dialectos o lenguas indígenas como el guaraní (en Paraguay y Argentina), el español rioplatense (en Uruguay y Argentina), el quechua (en Argentina) o la lengua mapuche (en Chile).

¿Sabes qué…?

- El Cono Sur experimenta todos los climas posibles, desde el tropical hasta el frío más extremo y la nieve.
- Los paisajes del Cono Sur son los más diversos del mundo. Aquí hay glaciares, desiertos, selvas, montañas, cordilleras y playas.
- Paraguay tiene una de las temperaturas más altas del planeta, 45 °C (113 °F). Algunos puntos de Chile alcanzan los -37 °C (-35 °F).

2 Haz frases relacionando elementos de las dos columnas.

1 En el Cono Sur	a muy extremas.
2 El idioma oficial de esta región	b hay cuatro países.
3 Hay temperaturas	c también el guaraní.
4 En el Cono Sur se habla	d es el español.
5 Los paisajes del Cono Sur	e son muy variados.

3 Completa con información de los textos anteriores. Luego escribe cómo es donde vives tú.

a Paraguay tiene una de las temperaturas más altas del planeta.
En mi ciudad ……

b En el Cono Sur se habla español y dialectos o lenguas indígenas como el guaraní.
En mi país ……

c Los paisajes del Cono Sur son los más diversos del mundo.
En mi país ……

VIAJES | USHUAIA: EL FIN DEL MUNDO

Ushuaia, en Tierra del Fuego, Argentina, es la ciudad más al sur del mundo.
Esta ciudad es conocida como el fin del mundo por su localización, en el extremo sur del continente americano.
En Ushuaia hay ríos, lagos y glaciares.
Aquí nieva mucho y las temperaturas son frías durante todo el año, con una temperatura media de 5,7 °C (42 °F).
Cuando visitas este lugar, recibes un sello en tu pasaporte donde pone… ¡fin del mundo!

Cuadernode ejercicios p. 23 · Actividades interactivas

Unidad 2: p. 43

MUNDO HISPANO

Objetivo

- Conocer los países hispanoamericanos que conforman el Cono Sur.

2 y 3

Pregunte a los estudiantes qué saben de los países hispanoamericanos: Paraguay, Uruguay, Argentina y Chile. Anímelos a que, mirando las imágenes, intenten ubicar el Cono Sur en un mapa. Posteriormente, propóngales que busquen en internet información sobre estos países hispanoamericanos: su clima, sus principales accidentes geográficos, animales que habitan en estos países, sus parques naturales, etc.

Esta actividad se puede hacer en clase, en pequeños grupos o parejas, y exponer las ideas principales extraídas de internet. Si no hubiera posibilidad de ello, se podría proponer como actividad extra para realizar en casa. La información extraída, acompañándola de imágenes, pueden archivarla en un fichero de la clase.

A continuación, leen los textos sobre el Cono Sur y sobre Ushuaia. Indíqueles que Ushuaia es la capitalde la provincia de Tierra del Fuego, la Antártida y las islas del Antártico Sur.

Invítelos a realizar las actividades de comprensión propuestas en esta página. En la corrección, interésese por conocer las respuestas que han escrito los alumnos en relación con sus ciudades y países.

Cuaderno de ejercicios p. 23
Actividades 2.27. y 2.28.

Actividades interactivas
Paisajes y climas

Unidad 2: p. 44

ÉRASE UNA VEZ

Objetivos

- Conocer a un autor hispano.
- Analizar un fragmento de una obra de literatura.

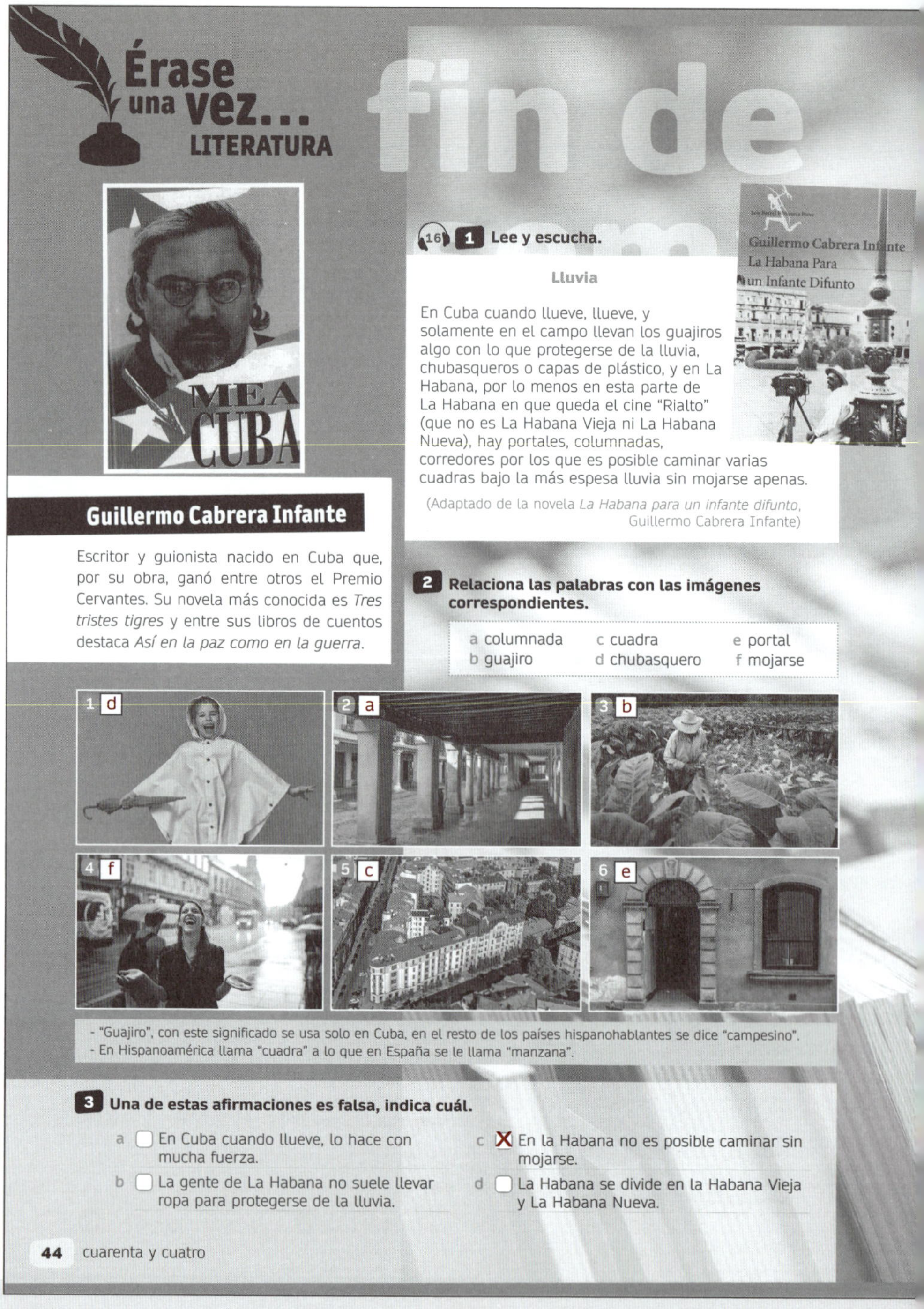

Érase una vez... LITERATURA

fin de

Guillermo Cabrera Infante

Escritor y guionista nacido en Cuba que, por su obra, ganó entre otros el Premio Cervantes. Su novela más conocida es *Tres tristes tigres* y entre sus libros de cuentos destaca *Así en la paz como en la guerra*.

16 **1 Lee y escucha.**

Lluvia

En Cuba cuando llueve, llueve, y solamente en el campo llevan los guajiros algo con lo que protegerse de la lluvia, chubasqueros o capas de plástico, y en La Habana, por lo menos en esta parte de La Habana en que queda el cine "Rialto" (que no es La Habana Vieja ni La Habana Nueva), hay portales, columnadas, corredores por los que es posible caminar varias cuadras bajo la más espesa lluvia sin mojarse apenas.

(Adaptado de la novela *La Habana para un infante difunto*, Guillermo Cabrera Infante)

2 Relaciona las palabras con las imágenes correspondientes.

a columnada c cuadra e portal
b guajiro d chubasquero f mojarse

1 d 2 a 3 b 4 f 5 c 6 e

- "Guajiro", con este significado se usa solo en Cuba, en el resto de los países hispanohablantes se dice "campesino".
- En Hispanoamérica llama "cuadra" a lo que en España se le llama "manzana".

3 Una de estas afirmaciones es falsa, indica cuál.

a ☐ En Cuba cuando llueve, lo hace con mucha fuerza.
b ☐ La gente de La Habana no suele llevar ropa para protegerse de la lluvia.
c ☒ En la Habana no es posible caminar sin mojarse.
d ☐ La Habana se divide en la Habana Vieja y La Habana Nueva.

44 cuarenta y cuatro

1

Antes de leer el texto, pregunte a sus alumnos qué saben sobre Cuba. Anote en la pizarra las ideas que surjan en el aula. Anímelos a que predigan el tiempo meteorológico de este país.

A continuación, ponga la audición mientras leen el texto. Dígales que subrayen las palabras que no entienden, ya que en la siguiente actividad resolverán sus dudas.

2

Pida a sus alumnos que relacionen las palabras que han aparecido en el texto con sus imágenes. Invítelos a leer las explicaciones que aparecen a pie de foto.

3

Actividad de comprensión textual donde los alumnos tienen que señalar la frase que no tiene relación con el contenido del texto.

4 ¿Qué cosas de la lista haces habitualmente el fin de semana? Habla con tus compañeros.

a Escuchar música.
b Practicar deporte.
c Ir al cine.
d Ir a la biblioteca.
e Ir a clase.
f Estudiar.

5 Lee el texto.

¿Quedamos para estudiar?

Son las cinco de la tarde y, como todos los viernes, Marta, Luisa y Cristina quedan el parque para planear el finde. Pero esta vez va a ser diferente. Las chicas no tienen mucho tiempo para salir a divertirse, porque la próxima semana tienen que hacer tres exámenes. La idea es reunirse para estudiar. Sin embargo, las jóvenes no se ponen de acuerdo, porque las tres tienen algunas cosas que hacer.

La madre de Cristina trabaja este sábado y la chica tiene que cuidar a su hermano pequeño, porque la guardería está cerrada. Además, tiene que preparar la comida y terminar un trabajo de clase. Por su parte, Luisa va a ir al dentista y después va a acompañar a sus padres al supermercado. Marta va a visitar a sus abuelos y luego va a ir a la biblioteca a buscar un libro. A Marta le encantan las Matemáticas y prefiere ayudar a sus compañeras. Así que las tres van a intentar verse el sábado por la tarde en la biblioteca del barrio.

Si todo va bien, el domingo van a tener tiempo para salir, después de una tarde de trabajo en equipo. ¡La unión hace la fuerza!

6 Di si las siguientes frases son verdaderas (V) o falsas (F).

a Las chicas van a estudiar el sábado por la mañana. V **X**
b Marta va a ir al dentista con Luisa. V **X**
c Marta tiene que ir a casa de sus abuelos. **X** F
d Cristina tiene que llevar a su hermano a la guardería. V **X**
e A Marta no le gustan las Matemáticas. V **X**
f Las chicas van a estudiar juntas. **X** F

7 Escribe una lista con las obligaciones de Marta, Luisa y Cristina.

	El sábado por la mañana...
Marta	va a visitar a sus abuelos.
Luisa	
Cristina	

8 Elige la opción correcta.

1 Las chicas son muy...
(a) responsables.
b despistadas.

2 Las chicas tienen...
a muchos planes.
(b) muchas obligaciones.

3 A Marta le gustan mucho...
(a) las Matemáticas.
b los estudios.

9 Escribe sobre tu fin de semana. Haz una lista de tus planes y otra lista de tus obligaciones. Luego, compárala con las de tus compañeros y elige quién tiene más tiempo libre en la clase.

Actividades interactivas

Unidad 2: p. 45

ÉRASE UNA VEZ

Nota de vocabulario.

Quedar(se) en un lugar significa permanecer en un sitio; por ejemplo: *Se queda en París.*

Quedar con alguien tiene el significado de citarse con alguien; por ejemplo: *He quedado con María.* Con la preposición *para* adquiere el valor de ponerse de acuerdo con alguien para hacer algo; por ejemplo: *Quedamos para comprar el regalo de Pedro.*

6

a. falso (El sábado por la tarde); **b.** falso (Es Luisa la que tiene que ir al dentista y el texto no indica que vaya a ir con nadie); **c.** verdadero; **d.** falso (La guardería está cerrada y tiene que cuidarlo); **e.** falso (Le encantan las Matemáticas); **f.** verdadero.

7

Marta: va a visitar a sus abuelos, va a ir a la biblioteca; **Luisa:** va a ir al dentista, tiene que acompañar a sus padres al supermercado; **Cristina:** tiene que cuidar a su hermano, tiene que preparar la comida y terminar un trabajo de clase.

4

Como precalentamiento, invítelos a que comenten qué tipo de actividades y qué obligaciones tienen los fines de semana.

Como actividad adicional, pueden clasificar, de manera individual, las actividades del ejercicio en *Planes para el tiempo libre* y *Obligaciones*. Anote en la pizarra:

Este fin de semana voy a ...., y ...., pero también tengo que .... y ....

Después, en clase abierta, se completa: *Este fin de semana voy a* ***ir al cine*** *y* ***hacer deporte****, pero también tengo que* ***ir a la biblioteca*** *y* ***estudiar****.*

5

Antes de leer, pregunte si creen que la pregunta *¿Quedamos para estudiar?* se refiere a un plan, a una obligación o a las dos cosas. Explique la expresión *quedar para* + infinitivo y la diferencia entre *quedar(se) en casa* y *quedar con una persona.*

6 y **7**

Después de leer el texto comprueban la comprensión del mismo con estas actividades.

8

En la corrección, pida a sus estudiantes que justifiquen sus respuestas y que no se limiten solo a contestar.

9

Pida que, individualmente, piensen en sus obligaciones y planes y los escriban en su cuaderno. Después, para potenciar la interacción oral, se cuentan en parejas lo escrito, anotando el número total de planes y obligaciones de su compañero/a. Luego, cada pareja habla con otra sobre sus planes y obligaciones, realizando las mismas anotaciones. Finalmente, pregunte en grupo clase quién tiene más tiempo libre.

Actividades interactivas
Guillermo Cabrera Infante

ME PREPARO PARA EL DELE

Objetivos

- Familiarizarse con el examen de español DELE.
- Prepararse para lograr el nivel.

Me preparo para el DELE

Prueba de expresión e interacción escritas

1 **Aquí tienes algunas de las fotografías del lugar al que vas de vacaciones normalmente.**

Escribe un texto de entre 70 y 80 palabras en el que tienes que describir:

- Cómo es el tiempo normalmente en ese lugar.
- Cómo es la ciudad.
- Con quién vas.
- Qué haces allí normalmente.
- Qué vas a hacer este verano allí.

46 cuarenta y seis — Cuaderno de ejercicios p. 23 y 24 — Actividades interactivas

ME PREPARO PARA EL DELE

De nuevo se recomienda que no haga ningún tipo de comentario que sirva de ayuda a los estudiantes y simplemente deles las instrucciones para que completen el examen. Es necesario que también limite el tiempo para completar la prueba (25 minutos o lo que estime oportuno).

Para tener más información sobre los diplomas DELE, acceda a *https://examenes.cervantes.es/es/dele-para-escolares/examenes/a2-b1*

También puede obtener modelos de exámenes similares a este en el manual *El Cronómetro. Nivel A2/B1 para escolares* (Editorial Edinumen).

1

El examen DELE A2/B1 para escolares incluye la prueba de expresión e interacción escritas que tiene dos tareas con las siguientes características:

50 min.	Características
Tarea 1	Interacción escrita: redactar una carta o un mensaje de foro, correo electrónico o blog..., que puede incluir descripción o narración.
Tarea 2	Expresión escrita: redactar una composición, redacción, entrada de diario, biografía..., que puede incluir descripción o narración, exponiendo información y opinión personal.

Como sugerencia, los estudiantes pueden practicar también la tarea 1 del examen. Para ello, van a intercambiar su libro con el de su compañero/a y leen el texto que ha escrito este/a. Después, van a imaginar que el texto ha aparecido en un foro de viajes. Tienen que escribir en una hoja un mensaje en ese foro haciéndole preguntas, preguntándole qué actividades pueden hacer allí, por qué quieren ir allí, etc. Una vez terminado el texto que va a aparecer en el foro, se lo entregan a su compañero/a y este responde debajo a todas las preguntas.

Cuaderno de ejercicios p. 23 y 24
Actividades 2.30. a 2.33.

Actividades interactivas
Expresión e interacción escritas
Expresión e interacción orales

¡Me lo sé!

EVALUACIÓN

1 Relaciona las frases de las dos columnas. .../5

1 Cuando hace frío — a debes dormir un poco.
2 Si estás cansado, — b comer y beber para sobrevivir.
3 Los jugadores de fútbol — c hay que comprar una entrada.
4 Para ver un película en el cine, — d hay que salir con ropa de abrigo.
5 Los seres humanos tienen que — e tienen que hacer mucho ejercicio.

2 Contesta a la pregunta con la información propuesta. .../5

▶ *¿Qué vas a hacer el próximo mes?* ▷ *Voy a ir a Barcelona con mis padres.*

a ▶ ¿Qué van a hacer esta tarde?
▷ Van a estudiar con Andrés.

b ▶ ¿Qué va a hacer la madre de Javi mañana?
▷ Va a ir al dentista.

c ▶ ¿Qué vais a hacer esta noche?
▷ Vamos a ver una película en casa.

d ▶ ¿Qué vamos a hacer ahora?
▷ Vamos a/Vais a leer un texto.

e ▶ ¿Dónde vas a comer el sábado?
▷ Voy a comer en un restaurante mexicano.

3 Observa el mapa de España y describe el tiempo en cada una de las regiones. .../9

a En Galicia .... y también ....
b En el País Vasco hoy ....
c En Cataluña .... buen tiempo pero ....
d En Castilla y León el cielo ....
e En Extremadura y Andalucía ....
f En Murcia hoy va a .... un poco de ....

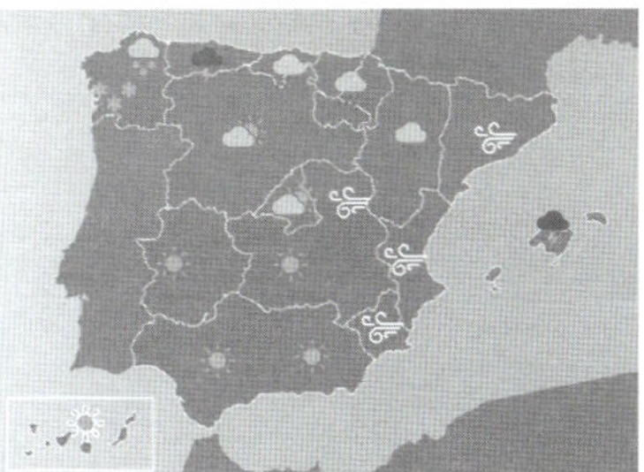

lluvia — tormenta — calor
nieve — nublado — frío
viento

Ahora soy capaz de...

a	...hablar de mis planes.	Sí	No
b	...expresar obligaciones.	Sí	No
c	...hablar del tiempo que hace.	Sí	No
d	...hacer recomendaciones.	Sí	No

Sigue practicando con... Spanish Blogger Misión 8

Actividades interactivas

Unidad 2: p. 47

¡ME LO SÉ!

Objetivos

- Practicar los contenidos aprendidos en la unidad.
- Autoevaluar su aprendizaje.
- Revisar lo aprendido con actividades lúdicas.

3

a. hay nieve/nieva, hace frío; **b.** llueve; **c.** hace, hace viento; **d.** está nublado; **e.** hace calor; **f.** hacer, viento.

¡ME LO SÉ!

En esta sección los estudiantes revisarán los contenidos vistos en la unidad. Esto le servirá para evaluar si los estudiantes han asimilado los objetivos propuestos.

Actividades interactivas
Evaluación

AHORA SOY CAPAZ DE...

Explique a los estudiantes que esta actividad les servirá para evaluar su proceso de aprendizaje.

Pídales que reflexionen exhaustivamente y tomen conciencia de los conocimientos que han adquirido en esta unidad.

SPANISH BLOGGER

Invítelos a seguir practicando lo aprendido en esta unidad a través de la Misión 8. Con ella, los estudiantes podrán utilizar el español en un contexto divertido.

Misión 8
Viajes extremos

Si lo desea, puede invitarles a realizar la actividad colaborativa 1.

Tendrán que continuar una historia con el fin de desarrollar la expresión escrita, poner en práctica los contenidos aprendidos y potenciar su imaginación.

Actividades colaborativas
Una historia sorprendente

Unidades 1 y 2

AHORA COMPRUEBA

Objetivo

- Repasar los contenidos aprendidos en las unidades 1 y 2.

1

Isabel: a. De su dormitorio; **b.** Porque en él están todas sus cosas; **c.** Porque es muy pequeño y no sirve para poner su ordenador. **Sara: a.** En el salón de la casa de su abuela; **b.** Porque tiene muchos muebles antiguos y muchos objetos de decoración muy delicados; **c.** Para comer en verano. **Javi: a.** Que siempre está muy desordenado; **b.** Ordena su escritorio; **c.** Le va a regalar a su hermana los videojuegos y va a guardar todos los cedés en una caja de plástico.

17

Isabel: Este es mi dormitorio. Me gusta mucho, porque aquí están todas mis cosas: mis libros, mis cómics, mi música... ¿Veis esa cama? Es nueva. Esta es más grande y cómoda que la vieja. La cama vieja ahora la utilizamos para las visitas y está en la habitación de invitados. El escritorio no me gusta y lo quiero cambiar, porque este es muy pequeño y no sirve para poner el ordenador.
Sara: Este es el salón de la casa de mi abuela. Me encanta, porque tiene muchos muebles antiguos y muchos objetos de decoración muy delicados, como aquel jarrón de cristal y ese sofá de cuero. Yo la ayudo a limpiar y les paso la aspiradora a estas alfombras una vez a la semana. Lo mejor es la terraza. ¿Veis aquella mesa de metal? La utilizamos en verano para comer.

>>>

Ahora comprueba

17 **1** **Escucha a estas personas hablando sobre su casa y responde a las siguientes preguntas.**

Isabel

a ¿De qué parte de la casa habla Isabel? ....

b ¿Por qué le gusta mucho? ....

c ¿Por qué quiere cambiar su escritorio? ....

Sara

a ¿Dónde está Sara? ....

b ¿Por qué le encanta ese lugar? ....

c ¿Para qué usan la mesa de la terraza? ....

Javi

a ¿Qué piensan los padres del escritorio de Javi? ....

b ¿Qué hace Javi todas las mañanas? ....

c ¿Qué va a hacer Javi para tener más espacio? ....

2 **Observa los salones de Sara y Javi y describe todos los objetos que veas.**

Salón de Sara

Salón de Javi

3 **Ahora compara el salón de Sara y el de Javi.**

a El salón de Sara es (grande) *más grande/mayor que el (salón) de Javi.*

b El salón de Javi es (moderno) menos moderno que el (salón) de Sara.

c Las plantas de Sara son (pequeñas) más pequeñas que las (plantas) de Javi.

d En el salón de Javi hay (cuadros) menos cuadros que en el (salón) de Sara.

e El teléfono de Javi es (antiguo) más antiguo que el (teléfono) de Sara.

f El sofá de Sara es (cómodo) más cómodo que el (sofá) de Javi.

1

Antes de iniciar la actividad, repase con todos los estudiantes de manera oral las diferentes estancias de la casa y los objetos y muebles que podemos encontrar en cada una de ellas.

La palabra *habitación* es un término demasiado general y se emplea tanto para hablar de las estancias o partes de la casa en general, como para hablar del dormitorio en sentido estricto.

A continuación, infórmeles de que van a escuchar a tres personas hablar de su casa. Pídales que lean todas las preguntas y, después, realice una primera escucha. Después de una segunda escucha, los estudiantes comparan las respuestas entre ellos.

Para repasar el uso de los pronombres de objeto directo puede proyectar la transcripción de la audición y pedir a los estudiantes que los subrayen y digan a qué nombre se refieren.

2

Es conveniente comenzar con la descripción de las imágenes. Para ello, pídales que se fijen en las características de cada uno de los objetos que hay.

3

Antes de comparar las habitaciones, es importante hacer reflexionar a sus alumnos sobre el uso de los comparativos en diferentes estructuras. Para ello, anote en la pizarra las estructuras para comparar objetos o personas de la página 19.

4 **Completa las frases con *ir a* + infinitivo.**

a Mi madre ...va a ir... (ir) a Londres la próxima semana.
b Mi hermana y yo la ...vamos a llamar... (llamar) todos los días.
c Mis padres ...van a comprar... (comprar) una televisión nueva.
d Juan, ¿qué ...vas a hacer... (hacer) este fin de semana?
e Vosotros viajáis mucho. ¿Dónde ...vais a viajar... (viajar) este verano?
f Este sábado Lucía y Marta ...van a estudiar... (estudiar) a la biblioteca.

5 **Completa las frases con *tienes que*, *hay que* o *debes* según corresponda.**

a Si quieres estar sano, ...debes... tener una dieta equilibrada.
b Para aprobar todas las asignaturas .... estudiar día a día.
c Para escribir bien .... leer mucho.
d .... ver poco la televisión.
e En los viajes, ... comer lo que come la gente del país al que vas.
f Si no quieres resfriarte, ... llevar ropa de abrigo.

18 **6** **Escucha las siguientes descripciones y relaciónalas con los consejos.**

1 Cantabria — a Si vas a viajar al norte de España, tienes que llevar un paraguas. Si visitas esa zona, debes visitar sus montañas; son preciosas.

2 Ávila — c Si vas a viajar allí este fin de semana, tienes que conducir con precaución y debes llevar ropa para el frío.

3 Andalucía — b Si vas a viajar al sur de España, tienes que usar un protector solar y llevar ropa de verano.

7 **Escribe los consejos que darías a tu amigo/a en las siguientes situaciones.**

a *Mi habitación está muy desordenada.* ....
b *No hago mis deberes.* ....
c *Voy a esquiar.* ....
d *Esta semana tengo cuatro exámenes.* ....

Unidades 1 y 2

AHORA COMPRUEBA

17 >>>

Javi: Pues, este es mi escritorio. Mis padres me dicen que siempre está desordenado. Yo les digo que lo ordeno todas las mañanas, pero por las noches vuelve a estar igual. Creo que no tengo mucho espacio para mis cosas, por eso le voy a regalar a mi hermana estos videojuegos. Yo no los uso ya y los cedés los voy a guardar en esa caja de plástico.

5

a. debes; **b.** tienes que/hay que/debes; **c.** tienes que/debes; **d.** Debes; **e.** hay que/debes; **f.** debes.

18

1. En Cantabria llueve mucho y normalmente está nublado. Por eso tiene un paisaje muy verde. Uno de los lugares más interesantes para visitar son los Picos de Europa. **2.** Andalucía es la región más seca de España. En verano hace mucho calor y en invierno casi no llueve. En Sevilla a veces tienen 40 grados en verano. **3.** Ávila está en Castilla y León, una de las regiones más frías de España. En invierno hace mucho frío y normalmente nieva en diciembre y enero.

Material fotocopiable R1.

Respuestas:

2. a. 1. c; **2.** d; **3.** f; **4.** a; **5.** b; **6.** e.
b. Pero a todo lo demás le gana lo bueno que me das; solo tenerte cerca siento que vuelvo a empezar.
c. 1. quiero; **2.** estás; **3.** hace; **4.** vienes; **5.** vas; **6.** subes; **7.** bajas; **8.** sientes; **9.** Tengo; **10.** parece; **11.** es; **12.** vengo; **13.** dan; **14.** vuelvo; **15.** siento.

4

Anote en la pizarra *ir a* + infinitivo (conjugado) y recuerde su uso para hablar de planes. A continuación, proponga la realización del ejercicio de manera individual y su posterior corrección en clase abierta.

5

Recuerde a los estudiantes las diferencias de uso entre *hay que*, *tener que* y *deber*. Para ello, remítales al cuadro gramatical de la página 39 del libro del alumno. Es conveniente informarles de que en algunas preguntas se pueden introducir las tres estructuras dependiendo del contexto y del énfasis que queramos dar.

6

Remita a los alumnos a los textos de la página 36 y comente una vez más cómo son las estaciones del año en las diferentes partes de España. Es conveniente poner como ejemplos algunos de los lugares que se nombrarán en la audición, como Cantabria, Andalucía y Ávila (Castilla y León).

7

Después de escribir las respuestas, convierta el ejercicio en una actividad de interacción oral, pidiendo a los alumnos que, en parejas, se aconsejen en esas situaciones. Una vez que hayan interactuado, ponga en común los diferentes consejos: *¿Qué tiene que hacer Carlos? ¿Qué tenéis que hacer vosotros/as dos?...*

Material fotocopiable R1.
Limón y sal *de Julieta Venegas*

Para concluir el repaso, puede llevar a clase la canción *Limón y sal* de Julieta Venegas y repasar de una manera lúdica el presente de indicativo. Una vez corregidas las formas verbales, se escriben en la pizarra las irregularidades de los verbos que aparecen en la canción.

Unidad 3

HOY HE ESTUDIADO MUCHO

Unidad 3: p. 50

Objetivos de la unidad

- Conocer el tema de la unidad y a los personajes del diálogo.
- Revisar contenidos de la unidad 2.

Recursos del profesor

Materiales fotocopiables
3.1. a 3.3.

Materiales proyectables
3.1.

Audios
19 a 26

Vídeos
- Serie: *¿Qué has hecho hoy?*
- *Videogramas*:
  - *El pretérito perfecto*
  - *Los adjetivos posesivos*
- *Casa del español*:
  - *Gestionar un viaje*
- *¡Acción!: Revista para gente chismosa*

Cuaderno de ejercicios
Unidad 3

Actividades interactivas
3.1. a 3.12.

Spanish Blogger
Misión 10: *Un poco de educación*

Unidad 3

HOY HE ESTUDIADO MUCHO

Comunicación
- Hablar de acciones terminadas en un pasado reciente
- Hablar de experiencias sin referencia temporal
- Hablar de la posesión

Vocabulario
- Medios de comunicación
- Tipos de prensa

Gramática
- Pretérito perfecto: morfología y usos
- Expresiones temporales referidas al pretérito perfecto
- Los posesivos pospuestos

Pronunciación y ortografía
- Las palabras llanas

Sesión de cine
- *¿Qué has hecho hoy?*

Cultura
- La educación

Literatura
- *Novela de Andrés Choz*, de José M.ª Merino
- *Mi vecino famoso*

¿Qué ves?

1 **Fíjate en la imagen y elige la opción correcta.**

1 Los chicos están en...
a una biblioteca.
b una librería.
c una papelería.

2 Ellos en ese lugar...
a han comprado.
b han estudiado.
c han trabajado.

3 El chico lleva...
a una cazadora vaquera.
b una camisa blanca.
c gafas.

4 En la imagen, los chicos...
a están leyendo.
b están comprando.
c están buscando.

5 En el lugar hay...
a mucha gente.
b muchos libros.
c pocos libros.

6 Uno de ellos dice...
a ¿Dónde está el *Quijote*?
b ¿Dónde hay el *Quijote*?
c ¿Dónde están el *Quijote*?

2 **Describe ahora la imagen a tu compañero/a.**

50 cincuenta

1

Invite a los estudiantes a observar detenidamente la imagen y a que, en parejas, hablen sobre dónde están los chicos, qué llevan puesto, qué está haciendo y qué hay en ese lugar. Luego tienen que responder la actividad individualmente.

Como explotación alternativa, después de la actividad y en grupos de tres, haga un miniconcurso. Para empezar, cada estudiante escribe cinco preguntas sobre los detalles de la imagen. A continuación, con los libros cerrados, dos alumnos son los concursantes y otro hace las veces de presentador. Gana el alumno que más respuestas correctas haya dado.

2

Con la información obtenida en el ejercicio anterior, cada alumno debe describir a los chicos de la imagen.

Comenzamos con un diálogo

19 **3 Sara llama por teléfono a Javi para quedar por la tarde. Ordena el diálogo. Luego escucha y comprueba.**

9 **Sara:** Buena idea, ahora la llamo.
2 **Javi:** Lo siento... pero estoy muy cansado.
3 **Sara:** Yo, también. Esta semana hemos hecho demasiados exámenes y he ido todos los días a la biblioteca. Pero hay que divertirse...
4 **Javi:** Ya... es que esta mañana me he levantado muy temprano.
7 **Sara:** Entiendo, entiendo... Entonces, ¿tomamos algo ahora?
8 **Javi:** Umm, tampoco puedo. Mi padre ha salido hace unos minutos al supermercado y me he quedado con mi hermana. ¿Has llamado a Luisa? Seguro que ella quiere ir.
1 **Sara:** Hola, Javi. He comprado tres entradas para ir al cine esta tarde. ¿Quieres venir?
6 **Javi:** Lo sé, pero he tenido que ayudar a mi padre con las labores de casa, porque mi madre está en París con Laura, una compañera suya. Este mes ha viajado mucho, ha ido a Barcelona, a Milán y a París a presentar un proyecto de trabajo muy importante.
5 **Sara:** ¡Pero, hombre, si hoy es sábado!

19 **4 Escucha otra vez y contesta verdadero (V) o falso (F).**

a Javi no tiene nada que hacer hoy. V ~~F~~ (Ha ayudado a su padre en la casa y
b Sara está muy cansada. ~~V~~ F tiene que quedarse con su hermana).
c Javi se levanta todos los sábados muy temprano. V ~~F~~ (Solo este sábado).
d La madre de Javi viaja mucho últimamente. ~~V~~ F
e El padre de Javi trabaja los sábados. V ~~F~~ (No está trabajando).

5 Representa el diálogo con tu compañero/a.

6 Relaciona estas frases con el pronombre personal adecuado.

1 Esta mañana **me he levantado** muy temprano.
2 Esta semana la madre de Javi y Laura **han viajado** a París.
3 Últimamente **hemos tenido** muchos exámenes.
4 ¿**Has llamado** a Luisa?
5 Hoy os **habéis organizado** muy bien.
6 El padre de Javi **ha salido** hace unos minutos.

a Vosotros/as
b Nosotros/as
c Yo
d Él/ella/usted
e Ellos/ellas/ustedes
f Tú

Actividades interactivas

Unidad 3: p. 51

COMENZAMOS CON UN DIÁLOGO

Objetivos

- Comprender un diálogo oral y escrito.
- Describir acciones en un pasado reciente.

19

Sara: Hola, Javi. He comprado tres entradas para ir al cine esta tarde. ¿Quieres venir?
Javi: Lo siento... pero estoy muy cansado.
Sara: Yo, también. Esta semana hemos hecho demasiados exámenes y he ido todos los días a la biblioteca. Pero hay que divertirse...
Javi: Ya... es que esta mañana me he levantado muy temprano.
Sara: ¡Pero hombre, si hoy es sábado!
Javi: Lo sé, pero he tenido que ayudar a mi padre con las labores de casa, porque mi madre está en París con Laura, una compañera suya. Este mes ha viajado mucho, ha ido a Barcelona, a Milán y a París a presentar un proyecto de trabajo muy importante.
Sara: Entiendo, entiendo... Entonces, ¿tomamos algo ahora?
Javi: Umm, tampoco puedo. Mi padre ha salido hace unos minutos al supermercado y me he quedado con mi hermana. ¿Has llamado a Luisa? Seguro que ella quiere ir.
Sara: Buena idea, ahora la llamo.

Material fotocopiable 3.1.

Respuestas:

1. Yo **he**; Tú **has**; Él/ella/usted **ha**; Nosotros/as **hemos**; Vosotros/as **habéis**; Ellos/ellas/ustedes **han**. Verbos en ***–AR***: viajado; Verbos en ***–ER***: comido; Verbos en ***–IR***: dormido.

3 y 4

Antes de comprobar el orden del diálogo, pida a los alumnos que comparen sus respuestas para motivar una discusión. Si lo considera necesario, proporcione algunas expresiones para este fin. Por ejemplo: *Creo que te has equivocado, Esto no es correcto, Tienes razón, Esto no tiene sentido/lógica, Esta frase va antes/después.*

Como explotación opcional, pueden escuchar la audición y realizar antes la actividad 4. Comparan las respuestas en parejas, corrigiendo los enunciados falsos, y escuchan de nuevo. Finalmente, hacen la actividad 3 y comprueban las respuestas de ambas actividades.

5

Varias parejas pueden representar el diálogo delante de sus compañeros. Un grupo de cinco estudiantes forma parte del jurado de un *casting* de nuevos actores y al final de cada representación tienen que dar su valoración y una puntuación del 1 al 10. Motive a los alumnos para que den argumentos sólidos y que tengan en cuenta si los participantes han memorizado todas las frases y en el orden correcto, la pronunciación, la interpretación (si ha sido verosímil), la coordinación con su compañero/a...

6

El objetivo de la actividad es que los alumnos infieran las personas del nuevo tiempo verbal que van a estudiar. Una vez corregido, pídales que completen la actividad 1 del Material fotocopiable 3.1., informándoles de que este nuevo tiempo verbal se llama *pretérito perfecto*.

Material fotocopiable 3.1.
El pretérito perfecto

Actividades interactivas
Hablar del pasado reciente y de nuestras experiencias. Todavía no / ya

Unidad 3: p. 52

HABLAR POR HABLAR

Objetivos

- Hablar del pasado reciente y de las experiencias.
- Describir acciones que se han hecho o no.

Material proyectable 3.1.

Respuestas:

1. Ya se ha levantado; **2.** Ya se ha vestido; **3.** Ya ha ido al instituto; **4.** Ya ha merendado; **5.** Todavía no ha chateado/usado el ordenador; **6.** Todavía no ha estudiado; **7.** Todavía no ha cenado; **8.** Todavía no se ha acostado.

Nota cultural.

En España, los jóvenes por la tarde toman la merienda, que normalmente consiste en un bocadillo, una pieza de fruta o un dulce.

20

Siempre he sido una persona muy deportista y viajera. Practico atletismo y ya he ganado dos medallas en los campeonatos de Sevilla 2003, aunque todavía no he participado en una olimpiada. También me encanta viajar, de hecho ya he visitado muchos países, pero todavía no he estado en Asia... Ah, y me encantan los idiomas. Ya he aprendido inglés, francés e italiano, pero todavía no he aprendido a hablar chino.

Hablar por hablar — COMUNICACIÓN

HABLAR DEL PASADO RECIENTE Y DE NUESTRAS EXPERIENCIAS

- Para hablar de acciones terminadas en un pasado reciente:
  - ¿Qué **has desayunado** esta mañana? ▸ **He desayunado** café y tostadas.
- Para preguntar/decir cuántas veces se ha hecho una cosa:
  - *¿**Alguna vez** has estado en México?*
    - ***Nunca** he estado en México.*
    - *He estado en México **una vez/dos veces/ alguna vez/varias veces/muchas veces**...*

Ver **El pretérito perfecto** p. 55

TODAVÍA NO/YA

- Para decir que **no se ha hecho** una cosa, pero se quiere hacer en el futuro:
  - ***Todavía no** he visto la última película de Tim Burton.*
- Para decir que **se ha hecho** una cosa, pero no importa cuándo:
  - ***Ya** he viajado en globo.*

1 **Pregunta a tres compañeros por sus experiencias y escribe sus respuestas. ¿Con quién tienes más en común?**

	Nunca	Una vez	Varias veces	Muchas veces
¿Alguna vez has visitado España?	▢	▢	▢	▢
¿Alguna vez has visto a un famoso?	▢	▢	▢	▢
¿Has comido paella alguna vez?	▢	▢	▢	▢
¿Has jugado al tenis recientemente?	▢	▢	▢	▢
¿Has ido al teatro alguna vez?	▢	▢	▢	▢

2 **Lee este texto sobre las experiencias de Anselmo y completa.**

Anselmo, el profesor de Gimnasia, es una persona muy deportista y viajera. Practica atletismo y conoce muchos países. Tiene una medalla de un campeonato nacional de atletismo. Su mayor sueño es viajar a China y vivir allí una temporada. Habla tres idiomas, pero quiere empezar a estudiar chino y entrena duramente para participar en una olimpiada. Además, quiere ser entrenador olímpico.

Anselmo todavía no...
ha aprendido chino.
ha participado en una olimpiada.
ha estado en Asia.

Anselmo ya...
ha ganado una medalla.
ha aprendido tres idiomas.
ha visitado muchos países.

20 **3** **Ahora escucha a Anselmo y comprueba tus respuestas.**

Cuaderno de ejercicios p. 25 y 26 — Actividades interactivas

HABLAR DEL PASADO RECIENTE Y DE NUESTRAS EXPERIENCIAS

Como ya se ha presentado la forma del pretérito perfecto, en este cuadro gramatical se verán los usos de este nuevo tiempo. Se sugiere proyectar el Material proyectable 3.1. Explique que estas son las cosas que Candela hace cada día. En primer lugar, tienen que relacionar las imágenes con los verbos en infinitivo usando el presente de indicativo. A continuación, dígales que ahora son las cinco de la tarde y que deben decir las cosas que ya ha hecho Candela y las que todavía no. Por último, quite la imagen y haga las preguntas: *¿Se ha vestido? ¿Ha cenado? ¿Ha ido a clase? ¿Ha desayunado? ¿Ha estudiado? ¿Ha merendado?, etc.*

Espere a que, de forma coral, respondan utilizando *ya* o *todavía no* y el verbo en pretérito perfecto. Guíelos para que lo hagan con frases completas: *Sí, ya se ha vestido/No, todavía no se ha vestido.*

Material proyectable 3.1.

¿Qué ha hecho Candela hoy?

1

Para ejemplificar la dinámica de la actividad, pida a varios alumnos que le formulen las preguntas y responda usando la primera persona: *Sí, he visitado muchas veces España.* Primero, responden individualmente a estas preguntas y, después, se las hacen a tres compañeros.

2

Realice la lectura o pida a un alumno que lea el texto en voz alta. La corrección se realizará mediante la audición 20.

3

Antes de comprobar las respuestas, avise de que Anselmo, al hablar sobre él, confunde un dato. Los estudiantes deben darse cuenta de que solo ha ganado una medalla.

Cuaderno de ejercicios p. 25 y 26
Actividades 3.1. a 3.4.

Actividades interactivas
Hablar del pasado reciente y de nuestras experiencias: Todavía no/ya

Palabra por palabra VOCABULARIO

Los medios de comunicación

21 **1** **Escucha y responde. ¿Qué tienen en común estas imágenes?**

a ☐ Son aparatos.
b ☐ Son para leer y escuchar música.
c ☒ Son medios de comunicación.

2 **Clasifica estas palabras en el cuadro correspondiente, algunas pueden clasificarse en los dos. Busca en el diccionario las palabras que no conoces.**

artículo ▪ programa ▪ reportaje ▪ documental ▪ noticias ▪ periódico digital
portada ▪ radio ▪ entrevista ▪ página ▪ anuncios ▪ periodista ▪ presentador
informativo ▪ ~~televisión~~ ▪ revistas ▪ ~~periódicos~~

Medios audiovisuales	Prensa escrita
televisión, programa, reportaje, documental, noticias, periódico digital, radio, entrevista, anuncios, periodista, presentador, informativo	periódicos, artículo, reportaje, noticias, periódico digital, portada, entrevista, página, anuncios, periodista, revistas

3 **Observa estas cuatro publicaciones españolas y relaciónalas con el tipo de prensa al que corresponden.**

a [2] periódico
b [4] prensa del corazón
c [1] prensa deportiva
d [3] revista de divulgación científica

Cuaderno de ejercicios p. 26 y 27

Unidad 3: p. 53

PALABRA POR PALABRA

Objetivos

- Hablar de los medios de comunicación.
- Identificar algunas publicaciones españolas.

Nota cultural.

La televisión fue inventada por el escocés John Baird en los primeros años de la década de los 20. Aunque generalmente se dice que el inventor de **la radio** fue el italiano Guglielmo Marconi en 1896, parece ser que el verdadero inventor fue Nikola Tesla (nacido en el Imperio autro-húngaro, actual Croacia, catorce años antes). El primer **periódico**, tal como lo conocemos ahora, tuvo su origen en Alemania a finales del siglo XV, después de la invención de la imprenta (1450). **Internet** fue inventado por el londinense Tim Berners-Lee en 1989.

21

A diario vemos, escuchamos, leemos y, en general, estamos en contacto con diversos medios de comunicación. La televisión es el medio de comunicación más utilizado, cuyo objetivo es entretener a la gente a través de diferentes programas: telediarios, documentales, entrevistas, etc. Internet es otro de los medios de comunicación para recibir información o como medio de relación social, con el Facebook o Twitter. Es el medio más utilizado actualmente por los jóvenes en España. La radio es el medio que con mayor rapidez llega la información. Permite llevar las noticias y la música a cualquier lugar. La

>>>

1

Antes de presentar esta sección, lleve a clase fotografías de diferentes medios de comunicación: un televisor, una radio, un periódico e internet. En la pizarra, escriba en un lado las fechas de invención y en otro el país de origen del inventor. Los alumnos tienen que relacionarlos.

Después de realizar la actividad, pregunte cuáles son las principales características de cada medio de comunicación y cuál es el que más utilizan.

2

Advierta a los alumnos que hay palabras que pueden clasificarse en los dos cuadros. Al final de la clase, se pueden escribir estas palabras en tarjetas para que los estudiantes, cogiendo una al azar, tengan que definirla a sus compañeros para que la adivinen. Puede servir de repaso de léxico y de afianzamiento en algunos casos.

3

Los estudiantes pueden ahora presentar otros nombres de periódicos, revistas del corazón, etc. de España y de sus países.

Cuaderno de ejercicios p. 26 y 27
Actividades 3.5. a 3.8.

Unidad 3: p. 54

PALABRA POR PALABRA

Objetivo

- Conocer la estructura de una noticia de prensa.

21 >>>

prensa es otro medio que tiene también como objetivo informar. Es el medio menos utilizado en España, ya que para acceder a ella se necesita comprarlo y saber leer. Todos estos medios de comunicación son importantes en nuestra sociedad para mantenernos informados.

Las noticias de prensa

4 **Lee esta noticia y fíjate en el nombre de las partes que la componen.**

Titular →

EL TURISMO IDIOMÁTICO DEL ESPAÑOL CRECE EN TODO EL MUNDO

Subtítulo →

El número de viajeros que visitan España o América Latina para estudiar y aprender la lengua crece cada vez más.

Entrada →

Más de 858 000 turistas visitaron España el último año por motivos académicos, muchos de ellos relacionados con el idioma, según datos del Instituto Cervantes. El número de viajeros que mueve el aprendizaje del español está al alza, según los informes y expertos consultados.

Cuerpo de la noticia →

Las escuelas de español recibieron el pasado año 90 000 alumnos, un 8,5 % más que en el año anterior. A esta cifra hay que añadir los que acuden a otros centros, universidades u organismos públicos. España es el principal país receptor. A México llegan alrededor de 35 000, según el informe del Instituto Cervantes, y a Argentina, unos 50 000.

El perfil del turista idiomático es el de un joven de entre 13 y 25 años con una estancia mínima de una semana y que suele alojarse en casas de familias receptoras. Francia, Italia y Alemania son los principales países emisores en el caso de España. Los países hispanoamericanos reciben mayoritariamente a estadounidenses y brasileños.

5 **Completa las siguientes frases con las partes de una noticia de prensa.**

a La ...entrada... es la parte de la noticia en la que se presenta un resumen de la información.
b El ...titular... sirve para presentar la información esencial de la noticia y atraer la atención del lector.
c El ...cuerpo de la noticia... desarrolla la información y aporta detalles y aspectos más completos de la noticia.
d El ...subtítulo... añade algún detalle del titular pero no desarrolla la información.

6 **Elige uno de estos titulares aparecidos en la prensa española y escribe la noticia completa, como la del ejercicio 4.**

Las NOTICIAS del día en titulares

a Nadal sufre el robo de un reloj de medio millón de euros. MARCA.COM, (Mié, 1 de septiembre)
b Una fábrica despide por SMS a sus 18 trabajadoras. Diario de León.es, (Mar, 31 de agosto)
c Denuncian a un loro que les insultaba. www.eitb.com, (Mar, 17 de agosto)
d Viajeros de un tren de Barcelona a Milán se despiertan en Zúrich. EL PAÍS.com, (Mié, 18 de agosto)

Cuaderno de ejercicios p. 27 y 28 · Actividades interactivas

4 y **5**

Lleve a la clase una noticia de un periódico. Diga que esta mañana ha estado leyendo el periódico y ha visto esta noticia. Puede comentarla y pedir sus opiniones. A continuación, pregunte a los estudiantes cómo se llaman en su lengua las partes de una noticia y escríbalas en la pizarra. Después, presente sus nombres en español.

Adviértales que van a leer una noticia en español y pregúnteles si saben qué es *una beca* (subvención para realizar estudios o investigaciones).

Una vez leído el texto, pregúnteles a qué país les gustaría ir a estudiar si les concedieran una beca, qué ventajas tiene ir a estudiar al extranjero, etc. Trabaje en grupo clase o haga que hablen en parejas o en pequeños grupos.

En el ejercicio 5 van a ver las definiciones de las partes de una noticia.

6

Después de escribir los textos, los alumnos pueden intercambiárselos y corregirlos.

Una vez los hayan leído, tienen que tomar el papel de periodistas y entrevistar al protagonista de la noticia, que será el alumno que la haya escrito. Pasee por las mesas para corregir y ayudar con el vocabulario que necesiten. Terminada la actividad, busque en internet las noticias originales, léalas en voz alta (o déselas fotocopiadas a los alumnos) y sondee qué alumno se ha aproximado más a la realidad.

Como actividad final de esta sección, los estudiantes tienen que pensar en un programa de radio o televisión y que describírselo a sus compañeros para que lo adivinen. Este ejercicio puede hacerse tanto con programas de la televisión española, si los estudiantes suelen verla, como con programas de su país.

Cuaderno de ejercicios p. 27 y 28
Actividades 3.9., 3.10. y 3.11.

Actividades interactivas
Medios de comunicación

Paso a paso GRAMÁTICA

PRETÉRITO PERFECTO

- El **pretérito perfecto** se forma con el presente de indicativo del verbo ***haber*** seguido del participio del verbo conjugado.

		viajar	entender	vivir
yo	**he**			
tú	**has**			
él/ella/usted	**ha**	viaj**ado**	entend**ido**	viv**ido**
nosotros/as	**hemos**			
vosotros/as	**habéis**			
ellos/ellas/ustedes	**han**			

Videogramas

- El **pretérito perfecto** indica acciones terminadas en un pasado reciente o no terminado. Normalmente va acompañado de estas **expresiones temporales**:
  - *– **Hoy** me he levantado muy tarde.*
  - *– He salido de casa **hace** diez minutos.*
  - *– **Últimamente** ha llovido bastante.*
  - *– **Esta mañana/tarde/noche/semana** he trabajado mucho.*
  - *– **Este mes/año/fin de semana** hemos viajado poco.*

! El verbo ***haber*** y el participio no se pueden separar:
- *No he leído **nunca** el Quijote.*
- ***Nunca** he leído el Quijote.*

Ver **Apéndice gramatical** p. 119

1 **Estas son las cosas que Sara ha hecho hoy. Completa con el pretérito perfecto.**

a Se ha levantado (levantarse) a las ocho.
b Ha ido (ir) al colegio a las nueve.
c Ha corrido (correr) por el parque.
d Se ha acostado (acostarse) a las diez y media.
e Ha comido (comer) pollo con patatas.
f Ha desayunado (desayunar) café y tostada.
g Ha hablado (hablar) por internet.
h Ha regresado (regresar) del colegio en bici.

2 **Con tu compañero/a, escribe cuándo ha hecho Sara estas cosas.**

Posibles respuestas

Esta mañana...	Esta tarde...	Esta noche...
a, b, f	c, e, g, h	c, d, g

3 **¿Y tú? ¿Qué has hecho esta mañana? Habla con tu compañero/a.**

Unidad 3: p. 55

PASO A PASO

Objetivos

- Aprender el pretérito perfecto.
- Indicar acciones terminadas en un pasado reciente o no terminado.

PRETÉRITO PERFECTO

Este cuadro hace una reflexión gramatical del pretérito perfecto, que se ha trabajado de forma gradual en las secciones anteriores. Como ya conocen la forma y los usos, señale ahora los marcadores temporales que acompañan a este tiempo. Escriba en la pizarra: *hoy, últimamente, esta mañana, esta semana, este mes, este fin de semana* y *este año*, y pregunte: *¿Qué has hecho hoy/hace diez minutos/últimamente...?*

Proyecte el vídeo de gramática para ver una explicación gramatical del pretérito perfecto de indicativo.

Videogramas
El pretérito perfecto

1

Esta actividad se va a trabajar de forma individual para consolidar la forma del pretérito perfecto.

2

Los alumnos completan el cuadro en parejas. Adviértales que deben ponerse de acuerdo, ya que hay frases (*c* y *g*) en las que no se especifica cuándo ocurre la acción.

3

Pasee por la mesas para comprobar que la actividad se está realizando correctamente. Apunte los errores más comunes para hacer una corrección en grupo clase.

Como actividad adicional, escriba en tarjetas diferentes actividades: *comer una paella*, *ir a la ópera*, *montar en camello*, etc. Cada alumno, por turnos, debe levantar una tarjeta de un montón, sin enseñársela al resto que, formulando preguntas, tienen que adivinar qué ha hecho este fin de semana. Por ejemplo:

Tarjeta:
ir a la ópera

- *¿Has practicado un deporte?* ▷ *No.*
- *¿Has ido a un lugar?* ▷ *Sí.*
- *¿Has pagado una entrada?* ▷ *Sí.*

El estudiante que lo adivine debe levantarse y coger una tarjeta.

Unidad 3: p. 56

PASO A PASO

Objetivo

• Aprender algunos participios irregulares.

Material fotocopiable 3.1.

Respuestas:

2. **decir:** dicho; **volver:** vuelto; **escribir:** escrito; **prever:** previsto; **romper:** roto; **abrir:** abierto; **descubrir:** descubierto; **hacer:** hecho; **resolver:** resuelto; **morir:** muerto; **poner:** puesto; **ver:** visto.

4 **Lee el correo que ha escrito Alberto a una amiga irlandesa y completa con el pretérito perfecto.**

Mensaje nuevo

Para: louisegt@mail.com De: albertomora@mail.com

Hola, Louise:

Te escribo este correo porque ya **a** he intentado (yo, intentar) llamarte tres veces y el teléfono aparece siempre desconectado. Esta mañana **b** he ido (yo, ir) al instituto, he abierto mi correo y me han escrito para comunicarme que, a causa del viento, el aeropuerto de Madrid **c** han cancelado (cancelar) todos los vuelos a Irlanda del jueves. Menos mal, porque después he visto a mi profesora de Ciencias y me ha dicho que tenemos un examen muy importante este viernes por la mañana. Esta tarde mi madre me **d** ha llevado (llevar) a una agencia a comprar otro billete. Allí **e** hemos preguntado (nosotros, preguntar) cuándo hay vuelos y nos **f** han confirmado (ellos, confirmar) que el lunes. Te llamo mañana para decirte el horario del nuevo vuelo.

Un saludo,

Alberto.

5 **Busca en el correo anterior los participios irregulares y completa el cuadro.**

PARTICIPIOS IRREGULARES

infinitivo	participio	infinitivo	participio	infinitivo	participio
decir	dicho	romper	*roto*	resolver	*resuelto*
volver	*vuelto*	abrir	abierto	morir	*muerto*
escribir	escrito	descubrir	*descubierto*	poner	*puesto*
prever	*previsto*	hacer	*hecho*	ver	visto

6 **Completa las frases conjugando los siguientes verbos.**

escribir ▪ romper ▪ poner ▪ morir ▪ volver ▪ hacer

a Elena todavía no ha vuelto a casa.
b El perro de Sara ha muerto esta tarde.
c Juan, ¿dónde has puesto las llaves?
d Ellos han roto los cristales de mis gafas.
e ¿Qué has hecho (tú) este fin de semana?
f Nosotros hemos escrito varias cartas.

Cuaderno de ejercicios p. 28 a 33

4

Para contextualizar la actividad, diga a sus alumnos que Alberto es un estudiante que va a visitar a una amiga irlandesa. Invítelos a completar el texto usando el pretérito perfecto.

Como actividad adicional, los estudiantes pueden escribir un correo a un compañero/a de la clase para explicarle qué han hecho el fin de semana. Se puede hacer también como actividad a través de internet, debiendo escribir el correo a la dirección personal de su compañero/a. De esta manera, potenciamos el uso de las nuevas tecnologías en el aula.

5

Para corregir la actividad, haga una repetición coral de todos los participios, no solo de los que los alumnos han tenido que escribir, ya que este es un cuadro gramatical para fijar los participios irregulares. Diga el infinitivo y los alumnos deben decir los participios correspondientes.

Después, completan la actividad 2 del Material fotocopiable 3.1.

Material fotocopiable 3.1.
El pretérito perfecto

6

Una vez corregida la actividad, si no se ha realizado en la actividad 4 la propuesta del correo a un compañero/a, propóngales que lo hagan ahora usando también el pretérito perfecto irregular. Esta actividad sirve para practicar las formas de los participios regulares e irregulares, así como la comprensión lectora y la expresión escrita.

Cuaderno de ejercicios p. 28 a 33
Actividades 3.12. a 3.25.

LOS POSESIVOS POSPUESTOS

	singular		plural	
	masculino	femenino	masculino	femenino
(yo)	mío	mía	míos	mías
(tú)	tuyo	tuya	tuyos	tuyas
(él/ella/usted)	suyo	suya	suyos	suyas
(nosotros/as)	nuestro	nuestra	nuestros	nuestras
(vosotros/as)	vuestro	vuestra	vuestros	vuestras
(ellos/ellas/ustedes)	suyo	suya	suyos	suyas

- Los adjetivos posesivos pospuestos siguen siempre al sustantivo. Pueden funcionar también como pronombres:
  ◗ *Es un error **tuyo**.* (adjetivo) ◗ *¿**Mío**?* (pronombre) ◗ *Sí, **tuyo**.* (pronombre)

Videogramas

Para repasar los adjetivos posesivos antepuestos, ver **Apéndice gramatical** p. 120

7 **Lee este diálogo entre Javi e Isabel y completa.**

Javi: Isabel, esta noche viene mamá y tenemos que dejar la casa lista.
Isabel: Muy bien. A ver, las camas, yo ya he hecho la a ...mía... Javi, ¿has hecho la b ...tuya... y la de papá?
Javi: No. Ahora hago la c ...mía..., pero la d ...suya... la quiere hacer él. Quiere sorprender a mamá con sábanas nuevas.
Isabel: También tenemos que ordenar el salón. Hay demasiadas cosas tiradas. Mira esas botas, ¿son e ...tuyas...? No las he visto nunca.
Javi: Sí, son f ...mías... Es que se las he cambiado a un amigo g ...mío... porque a él le gustan más las h ...mías... y a mí me gustan más las i ...suyas..., je, je, je.

8 **Elige la opción correcta.**

a ◗ ¿Son **suyos** / **tuyos** (tú) esos libros?
◗ No, los **mías** / **míos** están en clase.

b Esta mañana ha llamado una tía **tuya** / **mía** (yo) para felicitarme.

c ◗ Esa es la bici de Carlos. ¿Donde están las **nuestras** / **vuestras** (nosotros)?
◗ Las **nuestras** / **vuestras** las he aparcado en el garaje.

d ◗ ¿Conoces a Juanjo y a Manu?
◗ Sí, claro. Son compañeros **míos** / **mío** de clase.

e Este paraguas no es **mío** / **míos**, creo que es el **suyo** / **tuyo** (tú).

Cuaderno de ejercicios p. 33 y 34 | Actividades interactivas

Unidad 3: p. 57

PASO A PASO

Objetivo

- Conocer los adjetivos y pronombres posesivos pospuestos.

8

c. nuestras (si se refieren a los interlocutores), vuestras (si se refiere a un interlocutor y a otra persona).

LOS POSESIVOS POSPUESTOS

Antes de abordar el cuadro gramatical, presente de forma oral y lúdica los posesivos pospuestos. Enseñe una caja vacía e indique a algunos alumnos que dejen un objeto personal dentro. Para que no vean los objetos, dígales que todos tienen que permanecer con los ojos cerrados y cuando usted toque con la mano el hombro de alguno, este puede abrirlos y dejar el objeto. Una vez recogidos todos los objetos (5 o 6), proceda así: coja un objeto al azar y pregunte de quién es. Espere a que un alumno diga: *Es mío*. Si no es capaz de expresarlo correctamente, corrija y haga que lo repita. Después, haga una repetición coral. Enseñe el objeto al alumno que está junto a su dueño y pregúntele: *¿Es tuyo?* y espere a que responda, no importa si lo hace bien o mal. Vuelva a preguntar: *¿Es tuyo?* y haga una repetición coral con esta pregunta. Guíe al alumno para que responda: *No, no es mío, es suyo*. Y haga una repetición coral. Después, pida a otro alumno que no haya dejado ningún objeto que saque otro sin mirar y formule la pregunta *¿De quién es?* Y así sucesivamente para practicar los pronombres pospuestos. Terminada la actividad, lea el cuadro gramatical.

Proyecte el vídeo de gramática para ver una explicación gramatical de los posesivos pospuestos.

Videogramas
Los adjetivos posesivos

7

La actividad se puede hacer individualmente y después comparar en parejas antes de la corrección en grupo clase. Una vez corregida, pida que, en parejas, memoricen el diálogo y lo representen para interiorizar las estructuras.

8

Para corregir la actividad cada alumno lee una frase diciendo la opción correcta directamente.

Cuaderno de ejercicios p. 33 y 34
Actividades 3.26. a 3.31.

Actividades interactivas
Los posesivos pospuestos

Unidad 3: p. 58

SUENA BIEN

Objetivo

- Aprender a reconocer las palabras llanas.

(22)

a. azúcar; b. cara; c. árbol; d. difícil; e. dibujo; f. botella; g. libro; h. móvil; i. planta; j. brazo; k. útil; l. lápiz.

(23)

El lunes Óscar y Carmen fueron al fútbol y animaron a Pérez, el portero. El martes fueron a Cádiz y llamaron desde el móvil a sus padres. El miércoles cortaron el césped y encontraron un nido en el árbol. Hoy es sábado y hablan en su casa de los planes de la próxima semana.

Suena bien PRONUNCIACIÓN Y ORTOGRAFÍA

Las palabras llanas

- En las palabras llanas el acento recae sobre la penúltima sílaba.
- Se escriben con tilde solo las palabras llanas que terminan en una **consonante distinta a *-n* y *-s***:
  - ár-bol – ca-rác-ter – tó-rax
  - cés-ped – ál-bum
- En los demás casos, nunca llevan tilde:
  - ca-sa – nu-bes – ha-blan
  - ven-ta-na – es-tu-che

(22) **1 Escucha las siguientes palabras y marca la sílaba fuerte.**

a azucar	c arbol	e dibujo	g libro	i planta	k util
b cara	d dificil	f botella	h movil	j brazo	l lapiz

   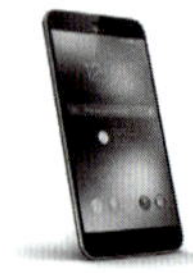  

2 Ahora clasifica en la columna A las palabras anteriores que llevan tilde (´) y en la columna B las que no llevan tilde.

A. Con tilde	B. Sin tilde
azúcar, árbol, difícil, móvil, útil, lápiz	cara, dibujo, botella, libro, planta, brazo

3 Observa estas palabras llanas, son todos apellidos españoles. Escribe la tilde si es necesario.

a Rodríguez	d Riva	g Villa	j Contreras
b Marmol	e Martínez	h Llorente	k Almodóvar
c López	f Alcázar	i Sánchez	l Torres

(23) **4 Dictado.**

Cuaderno de ejercicios p. 35 Actividades interactivas

LAS PALABRAS LLANAS

Se ha decidido presentar en primer lugar las palabras llanas porque son las que más abundan en español. En las unidades 4 y 5 se estudiarán las palabras agudas y esdrújulas, respectivamente.

Lea el cuadro donde se explican las palabras llanas. Diga cada palabra una primera vez, exagerando la pronunciación, y una segunda vez de forma natural para que los alumnos hagan una repetición coral.

1

A la vez que corrige la actividad, los alumnos van haciendo repeticiones en voz alta.

2

Para corregir la actividad, pida a varios alumnos que, por turnos, salgan a la pizarra a escribir la palabra en la columna correspondiente. El resto de la clase decidirá si lo ha hecho correctamente o no. De esta manera, usted también puede hacer un balance de los errores del grupo. Es conveniente que, después de dar la solución correcta, compruebe que los alumnos entienden el significado de la palabra.

3

Si lo estima oportuno, lea usted los apellidos para que los estudiantes localicen la sílaba tónica.

4

Divida la clase en dos grupos y asigne un representante para cada uno. Estos dos alumnos hacen la actividad en la pizarra mientras que los demás la realizan en el libro. Adviértales que no pueden copiarse. Una vez terminado el dictado, los miembros de cada grupo tienen cuatro minutos para corregir a sus representantes. Gana el equipo que menos fallos haya cometido. Después, deje tiempo para que hagan las correcciones en sus libros.

Cuaderno de ejercicios p. 35
Actividades 3.32. y 3.33.

Actividades interactivas
Las palabras llanas

Sesión de cine VÍDEO

¿QUÉ HAS HECHO HOY?

SINOPSIS

La madre de Javi llega y hablan sobre lo que han hecho los dos durante el día. Entonces oyen un ruido y se callan, ¿hay alguien más en casa?

1 **Observa las imágenes e imagina lo que sucede. Compártelo con tu compañero/a.**

a ¿De dónde viene la mujer?

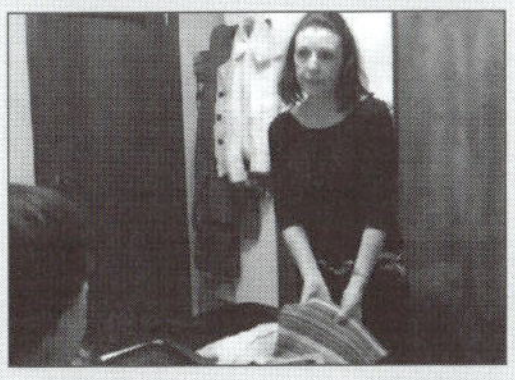

b ¿De qué hablan?

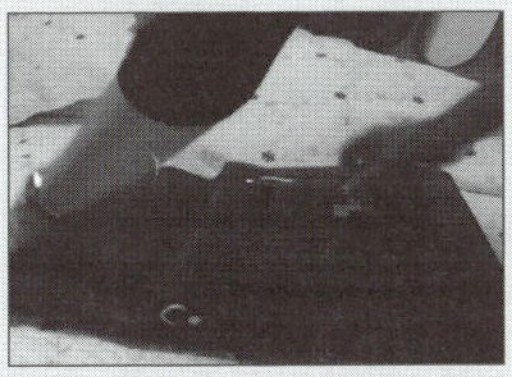

c ¿Qué crees que busca?

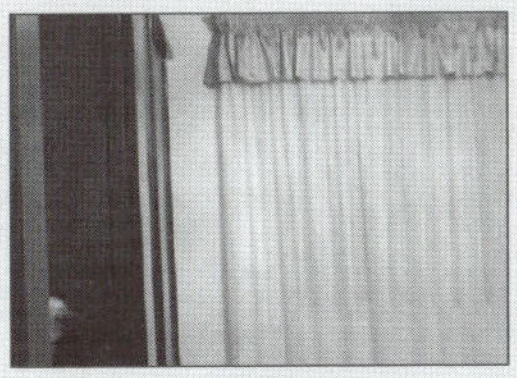

d ¿Dónde han ido Javi y su madre?

2 **Observa el vídeo y haz las actividades que te va a repartir tu profesor/a.**

Secuencia de vídeo — Actividades interactivas

Unidad 3: p. 59

SESIÓN DE CINE

Objetivos

- Visionar un vídeo donde aparecen los contenidos de la unidad.
- Comprender conversaciones cotidianas entre hispanos.

Material fotocopiable 3.2.

Respuestas:

1. a. De un viaje de trabajo; **b.** De lo que hizo Javi durante la semana; **c.** Busca sus gafas; **d.** A recibir a su padre y a su hermana que han llegado en ese momento. **2. a.** Los dos; **b.** La madre; **c.** Javi; **d.** Los dos; **e.** La madre; **f.** La madre; **g.** Los dos; **h.** Javi.

Material fotocopiable 3.3.

Respuestas:

3. a. F; **b.** V; **c.** V; **d.** V; **e.** F; **f.** F; **g.** V. **4. a.** Sebas; **b.** Sebas; **c.** Eli; **d.** Eli; **e.** Sebas. **5. a.** De Penélope Cruz; **b.** En la playa; **c.** Su increíble bikini; **d.** Con su marido. **6. 1.** d, Imagen 1; **2.** b, Imagen 6; **3.** e, Imagen 3; **4.** c, Imagen 2; **5.** a, Imagen 4; **6.** f. Imagen 5.

Diga a los estudiantes que observen las imágenes del vídeo. Tienen que identificar los diferentes detalles que aparecen. Dígales también que observen a los personajes y pregúnteles quiénes creen que son. A continuación, indíqueles que lean la sinopsis para comprobarlo.

1

En parejas, los estudiantes tienen que realizar esta actividad como introducción al visionado del vídeo. Invítelos a leer las preguntas de la actividad y a predecir las respuestas que se plantean observando las diferentes fotografías. Una vez hayan compartido sus hipótesis, coménteles que tanto las preguntas de la actividad como la que se plantea en la sinopsis se responderán durante el visionado del vídeo.

2

A continuación, proyecte el vídeo y presente el **Material fotocopiable 3.2.**

Material fotocopiable 3.2.
¿Qué has hecho hoy?

Secuencia de vídeo
¿Qué has hecho hoy?

Actividades interactivas
¿Qué has hecho hoy?

Si lo desea, puede trabajar otros acentos a través de la serie hispana **¡Acción!** y del **material fotocopiable 3.3.**

Material fotocopiable 3.3.
Revista para gente chismosa

¡Acción!
Revista para gente chismosa

Actividades interactivas
Revista para gente chismosa

Unidad 3: p. 60

MUNDO HISPANO

Objetivo

- Acercar a los estudiantes a diferentes experiencias en la educación en varios países hispanoamericanos.

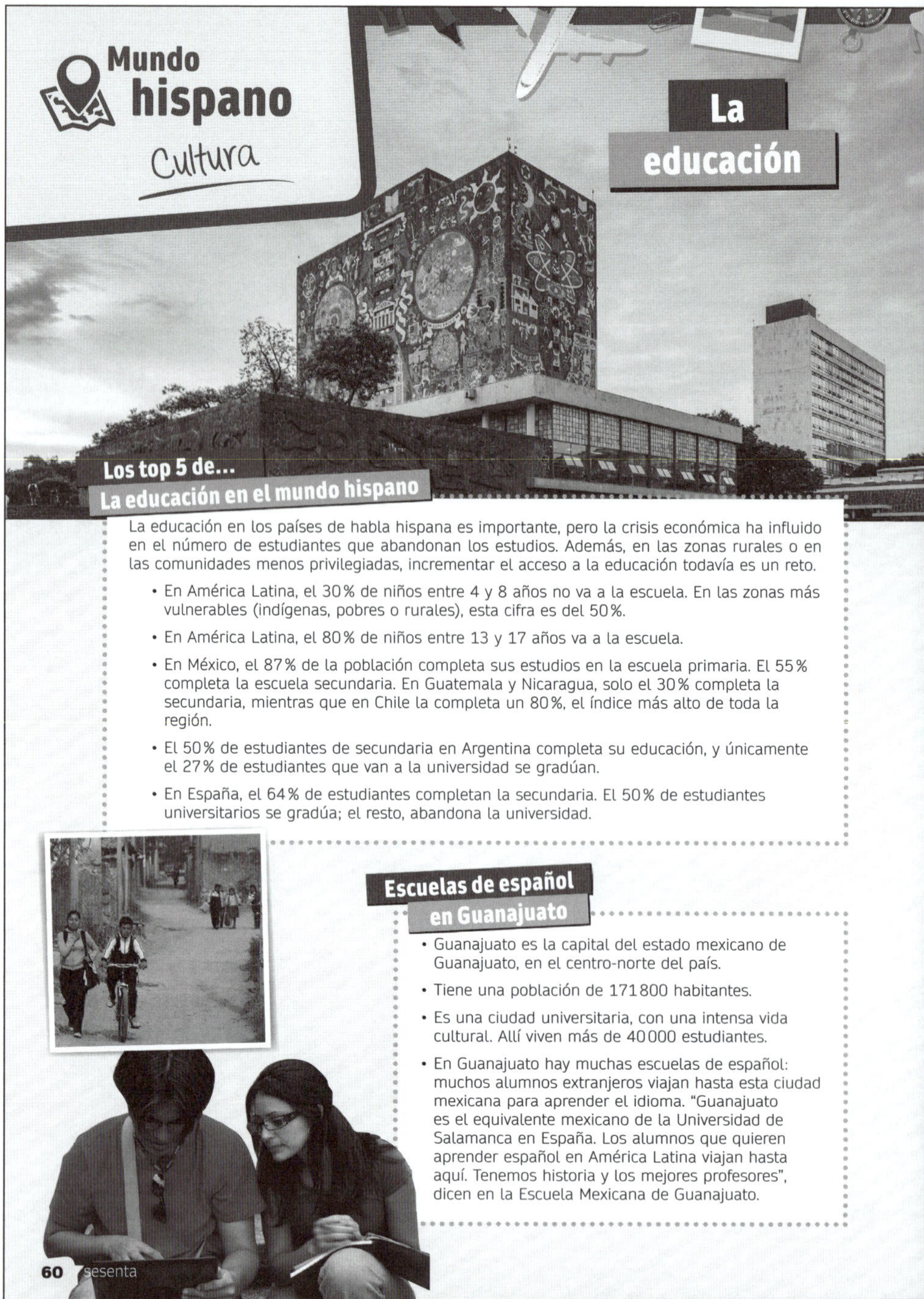

Mundo hispano

Cultura

La educación

Los top 5 de... La educación en el mundo hispano

La educación en los países de habla hispana es importante, pero la crisis económica ha influido en el número de estudiantes que abandonan los estudios. Además, en las zonas rurales o en las comunidades menos privilegiadas, incrementar el acceso a la educación todavía es un reto.

- En América Latina, el 30 % de niños entre 4 y 8 años no va a la escuela. En las zonas más vulnerables (indígenas, pobres o rurales), esta cifra es del 50 %.
- En América Latina, el 80 % de niños entre 13 y 17 años va a la escuela.
- En México, el 87 % de la población completa sus estudios en la escuela primaria. El 55 % completa la escuela secundaria. En Guatemala y Nicaragua, solo el 30 % completa la secundaria, mientras que en Chile la completa un 80 %, el índice más alto de toda la región.
- El 50 % de estudiantes de secundaria en Argentina completa su educación, y únicamente el 27 % de estudiantes que van a la universidad se gradúan.
- En España, el 64 % de estudiantes completan la secundaria. El 50 % de estudiantes universitarios se gradúa; el resto, abandona la universidad.

Escuelas de español en Guanajuato

- Guanajuato es la capital del estado mexicano de Guanajuato, en el centro-norte del país.
- Tiene una población de 171 800 habitantes.
- Es una ciudad universitaria, con una intensa vida cultural. Allí viven más de 40 000 estudiantes.
- En Guanajuato hay muchas escuelas de español: muchos alumnos extranjeros viajan hasta esta ciudad mexicana para aprender el idioma. "Guanajuato es el equivalente mexicano de la Universidad de Salamanca en España. Los alumnos que quieren aprender español en América Latina viajan hasta aquí. Tenemos historia y los mejores profesores", dicen en la Escuela Mexicana de Guanajuato.

60 sesenta

Introduzca el tema de la sección preguntando a los estudiantes qué saben sobre el sistema educativo en los países hispanos.

Invítelos a que observen las imágenes de la página y a que traten de adivinar el contenido de los textos.

Hable sobre las imágenes y pregunte si alguno ha estudiado en el extranjero.

Lea el primer párrafo del primer texto e invite a un voluntario a que continúe leyendo el resto. Después de cada párrafo, haga preguntas como: *¿Cuál es el porcentaje de niños entre 4 y 8 años que no va a la escuela en América Latina? ¿Sabéis cuál es el porcentaje en vuestro país, es más alto o más bajo? ¿Podéis nombrar la universidad más antigua de España?*, etc.

Mi experiencia

"Hola, yo soy Fede y vivo en Buenos Aires, Argentina. Tengo 17 años y estudio Física en la Escuela Técnica Número 19 de mi ciudad. ¡Mi sueño es ser físico! Las escuelas de educación técnicas en Argentina son instituciones dedicadas a la formación de técnicos en electrónica, electromecánica, automotores, química, física, matemáticas, etc. Yo he estudiado seis años de primaria y ahora debo completar otros seis en la escuela técnica. Los alumnos que no asisten a la escuela técnica deben estudiar seis años de primaria, y luego solo cinco de secundaria. La escuela de educación técnica en mi país tiene muy buena reputación porque... ¡somos los mejores estudiantes!".

1 Lee los textos y relaciona las siguientes frases.

1 Este año, un alto porcentaje de estudiantes chilenos...
2 El acceso a la educación en zonas más vulnerables...
3 El 50 % de estudiantes universitarios en España...
4 Cientos de estudiantes extranjeros...
5 Muchos estudiantes argentinos...

a ha sido afectado por la crisis económica.
b ha ido a la universidad.
c quieren estudiar español en Guanajuato, México.
d no han podido completar sus estudios.
e han tenido buenos resultados en la escuela técnica.

2 Responde a las preguntas y discute tus opiniones con el resto de la clase.

a ¿Qué estadística te parece más alarmante? ¿Por qué?
....

b ¿Crees que más gente termina la educación secundaria y universitaria en tu país?
....

c ¿Qué planes tienes para tu educación? ¿Quieres ir a la universidad, a una escuela técnica o elegir otras opciones?
....

d ¿Hay protestas de estudiantes en tu país? ¿Contra qué protestan?
....

e En tu país, ¿existe el derecho a la educación? ....

EDUCACIÓN | PROTESTAS EN COLOMBIA

En los últimos años, miles de estudiantes colombianos han salido a las calles para protestar. Tal y como ha pasado en otros países del mundo hispano como España, Argentina y Chile, los estudiantes y profesores de Colombia han protestado contra los proyectos de reforma educativa de su gobierno. Entre ellos, no garantizar el derecho a la educación, cortar presupuestos y privatizar universidades... "Las protestas han sido importantes. Muchos medios de comunicación han hablado de ellas", dice María Dulce, una estudiante colombiana.

Cuaderno de ejercicios p. 35 y 36 · Actividades interactivas

Unidad 3: p. 61

MUNDO HISPANO

Objetivo

- Conocer la realidad estudiantil en algunos países de Hispanoamérica.

Diga a los estudiantes que ahora van a leer el testimonio de un joven sobre su educación. Después de que hayan leído el texto, pregúnteles qué han entendido e invítelos a que cuenten su experiencia de un modo similar al del texto.

Como actividad adicional, pídales que busquen en internet más información sobre el sistema educativo en los países hispanos. Pueden traer imágenes e informaciones para hacer un póster en pequeños grupos. Esos pósteres pueden quedar dispuestos en las paredes de la clase.

Lea el texto "Protestas en Colombia" y pregúnteles qué saben sobre las manifestaciones estudiantiles en los países hispanos. A continuación, hágales reflexionar sobre esta situación en sus países: ¿es similar o diferente?

1

Diga a los alumnos que relacionen las dos partes de las frases. Pida voluntarios que lean las frases completas. Acláreles el vocabulario que no entiendan.

2

Lea las preguntas con los estudiantes y pídales que piensen en las respuestas.
Después, dígales que respondan a las preguntas en parejas o en pequeños grupos.

Cuaderno de ejercicios p. 35 y 36
Actividades 3.34. y 3.35.

Actividades interactivas
La educación

Unidad 3: p. 62

ÉRASE UNA VEZ...

Objetivos

- Conocer a un autor hispano.
- Analizar un fragmento de una obra de literatura.

Nota cultural.

El argumento de la novela es el siguiente: A Andrés Choz le quedan solo seis meses de vida. ¿Cómo recuperar el tiempo? ¿Cómo realizar lo que tantas veces postergó? Andrés decide desarrollar un viejo proyecto narrativo: escribir la historia fabulosa de un extraterrestre náufrago en la tierra. El proceso de la escritura del libro se irá entremezclando con las propias vivencias de su autor hasta confluir en una sola realidad.

Érase una vez... LITERATURA

José María Merino

José María Merino

Nació en La Coruña, España, en 1941. Es un novelista, poeta y ensayista que forma parte de la Real Academia de la Lengua. A él se debe, en gran parte, el auge que ha experimentado la literatura fantástica en España en los últimos años. Sus obras más conocidas son *El río del Edén*, *El oro de los sueños* y *La orilla oscura*.

24 **1** Lee y escucha.

Novela de Andrés Choz

Sin duda se ha ido. Andrés Choz cierra los ojos, hoy he dormido bien, pero cuando los abre otra vez han transcurrido quince minutos más porque le ha atrapado la modorra, y se levanta, abre la ventana, el día es soleado, al final del camino, cerca de la senda que baja hacia la playa, Benilde se aleja con su pausado caminar.

(Adaptado de *Novela de Andrés Choz*, José M.ª Merino)

2 Relaciona las palabras de las dos columnas.

1 transcurrir	a sueño
2 atrapar	b camino
3 modorra	c pasar
4 senda	d lento
5 pausado	e coger

3 Responde a las preguntas.

a ¿Cuántos personajes aparecen en el texto? ¿Cómo se llaman?
Dos: Andrés y Benilde.

b Un verbo está en primera persona, ¿por qué? ¿Quién crees que es el sujeto?
"Hoy he dormido bien" indica la voz interior del personaje. El sujeto es Andrés.

c ¿Quién es la persona que se ha ido?
Respuesta abierta.

d ¿Dónde crees que está el protagonista?
Respuesta abierta.

4 ¿Cómo imaginas que continúa la historia? Añade tres líneas al párrafo que has leído.

62 sesenta y dos

1

Ponga la audición mientras los estudiantes leen el texto. Dígales que subrayen las palabras que no entienden, ya que en la siguiente actividad resolverán sus dudas.

2 y **3**

Actividades de comprensión lectora. En primer lugar, pida a sus alumnos que relacionen las palabras que han aparecido en el texto con su significado. Si lo desea, propóngales que copien de nuevo el texto pero sustituyendo las palabras por sus sinónimos.

A continuación, invítelos a responder a las preguntas del ejercicio 3.

4

Invite a los alumnos a leer sus composiciones. Dígales que voten la más original.

5 Lee el texto.

Mi vecino famoso

Hay una persona a la que admiro muchísimo. Para mí es mi vecino Carlos, para el resto del mundo es el prestigioso oceanógrafo y explorador Carlos de la Llave. Me gusta porque disfruta mucho con el trabajo que hace. Pero también lo admiro porque, aunque es una persona muy popular, él se comporta de una manera sencilla, sin aires de grandeza, ni de estrella. La verdad es que su vida es fascinante: ha trabajado en programas de televisión, ha escrito artículos en periódicos, lo hemos visto en reportajes en revistas, hemos escuchado sus entrevistas en la radio y hemos seguido sus aventuras en su blog de internet. Carlos ha estado en lugares tan exóticos como el Amazonas o el Polo Norte, ha convivido con tribus en África y habla muchos idiomas, pero siempre que vuelve de sus viajes tiene un poco de tiempo para sus vecinos. Nos reunimos en su casa y vemos sus últimas fotos y vídeos. Las preguntas son continuas: ¿Has visto pingüinos? ¿Has estado alguna vez en peligro? Pero él responde a todas con paciencia y afecto. Sabe que la fama no lo es todo y que los momentos felices son, a veces, los más simples, pero son los que vives con aquellas personas que quieres de verdad.

6 **Responde a las siguientes preguntas.**

a ¿Qué relación tiene el narrador con Carlos? ....

b ¿En qué trabaja Carlos? ....

c ¿Por qué lo admira tanto el narrador? ....

d ¿Qué hacen los vecinos con Carlos cuando vuelve de sus viajes? ....

e ¿Con quién pasa Carlos sus mejores momentos? ....

7 **Vuelve a leer el texto y escribe todas las palabras relacionadas con los medios de comunicación.**

programas, televisión, artículos, periódicos, reportajes, revistas, entrevistas, radio, blog e internet

8 **Carlos ha tenido muchas experiencias en su vida. Busca en el texto al menos cuatro y escríbelas.**

a .... c ....
b .... d ....

9 **Imagina que eres un vecino de Carlos de la Llave. Escribe cinco preguntas que te gustaría hacerle sobre sus viajes. Compáralas después con las de tu compañero/a. ¿Son iguales?**

a ....
b ....
c ....
d ....
e ....

Actividades interactivas

Unidad 3: p. 63

ÉRASE UNA VEZ...

6

a. Es su vecino; **b.** Es oceanógrafo y explorador; **c.** Porque aunque es una persona muy popular, se comporta de una manera sencilla; **d.** Se reúnen en su casa para ver las fotos y los vídeos de sus viajes y le hacen muchas preguntas; **e.** Con las personas a las que quiere de verdad.

8

Posibles respuestas: ha trabajado en programas de televisión; ha escrito artículos en periódicos; ha salido en reportajes de revistas; le han hecho entrevistas en la radio; ha escrito sus aventuras en un blog de internet; ha estado en lugares exóticos como el Amazonas o el Polo Norte; ha convivido con tribus en África; ha aprendido muchos idiomas.

5

Pregunte si conocen a algún famoso y por qué lo es. También plantéeles si les gustaría ser famosos y por qué. Dígales que van a leer un texto donde un joven habla sobre su vecino: un famoso aventurero y explorador. Para sondear los conocimientos previos, pregunte qué cosas creen que ha hecho esta persona para ser famosa. Como hemos dicho, Carlos es un gran aventurero: *¿Qué cosas ha podido hacer para ser considerado así? ¿Os gustaría ser como él? ¿Por qué?*

A continuación, enseñe las palabras: *naturaleza salvaje*, *peligro*, *aventura*... y proceda a la lectura del texto. Esta se realizará entre varios alumnos, por turnos y en voz alta.

6

Los alumnos pueden contestar a las preguntas de forma individual y comparar en parejas antes de la corrección en grupo clase.

7

Invítelos a escribir las palabras del texto que tienen relación con los medios de comunicación.

8

Pida a los alumnos que comparen sus respuestas para ver si han escrito las mismas experiencias.

9

Después de escribir las preguntas, en parejas, simulan la entrevista a Carlos de la Llave. Uno de los estudiantes hace de periodista y el otro de Carlos. Si lo estima oportuno, puede seleccionar a varios estudiantes para que representen las entrevistas en clase.

Actividades interactivas
José María Merino

Unidad 3: p. 64

ME PREPARO PARA EL DELE

Objetivos

- Familiarizarse con el examen de español DELE.
- Prepararse para lograr el nivel.

25

1. El tiempo para esta jornada prevé cielos nublados en el norte, con lluvias en Galicia y en Cantabria. En Madrid y toda la zona centro vamos a tener sol y buen tiempo, lo mismo que en Andalucía, con temperaturas que van a llegar a los 30 grados en localidades como Sevilla y Jaén. Sol con intervalos de nubes en Baleares y buen tiempo en Canarias. Levante tiene previsto un día de viento, pero sin grandes problemas. **2.** En Deportes Pereda va a encontrar todo lo que necesita para practicar deporte: zapatillas, raquetas, balones de fútbol, camisetas. Este mes todos nuestros productos tienen un 50 por ciento de descuento. Venga a vernos. Abrimos todos los días. **3.** ¿Necesitas renovar tu ordenador personal, tu portátil, tu móvil...? En Mercadomedia reducimos los precios a la mínima expresión: ordenadores desde 300 euros, móviles desde 20. Visítanos en la Carretera de Andalucía Km 15. No tenemos competencia, los mejores precios del mercado. **4.** En la plaza de toros de las Ventas, no te pierdas este fin de semana un concierto inolvidable: Alejandro Sanz en directo el sábado 25 de mayo, a partir de las diez de la noche. Venta de entradas en taquilla y en la página web *ticketsyentradas.com.*

26

(Véase la transcripción en la pág. 134)

Me preparo para el DELE

Prueba de comprensión auditiva

25 **1** **Vas a escuchar cuatro grabaciones de radio. Las grabaciones se repiten dos veces. Marca la opción correcta (a, b, c).**

1 El tiempo para esta jornada va a ser...
- (a) con lluvia en el norte y buen tiempo en la zona centro.
- b con nubes en el centro y viento en Levante.
- c con calor en Andalucía y frío en Levante.

2 Deportes Pereda tiene descuentos de un...
- a 30 %
- (b) 50 %
- c 70 %

3 ¿Qué aparatos menciona el anuncio?
- (a) Un ordenador, un portátil, un móvil.
- b Un ordenador, un teléfono fijo, un móvil.
- c Un móvil, un ordenador y una agenda.

4 El anuncio dice que el concierto de Alejandro Sanz va a ser...
- (a) inolvidable.
- b único.
- c insuperable.

26 **2** **José es un estudiante y habla sobre sus vecinos. Relaciona las columnas.**

1 José	a Ha salido de la ciudad.
2 María	b Vive en el cuarto.
3 Jacob y Lucía	c Vive con su hermana.
4 Ana	d Ha empezado a trabajar recientemente.
5 Inma	e Se ha mudado recientemente.
6 Adrián	f Ha vuelto más tarde de las diez.
7 Marta	g Han estado doce horas fuera de casa.

64 sesenta y cuatro

Cuaderno de ejercicios p. 37 y 38 · Actividades interactivas

ME PREPARO PARA EL DELE

1

Al tratarse de un examen, pida que realicen la actividad individualmente, sin posibilidad de enseñar ningún vocabulario.

Para corregir, puede detener la audición después de cada noticia. Deje unos segundos para que comparen sus respuestas entre ellos y, después, pida a uno que la diga en voz alta. También puede seguir el modelo del examen real del DELE y no parar la audición hasta el final de la actividad.

El examen DELE para el nivel A2/B1 para escolares incluye la prueba de comprensión auditiva con las siguientes características:

35 min.	Características
Tarea 1	Escuchar siete conversaciones y contestar a siete preguntas con tres opciones de respuesta cada una.
Tarea 2	Escuchar seis mensajes y relacionarlos con seis de los nueve enunciados disponibles.
Tarea 3	Escuchar una conversación y relacionar seis enunciados con la persona a la que corresponden (hombre, mujer o ninguno de los dos).
Tarea 4	Escuchar tres noticias y contestar a seis preguntas con tres opciones de respuesta cada una.

Para tener más información sobre los diplomas DELE, acceda a https://examenes.cervantes.es/es/dele-para-escolares/examenes/a2-b1

También puede obtener modelos de exámenes similares a este en el manual *El Cronómetro. Nivel A2/B1 para escolares* (Editorial Edinumen).

2

Corregida la actividad 2, puede pedir que escriban un juego de lógica similar. Después, en parejas, se lo intercambian y tienen que resolverlo.

Cuaderno de ejercicios p. 37 y 38
Actividades 3.36. a 3.40.

Actividades interactivas
Comprensión de lectura
Expresión e interacción orales

¡Me lo sé!

Unidad 3

EVALUACIÓN

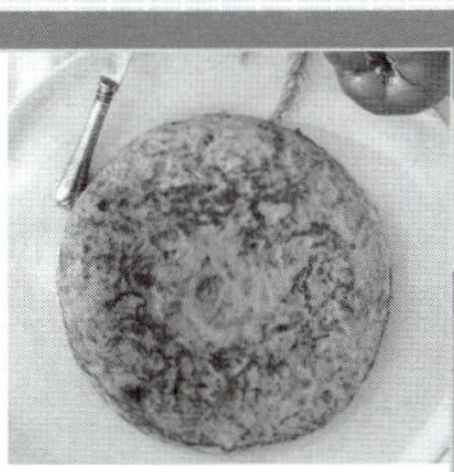

1 Señala si estas frases son correctas (C) o incorrectas (I), y corrígelas. .../4

a Hoy he comido una tortilla con ensalada. ☒ C ◯ I
b Juan y Félix ha jugado al tenis. ◯ C ☒ I (han jugado)
c Esta semana no he dormido muy bien. ☒ C ◯ I
d Sonia has escrito un correo a Roberto. ◯ C ☒ I (ha escrito)

2 Imagina que son las cinco de la tarde e indica si ya has hecho estas cosas o todavía no. .../4

a Ya he desayunado.
b Ya/Todavía no he hecho los deberes.
c Todavía no/Ya he cenado.
d Todavía no/Ya he visto la tele.

3 Pablo y Carlos hablan por teléfono. Completa la conversación con el pretérito perfecto. .../6

Pablo: Hola, Carlos, ¿qué tal? ¿Qué has hecho (hacer) hoy?
Carlos: Nada de especial. He jugado (jugar) al fútbol como todos los jueves.
Pablo: ¿Has visto (ver) a Ana?
Carlos: Sí, hemos estado (estar) juntos en la biblioteca un rato.
Pablo: Oye, ¿te has puesto (poner) la camiseta nueva?
Carlos: ¿Eh? No oigo nada, ¿qué has dicho (decir)?
Pablo: Nada, yo también te escucho mal, hablamos mañana. Adiós.
Carlos: Hasta luego.

4 Elige la opción correcta. .../5

a Estas gafas son las [mías] / **míos**.
b He visto a Miguel con los amigos **sus** / [suyos].
c He terminado mi libro. Quiero leer el **mío** / [tuyo].
d ¿Es [tuya] / **mía** esta taza? No, **el mío** / [la mía] está rota.

5 Responde a las siguientes preguntas. .../4

a ¿Qué es un titular? → ...
b ¿Cuál es tu medio de comunicación favorito? → ...
c ¿Qué revistas te gusta leer? → ...
d ¿Cómo se llama la primera página de un periódico? → ...

Ahora soy capaz de...

a ...hablar de acciones recientes. Sí No
b ...hablar de experiencias. Sí No
c ...debatir sobre los medios de comunicación. Sí No
d ...decir cómo se llaman las partes de una noticia. Sí No

Sigue practicando con... Spanish Blogger Misión 10

Actividades interactivas

sesenta y cinco 65

Unidad 3: p. 65

¡ME LO SÉ!

Objetivos

- Practicar los contenidos aprendidos en la unidad.
- Autoevaluar su aprendizaje.
- Revisar lo aprendido con actividades lúdicas.

5

a. Es la parte de la noticia que sirve para presentar la información esencial y atraer la atención del lector; **b.** Respuesta abierta; **c.** Respuesta abierta; **d.** Portada.

¡ME LO SÉ!

En esta sección los estudiantes revisarán los contenidos vistos en la unidad. Esto le servirá para evaluar si han asimilado los objetivos propuestos.

Los alumnos hacen individualmente el test. En la corrección, para que los estudiantes presten más atención, pueden intercambiarse los libros y así corregir el del compañero/a, debiendo completar la casilla con el resultado.

Actividades interactivas
Evaluación

AHORA SOY CAPAZ DE...

Explique a los estudiantes que esta actividad les servirá para evaluar su proceso de aprendizaje.

Pídales que reflexionen exhaustivamente y tomen conciencia de lo que han adquirido en esta unidad.

SPANISH BLOGGER

Invítelos a seguir practicando lo aprendido en esta unidad a través de la Misión 10. Con ella, los estudiantes podrán utilizar el español en un contexto divertido.

Misión 10
Un poco de educación

Unidad 4 LO PASÉ MUY BIEN

Unidad 4: p. 66

Objetivos de la unidad

- Conocer el tema de la unidad y a los personajes del diálogo.
- Revisar el léxico de la unidad 3.

Recursos del profesor

Materiales fotocopiables
4.1. a 4.5.

Audios
27 a 37

Vídeos
- Serie: *Don Quijote*
- *Videogramas*:
  - *El pretérito indefinido: verbos regulares*
  - *El pretérito indefinido: verbos irregulares*
- *Casa del español*:
  - *Hablar del pasado*
- *¡Acción!*: *Taxi para cuatro*

Cuaderno de ejercicios
Unidad 4

Actividades interactivas
4.1. a 4.12.

Actividades colaborativas
Buscando en la Wikipedia

Spanish Blogger
Misión 9: *Unas vacaciones diferentes*

1

Posibles respuestas:

a. Hace buen tiempo porque están bañándose en la playa; **b.** Están de vacaciones en la playa; **c.** Se han bañado y están haciéndose una foto; **d.** Lo están pasando bien, porque todos están sonriendo; **e.** Otro hijo/Unos amigos; **f.** Respuesta abierta.

Unidad 4

LO PASÉ MUY BIEN

Comunicación
- Narrar acciones en pasado
- Valorar hechos del pasado

Vocabulario
- Los viajes y las vacaciones
- Expresiones de jerga juvenil

Gramática
- Pretérito indefinido: morfología y usos
- Expresiones temporales referidas al pretérito indefinido

Pronunciación y ortografía
- Las palabras agudas

Sesión de cine
- *Don Quijote*

Cultura
- El turismo en España y el ecoturismo

Literatura
- *La ruta del lobo perdido*

¿Qué ves?

1 **Observa la imagen y responde a las preguntas.**

a ¿Qué tiempo hace?
b ¿Dónde está la familia?
c ¿Qué hacen?
d ¿Crees que lo pasan bien o mal?
e ¿Quién crees que ha hecho la foto?
f ¿Qué te gusta hacer en tus vacaciones?

2 **Imagina qué cosas han hecho en sus vacaciones hasta este momento. Relaciona y escribe frases como en el ejemplo.**

1 Entrar	a a Barcelona.
2 Ir	b en un museo.
3 Viajar	c al cine.
4 Visitar	d muy temprano.
5 Levantarse	e el Parque Güell.

1 *Han entrado en un museo.*
2 Han ido al cine.
3 Han viajado a Barcelona.
4 Han visitado el Parque Güell.
5 Se han levantado muy temprano.

66 sesenta y seis

1

Invite a sus alumnos a que observen detenidamente la imagen y a que respondan a las preguntas haciendo suposiciones.

2

Antes de hacer el ejercicio, los alumnos pueden imaginar qué ha hecho la familia en sus días de vacaciones. Con ello estamos repasando las actividades con el pretérito perfecto: *han visitado la ciudad, se han bañado, han buceado...* A continuación, resuelva el ejercicio en la pizarra.

Comenzamos con un diálogo

27 **3** **Escucha a Javi cómo le cuenta a Carolina sus vacaciones y contesta verdadero (V) o falso (F).**

Javi: ¿Diga?
Carolina: ¡Hola, Javi!
Javi: ¡Hola, Carolina! ¿Qué tal?
Carolina: Supercontenta, ¿sabes? Este año mi familia y yo nos vamos de vacaciones a Ibiza.
Javi: ¿Sí? Yo fui a Ibiza el verano pasado con mis padres y mi hermana.
Carolina: ¿Y cómo es? ¿Te gustó?
Javi: Sí, me encantó. Es una isla preciosa.
Carolina: ¿Y qué tal lo pasaste?
Javi: Muy bien, me bañé en el mar todos los días. Ibiza tiene unas playas fantásticas.
Carolina: ¿Y qué más cosas hiciste?
Javi: Pues visité el casco antiguo, subí a un barco, monté en una moto acuática, comí mucho pescado, jugué al vóley-playa y al ping-pong... ¡Ah! y también conocí a mucha gente. La verdad es que fue un viaje inolvidable.
Carolina: ¡Qué bien! ¡Seguro que yo también me lo paso genial!
Javi: ¿Y cómo vas a ir? Nosotros fuimos en coche hasta Valencia y después en barco.
Carolina: Nosotros vamos en avión desde Madrid. Mis padres ya han comprado los billetes. ¡Qué ganas tengo de ir!

		V	F
a	Javi ha visitado Ibiza este año.		X
b	Fue a Ibiza con su familia el verano pasado.	X	
c	No fueron unas vacaciones divertidas.		X
d	Practicó deportes como el vóley-playa y el ping-pong.	X	
e	A Javi no le gusta Ibiza.		X

4 **¿Qué actividades de vacaciones mencionan Javi y Carolina en su conversación? Completa la lista y añade tres actividades de tus últimas vacaciones.**

a Visitar el casco antiguo.

b Subir a un barco.

c Montar en moto acuática.

d Comer pescado.

e Jugar al vóley-playa.

f Jugar al ping-pong.

g Ir/Montar en avión.

h Bañarse en el mar.

1 ....
2 ....
3 ....

5 **Construye y representa con tu compañero/a un diálogo similar al del ejercicio 3.**

Actividades interactivas

Unidad 4: p. 67

COMENZAMOS CON UN DIÁLOGO

Objetivos

- Comprender un diálogo oral y escrito.
- Empezar a familiarizarse con las acciones terminadas en el pasado.

3

a. falso (Fue el año pasado); **b.** verdadero; **c.** falso (Fue un viaje inolvidable); **d.** verdadero; **e.** falso (Sí le gusta).

3

Como la actividad está contextualizada (están hablando por teléfono sobre las vacaciones del verano pasado), puede preguntar a los alumnos dónde fueron ellos el verano pasado, qué hicieron, con quién fueron, qué tal se lo pasaron...

Pídales que escuchen el texto antes de leerlo y que contesten verdadero o falso. Después, comprueban sus respuestas leyendo el texto.

4

Haga una recopilación en la pizarra de las actividades que los estudiantes hicieron en sus vacaciones para escribirlas de forma correcta y darles el vocabulario que necesiten. Después, los alumnos completan el ejercicio.

Como los alumnos ya han comentado sus últimas vacaciones, pueden escribir un diálogo similar al del texto, memorizarlo y representarlo ante la clase.

Actividades interactivas
Vacaciones en Ibiza

Unidad 4: p. 68

HABLAR POR HABLAR

Objetivo

- Valorar acontecimientos del pasado.

28

Diálogo a.
- ¿Qué tal tus vacaciones?
- ¡Ah! Pues muy interesantes. Estuvimos en Salamanca. Es una ciudad increíble, con muchos monumentos y mucha vida en las calles. Además, comimos fenomenal.

Diálogo b.
- ¿Dónde estuviste de vacaciones?
- Fui con unos amigos a Benidorm. Fue genial. Nos bañamos todos los días en el mar y tomamos mucho el sol. Fue fantástico y muy divertido, aunque el hotel fatal, pequeño y caro.

Diálogo c.
- ¿Qué hiciste el verano pasado?
- ¡Uf! Mi verano pasado fue muy aburrido. Estuve en el pueblo de mis abuelos y fue un rollo. No me gustó nada.

Nota de vocabulario.
Ser un rollo significa "persona o cosa que resulta aburrida, pesada o fastidiosa".

Hablar por hablar — COMUNICACIÓN

VALORAR ACONTECIMIENTOS DEL PASADO

- ¿Qué tal/Cómo fue el viaje? — ¡(Fue) fatal!
- ¿Qué tal/Cómo te lo pasaste? — ¡Lo pasé superbién!
- ¿Qué tal la película del viernes? — (Fue) muy divertida.

Fue...	Lo pasé...	Estuvo...	Ni fu ni fa.
genial	de miedo	de miedo	Regular.
fantástico/a	genial	superbién	Más o menos.
estupendo/a	estupendamente	muy bien	
divertidísimo/a	superbién	guay	
muy divertido/a	muy bien	bien	
horrible	bien	mal	
terrible	muy mal	muy mal...	
un rollo	fatal...		
aburridísimo/a			
un desastre...			

28 **1** **Tres personas hablan de sus vacaciones de verano. Clasifica las expresiones que vas a escuchar en negativas o positivas.**

	Positivas	Negativas
Diálogo a	Muy interesantes, increíble, fenomenal.	——
Diálogo b	Genial, fantástico, muy divertido.	Fatal.
Diálogo c	——	Muy aburrido, un rollo, no me gustó nada.

28 **2** **Escucha otra vez. ¿Dónde fueron de vacaciones?**

a A Salamanca. b A Benidorm. c Al pueblo de sus abuelos.

3 **Elige la opción correcta.**

1 Fui al centro comercial nuevo de mi barrio y me gustó ....
a regular (b) bastante c nada

2 La fiesta de Marcos fue .... porque quitaron la música.
a mal (b) aburrida c interesante

3 En la excursión a la montaña lo pasé .... y me divertí mucho.
a fatal b divertido (c) genial

4 La película fue .... y no me gustó ....
(a) un rollo/nada
b fantástica/bastante
c aburrida/demasiada

4 **Pregunta a tu compañero/a sobre sus vacaciones del año pasado. Anota sus respuestas.**

a ¿Dónde fuiste de vacaciones el verano pasado? ➜ ....
b ¿Cómo lo pasaste? ➜ ....
c ¿Qué te gustó mucho? ➜ ....
d ¿Qué no te gustó nada? ➜ ....
e ¿Qué fue interesante? ➜ ....

Cuaderno de ejercicios p. 39 y 40 · Actividades interactivas

VALORAR ACONTECIMIENTOS DEL PASADO

Presente en clase el cuadro comunicativo. Después, formule varias preguntas entre sus estudiantes para que estos contesten haciendo valoraciones.

1 y **2**

Diga los alumnos que van a escuchar un audio donde tres personas opinan sobre sus últimas vacaciones de verano. Pídales que, en primer lugar, hagan una escucha general, pensando si cada persona lo pasó bien o mal. En la segunda escucha tienen que prestar atención a las expresiones que usan para valorar su viaje.

En la actividad 2, ya sea después de la segunda escucha o de una tercera si lo cree necesario, los alumnos tienen que escribir el destino de cada persona.

3

Actividad para que los alumnos aprendan a utilizar en diferentes contextos las expresiones para valorar que han aprendido.

4

Los alumnos hacen esta actividad con un/a compañero/a diferente para que la información resulte motivadora. Haga una puesta en común en grupo clase donde cada alumno hable de las vacaciones de su compañero/a y practiquen así la tercera persona del singular.

Cuaderno de ejercicios p. 39 y 40
Actividades 4.1. a 4.6.

Actividades interactivas
Valorar acontecimientos del pasado

Palabra por palabra VOCABULARIO

Los viajes

(29) **1** **Relaciona las palabras con sus imágenes. Después, escucha y comprueba.**

h hotel	g albergue	d autobús	k senderismo	j montar a caballo	o tomar el sol
b barco	l saco de dormir	e pasaporte	l excursión	a avión	m maleta
c tren		f billete	n mochila		ñ playa

(30) **2** **Escucha qué tal les fueron las vacaciones a Pablo, Elena y Félix, y completa la tabla.**

	Lugar	Medio de transporte	Alojamiento	¿Con quién?
Pablo	México	avión	hotel	padres
Elena	Navacerrada	autobús	albergue	compañeros de clase
Félix	Benidorm	tren	casa de sus tíos	tíos y primos

(30) **3** **¿Quién hizo qué? Escucha otra vez y responde: Pablo (P), Elena (E) o Félix (F).**

F Subió a un barco.	E Montó a caballo.	F Tomó el sol.
F Hizo esquí acuático.	E Fue de excursión.	E Llevó una mochila y un saco de dormir.
F Llevó una maleta.	E Hizo senderismo.	P Compró un billete por internet.
P Visitó una capital.	F Se bañó.	P Visitó el Zócalo.

4 **Cuéntale a tu compañero/a tu mejor viaje.**

– Hace dos años fui a Cancún, México. Allí me bañé en la playa y visité las ruinas mayas...

(31) **5** **Escucha ahora las vacaciones de Jorge y señala las fotografías del ejercicio 1 que menciona.**

avión, maleta, hotel, playas, bañarse, tomar el sol

Cuaderno de ejercicios p. 41

Unidad 4: p. 69

PALABRA POR PALABRA

Objetivos

- Aprender vocabulario sobre los viajes.
- Hablar de actividades en pasado.

(29)

a. avión; **b.** barco; **c.** tren; **d.** autobús; **e.** pasaporte; **f.** billete; **g.** albergue; **h.** hotel; **i.** excursión; **j.** montar a caballo; **k.** senderismo; **l.** saco de dormir; **m.** maleta; **n.** mochila; **ñ.** playa; **o.** tomar el sol.

(30)

Pablo: La semana pasada viajé a México en avión con mis padres. Compré el billete por internet. Fue un viaje muy interesante porque visité su capital, México D.F., una de las ciudades más grandes del mundo. Me encantó el Zócalo, la segunda plaza más grande del mundo. Me alojé en un hotel en el centro de la ciudad. Estuvo muy bien.

Elena: El mes pasado fui de excursión a Navacerrada. Fue mi primer viaje de aventura con mis compañeros de clase. Yo fui hasta Navacerrada en autobús y llevé una mochila y un saco de dormir. En la montaña hice muchas cosas: monté a caballo, hice senderismo y contaron historias de misterio antes de dormir. Nos alojamos en un albergue. Lo pasé genial.

Félix: El verano pasado fui a la playa de vacaciones. Fui a casa de mis tíos y primos que viven en Benidorm. Hice el viaje en tren y llevé una maleta enorme. Lo pasé muy bien porque me bañé todos los días en el mar y tomé el sol. También tuve tiempo para hacer esquí acuático y subir a un barco para conocer las playas cercanas.

(31)

(Véase la transcripción en la pág. 135)

1

Escriba descolocadas las siguientes palabras en la pizarra: *avión*, *viaje*, *alojarse*, *hotel*, *billete*, *excursión*, *aventura*, *senderismo*, *refugio*, *albergue*, *mochila*, *saco de dormir*, *playa*, *bañarse*, *tomar el sol* y *maleta*. Los alumnos observan las imágenes en el libro y tratan de relacionarlas con las palabras escritas.

Después, como refuerzo para memorizar el vocabulario, puede recurrir al Material fotocopiable 4.1.

Material fotocopiable 4.1.
Los viajes

En parejas o en grupos de tres, dan la vuelta a las fotos para formar parejas de las imágenes repetidas.

Cada vez que descubren una imagen, tienen que decir la palabra que la designa.

2 y **3**

Si lo considera necesario, divida la audición en varias fases: en una primera escucha, tienen que responder al lugar donde fueron y al medio que usaron para desplazarse; en una segunda, al tipo de alojamiento y con quién fueron.

Resuelta la actividad, pregunte qué viaje les parece más interesante o cuál les gustaría realizar.

Aporte más información sobre estos destinos, si ve que muestran interés.

4

Para hacer más fluida la interacción oral entre los alumnos, anímelos a que se hagan preguntas del tipo: *¿A dónde fuiste? ¿Con quién fuiste? ¿Cómo fuiste? ¿Qué cosas hiciste?...*

5

Los alumnos van a escuchar otra experiencia de viajes y a reconocer las palabras que han aprendido.

Cuaderno de ejercicios p. 41
Actividades 4.7. a 4.10.

Unidad 4: p. 70

PALABRA POR PALABRA

Objetivo

• Aprender vocabulario de la jerga juvenil.

32

Conchi: Mira. ¡Qué pasada de botas! ¡Me encantan!
Sonia: Sí, a mí también me gustan. Molan mogollón.
C.: Pero el jersey verde también es mazo de bonito.
S.: Es más caro. Voy a decirle a mi madre si me compra las botas.
C.: Pero, está mosqueada contigo, ¿no?
S.: Sí, está enfadada. Es que el sábado llegué a casa media hora tarde y mis padres se rayaron y llamaron a todos mis amigos.
C.: ¿De verdad? ¡No me lo puedo creer! Es flipante. Los padres se enfadan muy rápido.
S.: Sí, muy rápido. Oye, ¿me invitas a un helado?
C.: ¡Jo!, Sonia, siempre quieres tomar helado por la cara. Nunca pagas tú.
S.: Porfa...

Nota de vocabulario.

¡Qué pasada!: expresión generalmente positiva, expresa que algo es excesivo o exageradamente bueno. ***Molar (algo o alguien)***: expresa el gusto por algo o alguien. Si algo mola "mogollón", significa que te gusta mucho. ***Mazo***: se usa para cuantificar algo, se traduciría por "mucho" ("Me gusta mucho/mazo") o "muy" ("La película es mazo/muy aburrida"). ***Estar mosqueada/o***: estar enfadado/a. ***Rayarse***: obsesionarse o preocuparse en exceso. ***Ser flipante***: ser alucinante, increíble, que nos sorprende muchísimo. ***Por la cara***: suele tener un sentido negativo. Intentar hacer cosas sin pagar o intentando que paguen otros.

La jerga juvenil

32 **6** **Conchi y su amiga Sonia están delante de un escaparate en un centro comercial. Ordena y completa el diálogo. Luego, escucha y comprueba.**

pasada ▪ mazo de ▪ flipante ▪ molan ▪ mogollón ▪ está mosqueada ▪ se rayaron ▪ por la cara

[9] **Conchi:** ¡Jo!, Sonia, siempre quieres tomar helado a ....por la cara.... Nunca pagas tú.
[3] **Conchi:** Pero el jersey verde también es b ....mazo.... bonito.
[4] **Sonia:** Es más caro. Voy a decirle a mi madre si me compra las botas.
[6] **Sonia:** Sí, está enfadada. Es que el sábado llegué a casa media hora tarde y mis padres c ....se rayaron.... y llamaron a todos mis amigos.
[10] **Sonia:** Porfa...
[7] **Conchi:** ¿De verdad? ¡No me lo puedo creer! Es d ....flipante.... Los padres se enfadan muy rápido.
[2] **Sonia:** Sí, a mí también me gustan. e ....Molan.... f ....mogollón....
[8] **Sonia:** Sí, muy rápido. Oye, ¿me invitas a un helado?
[1] **Conchi:** Mira. ¡Qué g ....pasada.... de botas! ¡Me encantan!
[5] **Conchi:** Pero, h ....está mosqueada.... contigo, ¿no?

7 **¿Conoces las expresiones del ejercicio 6? Pertenecen al lenguaje coloquial propio de los jóvenes españoles, también llamado jerga juvenil. Relaciona ahora cada una de ellas con su significado correcto.**

1 Rayar(se).
2 Estar mosqueado/a, mosquear(se).
3 Molar.
4 Ser (algo) una pasada.
5 Ser (algo) flipante.
6 Mazo (de).
7 Mogollón (de).
8 Por la cara.

a Mucho, muy.
b Gustar/encantar.
c Ser algo fuera de lo normal.
d Mucho, muy.
e Ser algo increíble.
f Volverse loco, enloquecer.
g Gratis.
h Estar enfadado/enfadarse.

1. f; 2. h; 3. b; 4. c, e; 5. c, e; 6. a, d; 7. a, d; 8. g.

8 **Responde y pregunta a tu compañero/a.**

a Una cosa que te mola mazo/mogollón. ....
b Una cosa que te raya/mosquea. ....
c Una cosa que es una pasada/flipante. ....

Cuaderno de ejercicios p. 42 · Actividades interactivas

6 y **7**

Antes de realizar la actividad 6, haga una primera audición del diálogo y realice las siguientes preguntas: *¿Quiénes hablan?* (Dos chicas), *¿Son amigas?* (Sí), *¿Dónde están?* (En un centro comercial), *¿Hablan de una manera formal?* (No), *¿Qué palabras informales utilizáis vosotros cuando estáis con vuestros amigos?...*

Una vez realizadas las preguntas, los estudiantes son conscientes del tipo de diálogo que han escuchado y aprenderán más fácilmente el vocabulario.

Proceda a continuación a la segunda audición y a la realización de las actividades de comprensión. Haga hincapié en el hecho de que estas expresiones se utilizan principalmente entre los jóvenes y en un registro informal, por lo que usadas en otro tipo de contexto no resultarían adecuadas.

8

Actividad oral para practicar el uso del vocabulario aprendido.

Cuaderno de ejercicios p. 42
Actividades 4.11. y 4.12.

Actividades interactivas
Los viajes y la jerga juvenil

Paso a paso GRAMÁTICA

PRETÉRITO INDEFINIDO: VERBOS REGULARES

- El **pretérito indefinido** se forma con estas terminaciones:

	viajar	**comer**	**vivir**
yo	viaj**é**	com**í**	viv**í**
tú	viaj**aste**	com**iste**	viv**iste**
él/ella/usted	viaj**ó**	com**ió**	viv**ió**
nosotros/as	viaj**amos**	com**imos**	viv**imos**
vosotros/as	viaj**asteis**	com**isteis**	viv**isteis**
ellos/ellas/ustedes	viaj**aron**	com**ieron**	viv**ieron**

- El **pretérito indefinido** indica acciones pasadas, terminadas y que no tienen relación con el presente.
- Normalmente va acompañado de las siguientes **expresiones temporales**:
  - ***Ayer/Anoche/Anteayer/El otro día*** *cené con mis abuelos.*
  - ***La semana pasada*** *vi una película en el cine.*
  - ***El mes/año/jueves pasado*** *viajé a Ibiza.*
  - ***En 2001/verano/agosto*** *nació mi hermano pequeño.*

Videogramas

Ver **Apéndice gramatical** p. 121

1 **Carlos ha buscado en internet información sobre la historia de Ibiza. Conjuga los verbos entre paréntesis en su forma correcta.**

Ibiza

Ibiza es una de las islas más conocidas del Mediterráneo por ser el lugar de vacaciones de muchos turistas europeos. Los primeros visitantes que a ...viajaron... (viajar) a la isla b ...llegaron... (llegar) el siglo pasado, en los años 30, y allí c ...descubrieron... (descubrir) un atractivo lugar, un bello entorno natural y unas playas tranquilas de arenas blancas. Su fama d ...se extendió... (extenderse) internacionalmente. En los años 60 y 70 su economía e ...cambió... (cambiar) la pesca y la agricultura por el turismo. Además de su increíble paisaje, su capital (también llamada Ibiza) tiene una valiosa fortaleza y muralla. En 1999 la UNESCO f ...declaró... (declarar) la ciudad Patrimonio de la Humanidad.

2 **Completa las siguientes preguntas y contesta según el texto del ejercicio 1.**

a ¿En qué época ...llegaron... (llegar) los primeros visitantes?
b ¿Qué ...vieron... (ver) en esta isla?
c ¿Cuándo ...creció... (crecer) el turismo?
d ¿Cuándo ...nombraron... (ellos, nombrar) a su capital Patrimonio de la Humanidad?

3 **Elige la opción correcta.**

a **Todavía** / **[La semana pasada]** / **Este año** visité el museo arqueológico de Ibiza.
b Llegaron muchos turistas a la isla **ahora** / **[el otro día]** / **esta semana**.
c **[En agosto]** / **Este fin de semana** / **Hoy** compramos cerámica típica de la isla.
d Mi madre comió los dulces típicos de allí **[ayer]** / **ya** / **alguna vez**.

Cuaderno de ejercicios p. 42 y 43

Unidad 4: p. 71

PASO A PASO

Objetivo

- Aprender el pretérito indefinido de los verbos regulares.

2

a. El siglo pasado, en los años 30; **b.** Un atractivo lugar, con un bello entorno natural y unas playas tranquilas de arena blanca; **c.** En los años 60 y 70; **d.** En 1999.

PRETÉRITO INDEFINIDO: VERBOS REGULARES

Con los libros cerrados, escriba en la pizarra: *Javi viajó a Ibiza el verano pasado*, y pregunte en qué tiempo está escrito el verbo *viajar*. Cuando contesten, anímelos a conjugar este verbo en pretérito indefinido, escribiéndolo en la pizarra. A continuación, abren los libros y leen el cuadro gramatical con la conjugación regular. Por último, puede practicar este tiempo verbal con el Material fotocopiable 4.2.

Material fotocopiable 4.2.
Oyes/Dices

En grupos de tres, cada alumno tiene una tarjeta dividida en dos columnas; a la izquierda hay formas verbales conjugadas y a la derecha, infinitivos con un pronombre sujeto entre paréntesis. El primer alumno tiene en su tarjeta el verbo *cantar* y el pronombre *yo*, con lo que tendrá que conjugarlo en indefinido y decir en alto *canté*. Entonces, el alumno que tenga la palabra *canté* deberá conjugar el infinitivo que esté al lado de esta palabra en la columna de la derecha, y así hasta llegar al final. Para que entiendan bien la instrucción, escriba el primer ejemplo en la pizarra.

A continuación, proyecte el vídeo de gramática para ver una explicación gramatical del pretérito indefinido regular.

Videogramas
El pretérito indefinido: verbos regulares

1 y **2**

Actividades para trabajar la forma de este tiempo verbal de una manera controlada.

En la actividad 2, pueden trabajar en parejas: un estudiante completa las preguntas y el otro contesta según la información del texto.

3

El objetivo de esta actividad es localizar los marcadores temporales que acompañan al pretérito indefinido.

Cuaderno de ejercicios p. 42 y 43
Actividades 4.13., 4.14. y 4.15.

Unidad 4: p. 72

PASO A PASO

Objetivo

- Aprender algunos verbos completamente irregulares en pretérito indefinido.

VERBOS TOTALMENTE IRREGULARES

	ser/ir	dar
yo	fui	di
tú	fuiste	diste
él/ella/usted	fue	dio
nosotros/as	fuimos	dimos
vosotros/as	fuisteis	disteis
ellos/ellas/ustedes	fueron	dieron

! ■ Las formas del pretérito indefinido de ***ser*** e ***ir*** son iguales:
David **fue** profesor. → ***ser***
David **fue** a Mallorca. → ***ir***

4 Completa con los verbos *ser*, *ir* y *dar*.

a Anteayer yo ......fui...... a casa de mis abuelos y me ......dieron...... 10€.
b Maradona, en los 80, ...fue...... un gran futbolista argentino.
c Ayer ......fue...... el aniversario de casados de mis padres.
d Mi hermana les ......dio...... el regalo en el restaurante.
e Anoche nosotros ......fuimos...... en autobús a la ciudad.
f La semana pasada los profesores ......dieron...... camisetas gratis.
g El mes pasado mis vecinos ......fueron...... a Perú.

VERBOS IRREGULARES EN LA RAÍZ VERBAL

Algunos verbos tienen irregularidades en su raíz, pero todos llevan la misma terminación:

poner → **pus-**
poder → **pud-**
venir → **vin-**
querer → **quis-**
hacer → **hic-/z-**
andar → **anduv-**
estar → **estuv-**
tener → **tuv-**
traer → **traj-***

e / iste / o / imos / isteis / ieron

	estar	hacer
yo	estuv**e**	hic**e**
tú	estuv**iste**	hic**iste**
él/ella/usted	estuv**o**	hiz**o**
nosotros/as	estuv**imos**	hic**imos**
vosotros/as	estuv**isteis**	hic**isteis**
ellos/ellas/ustedes	estuv**ieron**	hic**ieron**

! ■ Los verbos irregulares no llevan tilde (´), al contrario de los verbos regulares: ***comí***, ***hablé*** pero ***tuve***, ***fui***. *El verbo ***traer*** en 3.ª persona del plural es ***trajeron***. Videogramas

5 Marco está aprendiendo español y todavía no domina bien los verbos irregulares. Corrige sus deberes si es necesario.

a hacer, él: hizo ✓ ......tuvieron......
b tener, ellos: tuveron ☒ ......tuvieron......
c tener, él: trajó ☒ ......tuvo......
d poner, tú: poniste ☒ ......pusiste......
e querer, nosotros: querimos ☒ ......quisimos......
f andar, ellos: andieron ☒ ......anduvieron......
g estar, yo: estuve ✓ ....
h poder, tú: podiste ☒ ......pudiste......
i venir, vosotros: vinisteis ✓ ....
j dar, él: daió ☒ ......dio......

72 setenta y dos

VERBOS TOTALMENTE IRREGULARES

En primer lugar, pida a los estudiantes que observen los verbos *ser*, *ir* y *dar* en pretérito indefinido que aparecen en el cuadro gramatical. Explique con ejemplos la diferencia entre los verbos *ser* e *ir*.

4

Pida a los alumnos que resuelvan el ejercicio saliendo a la pizarra y escribiendo las frases completas. Una vez que terminen, corrija la actividad en grupo clase haciendo hincapié en los posibles errores que se hayan cometido.

VERBOS IRREGULARES EN LA RAÍZ VERBAL

Pida que se fijen en el segundo cuadro gramatical de esta página. Como actividad adicional para trabajar los verbos irregulares en pretérito indefinido, puede usar el Material fotocopiable 4.3.

Material fotocopiable 4.3.

Memory de verbos irregulares en pretérito indefinido

Todas las tarjetas se ponen bocabajo y los alumnos, en grupos de cuatro, las van levantando. Si cogen el infinitivo, dicen la forma conjugada correspondiente al pronombre de sujeto entre paréntesis. Por el contrario, si cogen la forma conjugada, dicen el infinitivo y la persona gramatical correspondiente a esa forma.

Se trata de recordar dónde está cada pareja e ir agrupándolas. Quien consiga más parejas correctas, gana. Con esta actividad, memorizan las formas irregulares de forma dinámica y motivadora.

A continuación, proyecte el vídeo de gramática para ver una explicación gramatical del pretérito indefinido irregular.

Videogramas

El pretérito indefinido: verbos irregulares

5

Después de la actividad, pida que escriban otros ejemplos correctos e incorrectos para que su compañero/a los corrija.

6 **Completa conjugando los verbos entre paréntesis.**

a Ayer ......estuve...... (yo, estar) en el parque.
b Hoy Ana está muy cansada porque anoche no ......pudo...... (ella, poder) dormir bien.
c La película que vimos el jueves ......fue...... (ella, ser) muy emocionante.
d En diciembre mis tíos ......vinieron...... (ellos, venir) a casa para celebrar las navidades con nosotros.
e El mes pasado mi madre ......hizo...... (ella, hacer) un pastel de naranja. ¡Qué rico!
f El año pasado Javier ......fue...... (él, ir) de vacaciones a Ibiza.
g En agosto ......tuve...... (yo, tener) la gripe.
h Ayer mi compañero de clase me ......trajo...... (él, traer) un bolígrafo.

7 **Javi ha encontrado una antigua postal de vacaciones que escribió su padre, pero no se pueden ver los verbos. Ayúdalo a completarla.**

estar ▪ querer ▪ dar ▪ ir ▪ ser ▪ ponerse ▪ decir ▪ tener

Buenos Aires, 11 julio de 1982

Queridos papá y mamá:

Llevo tres días en Buenos Aires y lo estoy pasando muy bien. Es muy cosmopolita. El primer día a tuve mi primera clase de Historia de Hispanoamérica. Después, b fui con otros chicos a la Plaza de Mayo. Es inmensa. c Me puse el abrigo porque aquí hace frío en esta época. Un argentino me d dijo un restaurante muy barato donde se come muy bien. El segundo día e estuve en la Catedral Metropolitana. Después, f quise tomar mate, que es una bebida típica argentina similar al té. Anoche una chica me g dio una invitación para ir a una fiesta y bailar tangos. h Fue una fiesta increíble!

Nos vemos pronto. Un abrazo para los dos.

Fernando.

8 **Escribe en tu cuaderno una postal sobre un viaje que hiciste. Sigue el ejemplo del ejercicio 7.**

Cuaderno de ejercicios p. 43 a 46 · Actividades interactivas

Unidad 4: p. 73

PASO A PASO

Objetivo

- Revisar el pretérito indefinido, hacer valoraciones y contar experiencias.

6 y **7**

Actividades para trabajar y afianzar la forma de los verbos irregulares en pretérito indefinido.

8

Con esta actividad, los estudiantes repasan todo lo estudiado en estas páginas: la morfología del indefinido, la valoración y cómo contar en pasado una experiencia vacacional. Anímelos a que escriban la postal en una hoja aparte. Cuando terminen, recoja todas las postales y entregue a cada alumno/a la postal de otro compañero/a. Los estudiantes reciben una postal que no es la suya y deben corregirla. De esta forma, se estimula el autoaprendizaje.

Cuando finalicen, entregue cada redacción al estudiante que la haya escrito.

Como actividad adicional, puede realizar ahora la actividad "Adivina dónde fui de vacaciones". Elabore unas tarjetas donde va a escribir: *Egipto*, *Barcelona*, *México D.F.*, *Nueva York*, *San Francisco*, *Ámsterdam*, *Londres*, *Pekín*, *Berlín* y *Sydney*. Un alumno toma una tarjeta del montón sin que la vea el resto de la clase, ya que deben adivinar dónde fue de vacaciones formulándole preguntas. El alumno que tenga la tarjeta deberá contestar a las preguntas de sus compañeros respondiendo solo *sí* o *no*.

Si lo desea, proyecte el vídeo de Casa del español para ver cómo la gente de la calle habla del pasado.

Casa del español
Hablar del pasado

Cuaderno de ejercicios p. 43 a 46
Actividades 4.16. a 4.25.

Actividades interactivas
Pretérito indefinido: verbos regulares e irregulares

Unidad 4: p. 74

SUENA BIEN

Objetivo

- Aprender a reconocer las palabras agudas.

Suena bien **PRONUNCIACIÓN Y ORTOGRAFÍA**

Las palabras agudas

- En las palabras agudas el acento recae sobre la última sílaba.
- Se escriben con tilde las palabras agudas que terminan en *-n*, *-s* o en una **vocal**. Todas las demás se escriben sin tilde.

33 **1** **Escucha las siguientes palabras y marca la sílaba fuerte.**

a color	d pastel	g almacen	j cafe	m bebe
b camion	e comi	h corazon	k mama	n feliz
c raton	f reloj	i amor	l sali	ñ azul

2 **Ahora clasifica en la columna A las que llevan tilde (´) y en la columna B las que no llevan tilde.**

A. Con tilde	B. Sin tilde
camión, ratón, comí, almacén, corazón, café, mamá, salí, bebé	color, pastel, reloj, amor, feliz, azul

3 **Observa estas palabras. Son todos nombres de personas en español. Pon la tilde cuando sea necesario.**

a Andrés	c Pilar	e Rubén	g Ramón	i Isabel
b Javier	d Jesús	f José	h Raquel	j David

34 **4** **Dictado.**

....

....

....

Cuaderno de ejercicios p. 46 Actividades interactivas

34

Juan se compró un balón de color marrón. Aquí está Juan en el jardín con su amigo Martín. Con el balón rompen el cristal del salón.

LAS PALABRAS AGUDAS

Lea el cuadro donde se explican las palabras agudas. Diga algunas palabras exagerando la pronunciación para que localicen dónde llevan las la sílaba tónica. A continuación, dígalas de nuevo de forma natural.

1 y **2**

Como apoyo para la correcta acentuación, diga las palabras en alto y pídales que den una palmada cuando escuchen la sílaba fuerte. Tenga en cuenta que algunas de las palabras que aparecen están sin tilde. En el ejercicio 2, deben escribir el acento ortográfico en los casos en los que sea necesario.

3

Pregunte a los estudiantes si conocen nombres de personas en español. Pídales que los digan en voz alta y escriba en la pizarra los que sean palabras agudas. A continuación, presénteles los nombres que aparecen en el libro y pronúncielos en voz alta. Hágales ver que todos los nombres son palabras agudas. Finalmente, indíqueles que pongan tilde en los nombres que lo requieran.

4

Primero, los estudiantes escuchan el dictado y, cuando hayan terminado de escribir, lo leen para repasar las palabras que llevan acento ortográfico o tilde. Pídales que subrayen las palabras agudas y que digan por qué llevan o no llevan tilde.

Cuaderno de ejercicios p. 46
Actividades 4.26., 4.27. y 4.28.

Actividades interactivas
Las palabras agudas

Sesión de cine VÍDEO

DON QUIJOTE

SINOPSIS

Un padre y un hijo están sentados en el sofá de su casa. El padre tiene un libro en las manos. Su hijo le pregunta qué está leyendo y él le habla del libro, que es uno de los más importantes de la historia de la literatura. ¿Qué libro es?

1 **Mira las imágenes y describe lo que sucede. Habla con tu compañero/a.**

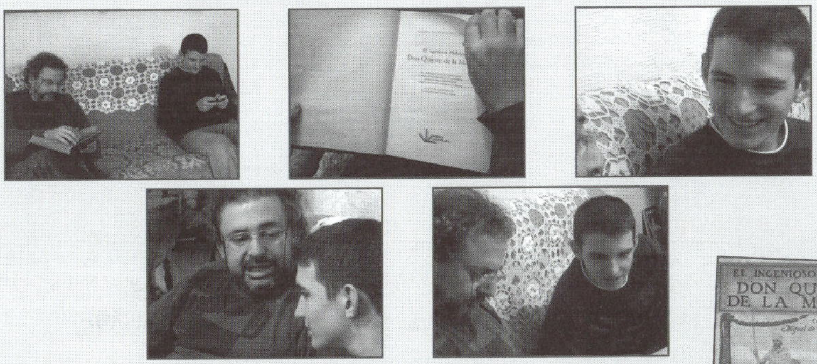

2 **En parejas, buscad las respuestas en internet.**

a ¿Quién escribió este libro?

b ¿Cómo se llaman los personajes principales?

c ¿En qué siglo nació el autor?

d ¿Por qué es un libro muy importante?

3 **Observa el vídeo y haz las actividades que te va a repartir tu profesor/a.**

Secuencia de vídeo · Actividades interactivas

Diga a los estudiantes que observen las imágenes del vídeo. Tienen que identificar los diferentes detalles que aparecen en ellas. Pídales que piensen quiénes son las personas de la imagen y qué están haciendo.

1

Pida a los alumnos que, en parejas, observen la secuencia de las imágenes y cuenten qué está pasando.

2

Contextualice la actividad preguntando si conocen el libro *Don Quijote de la Mancha* y de qué trata. A continuación, comente las cuestiones planteadas y pídales que busquen las respuestas en internet.

Con esta actividad se pretende también trabajar el componente intercultural en el aula, por lo que, a modo de conclusión, puede pedir que comparen también este libro con el más conocido de su país.

3

Después de hablar sobre el *Quijote*, invite a los estudiantes a que lean la sinopsis del vídeo que van a ver de forma individual y comprueben sus hipótesis del ejercicio 1. A continuación, proyecte el vídeo y presente el **Material fotocopiable 4.4.**

Material fotocopiable 4.4.
Don Quijote

Unidad 4: p. 75

SESIÓN DE CINE

Objetivos

- Visionar un vídeo donde aparecen los contenidos de la unidad.
- Comprender conversaciones cotidianas entre hispanos.

1

Respuesta abierta.

> Nota cultural.
> *Don Quijote de la Mancha,* escrita por Miguel de Cervantes entre 1605 y 1615, es la obra más destacada de la literatura española y una de las principales de la literatura universal. Es la primera obra genuinamente desmitificadora de la tradición caballeresca por su tratamiento burlesco de esta. Su importancia radica, principalmente, en estar considerada la primera novela moderna.

2

a. Miguel de Cervantes; **b.** Don Quijote y Sancho Panza; **c.** En el siglo XVII; **d.** Porque con él se inaugura un nuevo género: la novela, tal y como la conocemos hoy en día.

Material fotocopiable 4.4.

Respuestas:

1. Cervantes: a, c, h; **Don Quijote:** b, d, e, f, g.
2. a. XVI; **b.** gigantes; **c.** obras; **d.** débiles; **e.** leerla; **f.** Panza; **g.** nacieron en Alcalá de Henares; **h.** más.

Material fotocopiable 4.5.

1. Respuesta abierta; **2. Imágenes 1 y 2:** c; **Imágenes 3 y 4:** b; **Imágenes 5 y 6:** a; **4. Sebas:** 2b, 3a; **Felipe:** 1d, 5c; **Juanjo:** 6e, 8f; **Alfonso:** 4g, 4h.

Secuencia de vídeo
Don Quijote

Actividades interactivas
Don Quijote

Si lo desea, puede trabajar otros acentos a través de la serie hispana **¡Acción!** y el **Material fotocopiable 4.5.**

Material fotocopiable 4.5.
Taxi para cuatro

¡Acción!
Taxi para cuatro

Actividades interactivas
Taxi para cuatro

Unidad 4: p. 76

MUNDO HISPANO

Objetivo

- Acercar a los estudiantes al sistema educativo español.

Nota cultural.

Además de Santiago de Compostela, en España hay trece ciudades más declaradas Patrimonio de la Humanidad por la Unesco: Alcalá de Henares, Ávila, Baeza, Cáceres, Córdoba, Cuenca, Ibiza, Mérida, Salamanca, San Cristóbal de la Laguna, Segovia, Tarragona, Toledo y Úbeda.

Nota cultural.

Aunque aquí se habla de la Alpujarra granadina, en realidad la Alpujarra, también conocida como "Las Alpujarras", es una región más extensa que se encuentra dividida entre la provincia de Granada y la provincia de Almería, en las faldas de la ladera sur de Sierra Nevada.

Mundo hispano

Cultura

El turismo en España y el ecoturismo

La Alpujarra granadina.

1 **Lee los siguientes textos y clasifica los lugares en las siguientes categorías:**

a Destinos turísticos de "sol y playa". Cádiz

b Destinos de "turismo rural". la Alpujarra granadina

c Destinos de "turismo cultural". Santiago de Compostela

Cádiz

Es la ciudad más antigua de Europa y está situada en la costa Atlántica de Andalucía, al sur de España. La ciudad se encuentra en una pequeña isla unida a la Península por una parte de tierra. Tiene restos arqueológicos de más de tres mil años. Toda la ciudad tiene numerosas plazas, jardines e iglesias muy antiguas que recuerdan el paso de diferentes culturas. Por su situación, tiene un clima propio del Mediterráneo y miles de turistas extranjeros y españoles eligen Cádiz para bañarse en sus playas y practicar *windsurf*.

Santiago de Compostela

Santiago de Compostela se encuentra en La Coruña, al noroeste de España. Fue declarada Ciudad Patrimonio de la Humanidad por la UNESCO en 1985 y fue Ciudad Europea de la Cultura en el 2000. La ciudad vieja es uno de los lugares más hermosos del mundo. Su catedral es el destino de los peregrinos del Camino de Santiago y está en la Plaza del Obradoiro, donde llegan todos los caminos a Santiago. Destaca también su universidad y su ambiente estudiantil.

La Alpujarra granadina

Es una zona de montaña situada en la provincia andaluza de Granada. Está muy cerca de Sierra Nevada y es famosa por sus "pueblos blancos": todos los pueblos tienen sus casas de este color, y las calles son estrechas e irregulares. Es un lugar ideal para los amantes de la naturaleza y de los deportes de riesgo, ya que esta zona es el espacio protegido patrimonialmente más grande de Europa.

76 setenta y seis

1

La finalidad de esta actividad es presentar a los estudiantes diferentes partes de la geografía española para despertarles el interés por un país en el que se habla la lengua que están aprendiendo y para que tengan nociones sobre lo que podrán encontrar si algún día deciden visitarlo.

Antes de comenzar, escriba la palabra *destino* en la pizarra y pida a los estudiantes que digan todo lo que les sugiere.

Dirija ahora la atención a las vacaciones y a los destinos donde los alumnos han ido o les gustaría ir, y si prefieren la playa o la montaña. Forme grupos para que cada uno defienda, según su opinión, cuál es la mejor opción y por qué.

Por último, se leen algunos textos y se discuten las razones que han dado los alumnos en grupo clase.

A continuación, pídales que hagan el ejercicio, donde tienen que clasificar estos lugares de España como destinos turísticos de sol y playa, destinos de turismo rural o destinos de turismo cultural, argumentando las razones por las que los han clasificado de ese modo.

Ecoturismo en Costa Rica

- Costa Rica es un país con una cultura ecológica muy importante.
- El 5 % de la biodiversidad del planeta se encuentra en este país.
- Costa Rica fue el pionero del ecoturismo y el 25 % del país está formado por parques nacionales y zonas protegidas.
- El gobierno quiere deshacerse de las emisiones de dióxido de carbono en el 2021.
- El país produce el 90 % de su electricidad a través de recursos renovables.

2 **Contesta verdadero (V) o falso (F) según los textos.**

a Ⓥ ☒ Cádiz es la ciudad más antigua del mundo.

b ☒ Ⓕ Santiago tiene una importante universidad.

c ☒ Ⓕ Costa Rica es un país con una diversidad ecológica importante.

d Ⓥ ☒ La Alpujarra está en una isla de Andalucía.

e ☒ Ⓕ Las islas Galápagos son una región de Ecuador.

3 **Responde a las preguntas y discute tus opiniones con el resto de la clase.**

a ¿Cuál es la ciudad más antigua de Europa? Cádiz.

b ¿En qué ciudad termina un famoso camino de peregrinos? Santiago de Compostela.

c ¿Por qué es famosa la Alpujarra granadina? Es famosa por sus "pueblos blancos".

BIOLOGÍA | LAS ISLAS GALÁPAGOS

Estas islas son una provincia de Ecuador, un parque nacional y una reserva marina. Son famosas por sus numerosas especies autóctonas. Aquí viven iguanas, tortugas gigantes, pingüinos, albatros, leones marinos… Charles Darwin, el naturalista inglés, escribió un estudio sobre estas especies durante su viaje por las islas. El estudio sirvió de base a su famosa teoría de la evolución de las especies. Desde entonces, muchos viajeros, científicos y biólogos visitan la provincia para estudiar sus animales y biología.

Cuaderno de ejercicios p. 47 Actividades interactivas

Unidad 4: p. 77

MUNDO HISPANO

Objetivo

- Conocer dos destinos de Hispanoamérica con gran diversidad ecológica.

2

a. falso (Es la más antigua de Europa); **b.** verdadero; **c.** verdadero; **d.** falso (Está en la ciudad andaluza de Granada); **e.** verdadero.

2 y **3**

Invite a los estudiantes a leer los textos de Costa Rica y las Islas Galápagos. Con la información de todos los textos, ahora pueden responder a los ejercicios 2 y 3.

Cuaderno de ejercicios p. 47
Actividades 4.29. y 4.30

Actividades interactivas
El turismo en España

Unidad 4: p. 78

ÉRASE UNA VEZ...

Objetivo

- Analizar un fragmento de una obra de literatura.

Nota cultural.

El Parque Nacional de Sierra Nevada se encuentra ubicado en pleno corazón de Andalucía, en la provincia de Granada. Esta sierra cuenta con el segundo pico más alto de España, el Mulhacén, con 3480 metros de altura. En ella se encuentra la Estación de Esquí de Sierra Nevada, la más importante del sur de Europa.

1

1. ¿Dónde fuiste?; c, Fui a Sierra Nevada, en Granada.
2. ¿Cuándo fuiste?; e, Hace dos años.
3. ¿Con quién fuiste?; a, Con mi familia.
4. ¿Te gustó la experiencia?; b, Sí, me encantó.
5. ¿Conociste mucha gente?; d, Sí, conocí gente guay.

Érase una vez... LITERATURA

el lobo perdido

1 Hace dos años Adolfo estuvo de vacaciones en Sierra Nevada con su familia. Ordena las preguntas de la columna de la izquierda y relaciónalas con sus respuestas.

1 ¿fuiste / dónde?	a Con mi familia.
2 ¿fuiste / cuándo?	b Sí, me encantó.
3 ¿fuiste / quién / con?	c Fui a Sierra Nevada, en Granada.
4 ¿gustó / te / experiencia / la?	d Sí, conocí gente guay.
5 ¿gente / mucha / conociste?	e Hace dos años.

35 **2** Lee y escucha el relato de Adolfo.

La ruta del lobo perdido

Hace dos años fui de vacaciones con mi familia a Sierra Nevada. El primer día me rayé un poco. ¡Qué rollo! Todo el día en el coche con mis padres y mis hermanos. Pero cuando llegamos a la casa rural, rápidamente cambié de opinión. "¡Qué pasada!", pensé cuando vi aquel lugar tan guay. Nos alojamos en una casa antigua para turistas, en un pueblo rodeado de montañas y bosques. Lo que más me moló fue mi habitación, separada del resto de la casa. ¡Dormí en un antiguo establo convertido en dormitorio! Al segundo día hice cuatro amigos, un grupo de chicos y chicas superguays. Lo más flipante fue que mis padres me permitieron hacer una excursión por el bosque con ellos.

Decidimos hacer "la ruta del lobo perdido", una excursión muy famosa. Dicen que en el Bosque del Lobo Perdido hay un fantasma de un perro que se perdió hace muchos años. Cuenta la leyenda que su amo, un turista del norte, lo abandonó y el perro, desesperado, buscó durante años a su amo y se convirtió en lobo para sobrevivir en aquel entorno hostil. Un día un cazador lo mató y, desde entonces, el lobo sale todas las noches para vengarse del turista que lo abandonó y del cazador que lo mató. A mí no me asustó la historia, nunca he creído en los fantasmas y mis nuevos amigos tampoco.

Comenzamos nuestra excursión por la mañana y caminamos durante dos horas hasta llegar a la cima de una montaña, donde comimos y descansamos. Fue muy divertido y relajante. Todos hablamos de nuestras vidas en la ciudad, de nuestros institutos y de nuestras cosas; allí comenzamos a conocernos mejor. Después de un largo rato miré el reloj: "¡Oh, no!", dije yo, "son las siete de la tarde y tenemos que volver a casa". Recogimos nuestras cosas y nos preparamos para regresar. Caminamos durante una hora. Anocheció y tuvimos que caminar más rápido. Pasó otra hora y empezamos a preocuparnos. "Oye, chicos, creo que nos hemos perdido, este camino es diferente al de antes", dije yo. "No creo", respondió Elena, "por la noche los bosques tienen otro aspecto". De repente, escuchamos ruidos lejanos y nos asustamos un poco. Unos minutos después, oímos un aullido y más ruido, pero nadie dijo nada. Continuamos, anduvimos media hora más y volvimos a escuchar el ruido; esta vez un ladrido más cercano. Volvimos a escuchar ladridos. Un arbusto se movió y todos gritamos a la vez. Un segundo después vimos una luz y oímos: "Ron, ¿qué haces? ¡Ven aquí!". Todo fue muy rápido. En un segundo, la luz se acercó y vi a mi hermano mayor con una linterna y nuestro perro Ron. "Vamos, chicos, que es muy tarde, ¿os habéis perdido? Yo he salido a buscar a Ron, creo que se ha peleado con otro perro en el bosque. Pero es extraño, en los bosques no hay perros", dijo mi hermano. Nadie dijo una sola palabra.

78 setenta y ocho

1

Este ejercicio sirve de introducción al texto que los estudiantes van a leer a continuación. En él se formarán preguntas que tienen que relacionar con sus respuestas.

2

Pregunte a los estudiantes si recuerdan dónde se encuentra Sierra Nevada, recuérdeles que está en Granada, en el sur de España. A continuación, leen el texto mientras lo escuchan.

Finalmente, pregúnteles si ellos creen en historias de fantasmas y, si conocen alguna, invítelos a que la cuenten al resto de la clase.

Como explotación alternativa, y si lo considera más oportuno, puede realizar la actividad 3 antes de la actividad 2. De este modo, se enseñan algunas palabras del texto y se facilita su comprensión.

3 Relaciona las palabras con las imágenes.

1 linterna 2 lobo 3 establo 4 cima 5 cazador 6 fantasma 7 bosque 8 arbusto

4 Selecciona la opción correcta.

1 Adolfo y su familia se alojaron...
a en un hotel.
b en un albergue.
(c) en una casa rural.

2 Lo que más le gustó a Adolfo de la casa rural fue...
a su entorno.
(b) su habitación.
c el tiempo del lugar.

3 La leyenda del lobo perdido...
(a) dice que hay un lobo que ataca a turistas y cazadores.
b asustó a Adolfo pero no a sus amigos.
c dice que hay un lobo que ataca a los chicos por la noche.

4 Cuando llegaron a la cima de la montaña...
a comieron y durmieron la siesta.
b descansaron media hora y continuaron su camino.
(c) comieron y charlaron de sus cosas durante demasiado tiempo.

5 Adolfo y sus amigos...
a pasaron la noche en el bosque.
(b) se preocuparon porque por la noche es más difícil caminar por el bosque.
c llamaron al hermano de Adolfo para pedir ayuda.

5 Subraya todos los tiempos en pretérito indefinido del texto. Clasifícalos después en regulares e irregulares y escribe sus infinitivos correspondientes.

Verbos regulares	Verbos irregulares
me rayé (rayarse)	fui (ir)

6 Junto a tu compañero/a, escribe un resumen de la historia de 80 a 100 palabras.

Actividades interactivas

Unidad 4: p. 79

ÉRASE UNA VEZ...

5

Verbos regulares: me rayé (rayarse); llegamos (llegar); cambié (cambiar); pensé (pensar); vi (ver); nos alojamos (alojarse); me moló (molar); permitieron (permitir); decidimos (decidir); se perdió (perderse); abandonó (abandonar); buscó (buscar); mató (matar); abandonó (abandonar); mató (matar); me asustó (asustarse); comenzamos (comenzar); caminamos (caminar); comimos (comer); descansamos (descansar); hablamos (hablar); comenzamos (comenzar); miré (mirar); recogimos (recoger); nos preparamos (prepararse); caminamos (caminar); anocheció (anochecer); pasó (pasar); empezamos (empezar); respondió (responder); escuchamos (escuchar); nos asustamos (asustarse); continuamos (continuar); volvimos (volver); se movió (moverse); gritamos (gritar); vimos (ver); se acercó (acercarse).

Verbos irregulares: fui (ir); fue (ser); dormí (dormir); hice (hacer); fue (ser); se convirtió (convertirse); fue (ser); tuvimos (tener); dije (decir); oímos (oír); dijo (decir); anduvimos (andar); oímos (oír); fue (ser); dijo (decir).

3 y **4**

Actividades de comprensión lectora sobre el texto que han leído y escuchado.

En la primera actividad, los alumnos tienen que relacionar algunas palabras que han aparecido en el texto con sus imágenes correspondientes. A continuación, tienen que completar las frases para comprobar que han entendido el texto.

5

Indique a los alumnos que lean de nuevo el texto y que subrayen los verbos en pretérito indefinido. Después, tienen que clasificarlos en regulares e irregulares y escribir los infinitivos correspondientes.

6

Como actividad adicional, después de realizar la actividad 6, diga a sus estudiantes que inventen y escriban otra historia que le pasó a Adolfo en este viaje. Cuando hayan terminado, pídales que se la cuenten a su compañero/a. Por último, pídales las redacciones para corregirlas.

Actividades interactivas
La ruta del lobo perdido

Unidad 4: p. 80

ME PREPARO PARA EL DELE

Objetivos

- Familiarizarse con el examen de español DELE.
- Prepararse para lograr el nivel.

36

Anuncio 1. Viajes Sanz. Organizamos todo tipo de excursiones a la sierra de Madrid. **Anuncio 2.** Noches Blancas. La mejor oferta de hoteles de la Costa Blanca. Hoteles de cuatro y cinco estrellas para disfrutar de unas noches inolvidables. **Anuncio 3.** Si tienes que viajar a Galicia, la nueva línea de autobuses La Ruta es lo que buscas. Salidas cada hora desde Madrid. **Anuncio 4.** Vuele Barato. La compañía aérea que le ofrece vuelos a Londres desde 35 euros. Compra tu billete ya y tu acompañante viaja gratis ahora.

Me preparo para el DELE

Prueba de expresión e interacción orales

1 **Describe la fotografía siguiendo las siguientes instrucciones:**

a Describe primero el lugar, las personas, los objetos y las acciones.
b Después, habla sobre las características físicas de las personas, de su ropa y de las cosas que llevan.

Atención: Tienes que hablar durante tres minutos.

Prueba de comprensión auditiva

36 **2** **Vas a escuchar cuatro anuncios de viajes. Selecciona la opción correcta.**

ANUNCIO 1
Este anuncio...
a es de un viaje cultural a Madrid.
(b) es para hacer senderismo.
c hace excursiones a la costa.

ANUNCIO 2
En este anuncio...
a puedes dormir en cualquier tipo de hotel.
b puedes buscar hoteles de tres estrellas.
(c) puedes buscar hoteles de más de 4 estrellas.

ANUNCIO 3
La Ruta...
a es una compañía de trenes.
b sale desde Galicia.
(c) llega a Galicia.

ANUNCIO 4
Con Vuele Barato...
a viajas a Londres por menos de 35 euros.
b tu acompañante siempre viaja gratis.
(c) si compras ahora, tu acompañante no paga.

80 ochenta Cuaderno de ejercicios p. 48 y 49 Actividades interactivas

ME PREPARO PARA EL DELE

Dedique una sesión de clase para realizar esta sección. No haga ningún tipo de comentario que sirva de ayuda a los estudiantes y simplemente deles las instrucciones como si fuera el examen real.

Para tener más información sobre los diplomas DELE, acceda a *https://examenes.cervantes.es/es/dele-para-escolares/examenes/a2-b1*

También puede obtener modelos de exámenes similares a este en el manual *El Cronómetro. Nivel A2/B1 para escolares* (Editorial Edinumen).

1

El examen DELE para el nivel A2/B1 para escolares incluye la prueba de expresión e interacción orales con las siguientes características:

12 min. (+12 min. preparación)	Características
Tarea 1	Describir, de manera breve y sencilla, una fotografía.
Tarea 2	Conversación, en situación simulada, relacionada con el tema de la tarea previa.
Tarea 3	Realizar una presentación oral breve y preparada en la que se describa, en términos sencillos, aspectos y experiencias de la vida cotidiana en relación con un tema concreto.
Tarea 4	Responder a preguntas del entrevistador sobre el tema de la presentación.

Cuaderno de ejercicios p. 48 y 49
Actividades 4.31. a 4.34.

Actividades interactivas
Comprensión de lectura
Expresión e interacción orales

¡Me lo sé!

Unidad 4

EVALUACIÓN

1 **Lee estas frases y decide si sus experiencias han sido positivas (+) o negativas (-).**

.../4

a **Marta:** El viaje fue un rollo, el tren paró en todas las estaciones. (+) **(–) ✗**
b **Eva:** Me lo pasé genial, conocí mucha gente de mi edad. **(+) ✗** (–)
c **Enrique:** El hotel estuvo fenomenal, dormimos en habitaciones muy grandes. **(+) ✗** (–)
d **Luis:** La cena fue un aburrimiento, fue poca gente. (+) **(–) ✗**

2 **Completa estas frases con el verbo en pretérito indefinido.**

.../4

a ¿Ayer ...cenaste... (tú, cenar) en casa de tus abuelos?
b Anoche ...llamó... (Laura, llamar) para hablar contigo.
c La semana pasada ...conocimos... (nosotros, conocer) a una actriz muy famosa.
d ¿...Salisteis... (Vosotros, salir) el viernes pasado?

3 **Pon el verbo en infinitivo e identifica el sujeto.**

.../3

a Ayer *fuimos* al cine. → ...Nosotros, ir...
b Anoche no *pude* hacer los deberes. → ...Yo, poder...
c El examen *fue* muy difícil. → ...El examen, ser...
d ¿Dónde *estuvisteis* el domingo? → ...Vosotros, estar...

37 **4** **Escucha los anuncios de dos agencias de viajes. ¿A qué agencia fue Daniel para hacer estos viajes?**

.../2

1 Visité París y me encantó el museo del Louvre. → b Viajes Rutae.
2 Hice un safari en Kenia. → a Viajes Girasol.

5 **Busca al intruso.**

.../4

a alojarse / hotel / maletas / [senderismo]
b saco de dormir / [avión] / montaña / excursión
c [maleta] / playa / tomar el sol / bañarse
d avión / billete / viaje / [refugio]

6 **Sustituye la expresión destacada por una de las del cuadro de la derecha.**

.../4

a Este año hay **mogollón de** profesores nuevos. muchos
b Ayer fuimos a un concierto **por la cara**. gratis
c Mi hermana **se raya** mucho cuando uso su portátil. se enfada
d Me **mola** mucho tu nueva moto. gusta

- gusta
- muchos
- se enfada
- gratis

Ahora soy capaz de...

a ...contar acciones en pasado. Sí No
b ...valorar experiencias del pasado. Sí No
c ...contar mis viajes y vacaciones. Sí No
d ...pronunciar correctamente algunas palabras acentuadas. Sí No

Sigue practicando con... SPANISH BLOGGER Misión 9

Actividades interactivas

Unidad 4: p. 81

¡ME LO SÉ!

Objetivos

- Practicar los contenidos aprendidos en la unidad.
- Autoevaluar su aprendizaje.
- Revisar lo aprendido con actividades lúdicas.

37

- ¿Quieres pasar las mejores vacaciones de tu vida? Acércate a la agencia de viajes culturales Rutae e infórmate de las mejores ofertas de viajes.
- Si estás cansado de lo mismo, deja de imaginarte África. Ven a Viajes Girasol, donde vas a ver tu viaje ideal realizado.

¡ME LO SÉ!

En esta sección los alumnos revisarán los contenidos de la unidad. Esto le servirá para evaluar si han asimilado los objetivos propuestos.

5

Pida a los estudiantes que elijan la palabra que no esté relacionada con el grupo y que justifiquen su respuesta.

Actividades interactivas
Evaluación

AHORA SOY CAPAZ DE...

Explique a los estudiantes que esta actividad les servirá para evaluar su proceso de aprendizaje.

Pídales que reflexionen exhaustivamente y tomen conciencia de lo que han adquirido en esta unidad.

SPANISH BLOGGER

Invítelos a seguir practicando lo aprendido en la unidad a través de la Misión 9. Con ella, podrán usar el español en un contexto divertido.

Misión 9
Unas vacaciones diferentes

Si lo desea, pueden realizar la actividad colaborativa 2. Tendrán que contestar, a modo de competición, a un cuestionario sobre algunos aspectos relacionados con la cultura española. Para ello, buscarán la información en la enciclopedia libre Wikipedia.

Actividades colaborativas
Buscando en la Wikipedia

Unidades 3 y 4

AHORA COMPRUEBA

Objetivo

- Repasar los contenidos aprendidos en las unidades 3 y 4.

38

Isabel: ¿Qué tal es Londres, mamá?
Madre: Muy bonita la ciudad, Isabel, pero ha sido un poco estresante.
I.: ¿La ciudad?
M.: No, hija, el viaje.
I.: Pero, ¿has visitado muchos lugares?
M.: Uy, no, hija, no he tenido tiempo para hacer turismo. Este viaje ha sido de trabajo. He ido a muchas reuniones y presentaciones.
I.: Pero... ¿Has estado en el trabajo toda la semana?
M.: Claro, hija, pero he visto la torre de Londres y el London Bridge todos los días.
I.: ¿Todos los días?
M.: Sí, claro. Nos hemos quedado en un hotel muy cerca de esa zona, pero no he podido visitarlos. ¿Y tú? ¿Qué tal tu semana? ¿Has sido buena?
I.: Sí... He ayudado mucho a papá y a Javi con la casa y en la escuela hemos hecho un concurso de dibujo.
M.: ¡Ah!, ¿sí? ¿Y quién ha ganado?
I.: ¡Yo! Je, je.
M.: ¡Muy bien, hija! Felicidades.

Ahora comprueba

38 **1** **Escucha y responde a las siguientes preguntas.**

a ¿Dónde ha estado la madre de Isabel? La madre de Isabel ha estado en Londres.

b ¿Qué ha hecho? Ha trabajado, ha ido a muchas reuniones y ha hecho presentaciones.

c ¿Qué monumentos ha visto? Ha visto la torre de Londres y el London Bridge.

d ¿Ha visitado esos monumentos? No, no ha visitado los monumentos porque no ha tenido tiempo.

e ¿Qué ha hecho esta semana Isabel en casa? Ha ayudado a su padre y a su hermano.

f ¿Y en la escuela? Ha participado en un concurso de dibujo y lo ha ganado.

2 **¿Qué has hecho hoy? Clasifica en este cuadro las cosas que ya has hecho y las cosas que todavía no has hecho hoy.**

- ~~levantarse~~
- llegar a clase
- desayunar
- abrir el libro de español
- cenar
- hablar con mis compañeros
- decir "hola" a mi profesor/a
- volver a casa
- terminar las clases
- jugar con la videoconsola
- acostarse

Hoy

Ya...	Todavía no...
me he levantado, he llegado a clase, he desayunado, he abierto el libro de español, he hablado con mis compañeros, he dicho "hola" a mi profesor de español.	he cenado, he vuelto a casa, he terminado las clases, he jugado con la videoconsola, me he acostado.

Posibles respuestas

Estas páginas están pensadas para que el alumno trabaje individualmente y pueda valorar y ser consciente de su progreso, pero si lo desea, puede trabajarlas en clase. Para ello hay algunas sugerencias de explotación.

1

Informe a los estudiantes de que van a escuchar un diálogo entre Isabel y su madre cuando esta llega de un viaje a Londres. Antes de leer las instrucciones de la actividad, trate de poner en contexto a los estudiantes pidiéndoles que piensen en preguntas que harían ellos en esa situación: *¿Qué creéis que va a decir la hija y qué creéis que va a preguntar la madre?* Es bueno hacer sugerencias y ayudarlos con la entonación: *¿Qué has hecho? ¿Dónde has estado? ¿Has sido bueno/a?...* Deje unos minutos para que piensen y anote en la pizarra sus hipótesis. Después, se comparan y se relacionan con las preguntas de la actividad, anticipando así su contenido. Haga una primera audición, vuelva a leer las preguntas y ponga la audición una segunda vez para que respondan por escrito. Por último, corrija en grupo clase.

2

Para presentar la siguiente actividad sugiera a los estudiantes que miren su reloj y piensen en las cosas que han hecho hoy hasta este momento, tratando de expresarlas o, al menos, intentando pensar cómo se diría en español. Proponga que lo anoten en una hoja. Es importante aclarar que no es necesario escribirlo de manera perfecta, pues el objetivo es relacionarlo con los ítems del cuadro de la actividad 2 que incluye los verbos de acciones cotidianas. Es conveniente aclarar que el ejercicio está pensado para una sesión de mañana o mediodía, por lo que los alumnos a esas horas aún no han hecho algunas de las actividades, aunque lo lógico es que otras sí.

3 **Lee el texto de Isabel y corrige los errores. Después, escucha a tu profesor/a y comprueba.**

Hoy he llegado tarde a clase porque mi hermano Ricardo ha ~~rompido~~ mis gafas. Después he ido a la óptica y me han ~~hacido~~ unas gafas nuevas. Hace diez minutos que he ~~descubrido~~ que me las han graduado mal, me las he ~~ponido~~ al llegar a clase y no he conocido a mi profesor de español. Tampoco he ~~veido~~ a Marco ni a Viviana, aunque ellos han estado todo el tiempo en sus mesas. Hace un minuto mi profesor me ha ~~decido~~ que puedo salir de clase antes para volver a la óptica. ¡Menuda mañana que he tenido!

4 **Relaciona estas frases.**

1 Mi abuelo viajó
2 La semana pasada fui
3 El año pasado mis padres
4 La semana pasada mi hermana
5 El lunes fue el
6 Ayer en el instituto

a cumpleaños de mi madre.
b en globo en 1967.
c ganó un concurso de poesía.
d al campo de excursión.
e tuve un examen de Matemáticas.
f hicieron un viaje por Europa.

5 **Fíjate en las frases de la actividad anterior y busca:**

a Dos verbos irregulares en pretérito indefinido en la raíz: tener y hacer
b Dos verbos que se conjugan igual en pretérito indefinido: ir y ser
c Dos verbos regulares en pretérito indefinido: viajar y ganar

6 **Escribe un texto en el que contestes las siguientes preguntas.**

a ¿Cuándo fue el último viaje que hiciste?
b ¿Adónde fuiste?
c ¿Con quién fuiste?
d ¿Cómo te lo pasaste?
e ¿Qué viste?
f ¿Qué cosas hiciste?
g ¿Qué no te gustó nada del viaje?
h ¿Qué fue lo que más te gustó?

Unidades 3 y 4

AHORA COMPRUEBA

3

rompido: roto; **hacido:** hecho; **descubrido:** descubierto; **ponido:** puesto; **veido:** visto; **decido:** dicho.

3

Informe a los estudiantes de que van a leer un texto en el que aparecen errores en los verbos con participio irregular. Proponga la realización de manera individual. Después, para corregirla, comente las soluciones en clase abierta: pregunte el infinitivo de los verbos corregidos para sistematizar y fijar las irregularidades.

4

En esta actividad de repaso del pretérito indefinido conviene hacer una breve referencia al tipo de marcadores temporales que se emplean con este tiempo. Recuerde, una vez más, que el indefinido es un tiempo para hablar de acciones finalizadas en un pasado sin relación con el presente. Después de corregir la actividad, pida que asocien marcadores de pretérito perfecto con las frases anteriores y que cambien el tiempo verbal con el nuevo marcador. Se pretende hacer un contraste entre el pretérito indefinido y el pretérito perfecto. Para ello, proponga estas expresiones de tiempo para el pretérito perfecto: *esta semana* (x2), *este año*, *hoy*, *nunca* y *este lunes*. Algunas sugerencias de frases serían: *1. Mi abuelo* ***nunca*** *ha viajado en globo; 2.* ***Esta semana*** *he ido al campo de excursión; 3.* ***Este año*** *mis padres han hecho un viaje por Europa; 4.* ***Esta semana*** *mi hermana ha ganado un concurso de poesía; 5.* ***Este lunes*** *ha sido el cumpleaños de mi madre; 6.* ***Hoy*** *en el instituto he tenido un examen de Matemáticas.*

5

Actividad de repaso de verbos irregulares en indefinido. Una vez localizados, pida que conjuguen los verbos del ejercicio anterior. Insista en que *ir* y *ser* se conjugan igual en pretérito indefinido.

6

Actividad abierta de expresión escrita. Anime a los alumnos a que, una vez escrita la redacción, se hagan preguntas en parejas utilizando las que se proponen para escribir el texto.

5 ¿DÍGAME?

Unidad 5: p. 84

Objetivos de la unidad

- Conocer el tema de la unidad y a los personajes del diálogo.
- Revisar el léxico de la unidad 4.

Recursos del profesor

Materiales fotocopiables
5.1. a 5.6.

Material proyectable
5.1.

Audios
39 a 47

Vídeos
- Serie: *Dime, Carlos*
- *Videogramas*:
  - *Los verbos* ser *y* estar
  - Estar + *gerundio*
  - *El imperativo afirmativo*
- *Casa del español:*
  - *Advertir de un peligro*
- *¡Acción!*: *Efectivo o tarjeta*

Cuaderno de ejercicios
Unidad 5

Actividades interactivas
5.1. a 5.12.

Spanish Blogger
Misión 11: *¡Una región conectada!*

1

a. falso (Han estado de compras); **b.** verdadero; **c.** falso (Lleva bolsas); **d.** falso (Están en el centro comercial); **e.** verdadero.

Unidad 5

¿DÍGAME?

Comunicación
- Describir una acción que se está realizando
- Hablar por teléfono
- Dar instrucciones y órdenes
- Intensificar una cualidad
- Preguntar por un producto y su precio

Vocabulario
- Lenguaje telefónico
- Las compras
- Las nuevas tecnologías

Gramática
- *Estar* + gerundio
- *Ser* y *estar*
- Imperativo (*tú/vosotros*)
- *Qué* + nombre + *tan/más* + adjetivo

Pronunciación y ortografía
- Las palabras esdrújulas

Sesión de cine
- *Dime, Carlos*

Cultura
- Una región conectada

Literatura
- *Breve historia de un hombre que hablaba lenguas*, de Horacio Vázquez-Rial
- *Las ventajas de internet*

¿Qué ves?

1 **Fíjate en la imagen y contesta verdadero (V) o falso (F).**

		V	F
a	Javi y su hermana salen del médico.		X
b	Javi y su hermana ya han hecho sus compras.	X	
c	Isabel no lleva bolsas.		X
d	Javi va a entrar al centro comercial.		X
e	Javi va a utilizar su teléfono móvil.	X	

2 **Elige la respuesta correcta.**

a Ayer	y Javi	ha enviado muchos mensajes.
b Esta semana	yo	compramos una televisión nueva.
c El lunes Isabel	Ana y yo	he estudiado todos los días.
d Últimamente	Fran	fueron al centro comercial.

1

Pida a los estudiantes que observen durante un minuto la imagen y, acto seguido, que respondan a la actividad 1 sin mirar la fotografía. Después, pueden volver a ver la imagen, comprobar y corregir en grupo clase.

Pregúnteles si suelen ir a los centros comerciales a menudo, para qué van, qué pueden encontrar allí, etc. Contextualice la foto preguntando para qué creen que han ido Javi e Isabel a un centro comercial. En la actividad 3 podrán comprobar sus hipótesis.

2

Esta actividad pone en contraste los dos tiempos de pasado que los estudiantes han visto hasta ahora: el pretérito perfecto y el pretérito indefinido. Dígales que presten atención a los marcadores temporales que aparecen en las frases para resolver el ejercicio. La actividad se desarrolla en parejas y la corrección en grupo clase.

Comenzamos con un diálogo

39 **3 Completa el diálogo con las siguientes expresiones. Después, escucha y comprueba.**

en efectivo ▪ quién ▪ cuánto cuesta ▪ de rebajas ▪ coge ▪ qué ▪ diga ▪ tan

Javi: Mira, Isabel, ¡qué camiseta a ...tan... bonita hay en esa tienda!
Isabel: Sí, es verdad. Me encanta ese color. ¿Entramos y la compramos?
Javi: Sí, vamos.
(Entran en la tienda)
Dependiente: Hola, buenos días.
Javi: Hola, buenos días. ¿b ...Cuánto cuesta... aquella camiseta roja de allí?
Dependiente: 12 euros.
Isabel: ¡c ...Qué... barata!
Javi: Sí, me gusta para papá. Nos la llevamos.
Isabel: También estamos buscando un cinturón del mismo color.
Dependiente: Mirad. Allí están los cinturones y todos están d ...de rebajas...
Isabel: Javi, mira este rojo oscuro. Es perfecto.
Javi: Entonces, nos llevamos este cinturón y la camiseta. ¿Nos dice cuánto es?
Dependiente: Son 21,50 euros. ¿e ...En efectivo...?
Isabel: Sí. Javi, f ...coge... la cartera de mi mochila, por favor.
Javi: Bueno, muchas gracias. Hasta luego.
(Ring, Ring)
Javi: ¿g ...Diga...? Hola, mamá. Dime. Sí, estamos aquí en el centro comercial. Estamos comprando en una tienda el regalo de cumpleaños de papá. Vale. Ya vamos para allá. Un besito.
Isabel: ¿h ...Quién... es?
Javi: Es mamá. Está preparando ya la merienda y dice que papá va a llegar a las seis.
Isabel: Vámonos ya entonces para casa que papá está a punto de llegar.

39 **4 Vuelve a escuchar el diálogo y responde.**

1 En este momento Javi e Isabel están...
(a) de compras. b haciendo la compra.

2 Hoy es...
a fiesta. (b) el cumpleaños de su padre.

3 El cinturón y la camiseta cuestan...
a 9,50 euros. (b) 21,50 euros.

4 Javi y su madre están...
(a) hablando por teléfono. b chateando.

5 Isabel paga...
(a) con dinero. b con tarjeta.

6 Su madre llama para saber...
a qué tal están. (b) cuándo vuelven.

5 ¿Qué están haciendo estas personas ahora? Relaciona.

a [5] Están bailando.
b [4] Está estudiando.
c [1] Están comiendo.
d [2] Está comprando.
e [3] Está escribiendo.

Actividades interactivas

Unidad 5: p. 85

COMENZAMOS CON UN DIÁLOGO

Objetivos

- Comprender un diálogo oral y escrito.
- Empezar a familiarizarse con el contexto de las compras y las expresiones para hablar por teléfono.

Nota de vocabulario.

Existe una diferencia entre *ir de compras*, que habitualmente se asocia a una actividad de ocio, y *hacer la compra*, que es una expresión que se refiere la actividad de comprar en el supermercado. Más información en la sección Palabra por palabra (pág. 88).

3 y 4

Antes de comenzar, pida a los estudiantes que se fijen en la imagen introductoria de la página anterior y que hagan una lista con todas las palabras que les vengan a la mente relacionadas con esta. Pueden surgir palabras como *comprar*, *centro comercial*, *cliente*, etc.

Aproveche para enseñar otras palabras o expresiones como *¿Cuánto cuesta?*, *precio*, *barato/a*, *caro/a*, *rebajas*, *efectivo*, *ir de compras*, *dependiente*... que pueden ayudar a la comprensión del texto.

El objetivo es crear un mapa conceptual relacionado con las compras.

Después, comente que van a escuchar a Javi y a su hermana Isabel mientras compran el regalo de cumpleaños de su padre y que deben completar el texto con algunas palabras que faltan. El ejercicio se puede realizar individualmente y comprobar después las respuestas en parejas.

Termine de trabajar el diálogo con la actividad de comprensión del ejercicio 4.

5

Actividad para introducir la perífrasis *estar* + gerundio que verán en el apartado *Paso a paso* (pág. 90).

Actividades interactivas
De compras

Unidad 5: p. 86

HABLAR POR HABLAR

Objetivo

- Preguntar por un producto y su precio.

40

Javi: ¿Puedo ver los móviles de última generación?
Dependienta: Claro, están en aquella estantería.
J.: ¡Qué modernos!
D.: ¿Te gustan?
J.: Me encantan. ¿Cuánto cuesta el Mokia de color plata?
D.: Este cuesta 380 euros.
J.: ¡Guau! ¿380 euros? ¡Qué móvil tan caro!
D.: Sí, lo sé, es que es de última generación, pero tenemos otros móviles más baratos para ti.
J.: Ya. ¿Y tenéis alguna promoción?
D.: Sí, esos Motorollas de ahí son los más prácticos de todos.
J.: ¿Qué precio tienen?
D.: Esos cuestan 50 euros.
J.: Me llevo el azul. Y también quiero esta funda para guardarlo. ¿Cuánto es?
D.: Son 65 euros en total. ¿Vas a pagar con tarjeta o en efectivo?
J.: En efectivo. Todavía no tengo tarjeta de crédito. ¡Soy muy joven!

Material fotocopiable 5.1.

Posibles respuestas:
Cliente: 1. Hola, buenos días; 2. Quiero unas zapatillas de deporte; 3. azules; 4. ¡Qué zapatillas tan bonitas! ¿Cuánto cuestan?; 5. Vale, me las llevo; 6. Con tarjeta; 7. Adiós.
Dependiente: 1. Buenos días, ¿qué desea?; 2. ¿De qué color las quiere?; 3. Mire, tenemos estas zapatillas; 4. Son 50 euros; 5. ¿Va a pagar en efectivo o con tarjeta?; 6. Muchas gracias, hasta luego.

Hablar por hablar COMUNICACIÓN

PREGUNTAR POR UN PRODUCTO Y SU PRECIO

- Para preguntar el precio de algo:
  - ¿**Cuánto cuesta** el móvil?
  - ¿**Qué precio tiene/n?**
  - ¿**Cuánto cuestan** los móviles?
  - ¿**Me podría decir el precio?**
- Para saber cuánto se debe pagar:
  - ¿**Cuánto es?**
- Si el dependiente quiere saber la forma de pago:
  - ¿Va a pagar **con tarjeta o en efectivo**?

40 **1** **Escucha este diálogo y contesta.**

a ¿Dónde está Javi? En un centro comercial/En una tienda de móviles.
b ¿Qué quiere comprar? Un teléfono móvil.
c ¿Cuánto cuesta el móvil Mokia? 380 euros.
d ¿Por qué es tan caro? Porque es de última generación.
e ¿Cuánto le cuesta la funda del móvil? 15 euros.
f ¿Qué compra finalmente? El móvil más barato y una funda.

INTENSIFICAR UNA CUALIDAD

- Para intensificar la cualidad de alguien o algo:
  - ¡**Qué** móvil **más** moderno!
  - ¡**Qué** móvil **tan** moderno!

2 **Observa estas fotografías e intensifica su cualidad.**

Posibles respuestas

a 
¡Qué móvil más/tan pequeño/antiguo!

b 
¡Qué pantalones más/tan feos/modernos!

c 
¡Qué coche más/tan chulo/moderno/rápido!

d 
¡Qué ciudad más/tan bonita! ¡Qué puente más/tan bonito!

e 
¡Qué hombre más/tan alto!

3 **Ahora representa junto a un compañero/a una situación en la que tú eres el cliente y tu compañero/a es el dependiente. Después, intercambiad los papeles.**

Cuaderno de ejercicios p. 50 y 51

PREGUNTAR POR UN PRODUCTO Y SU PRECIO

Haga referencia al texto de Javi e Isabel y proyecte en la pizarra el Material proyectable 5.1.

Material proyectable 5.1.

De compras

Pida a los estudiantes que busquen en el diálogo que han leído las respuestas a las preguntas.

A continuación, presente el cuadro comunicativo y muestre las otras opciones de preguntas.

1

Enseñe la palabra *funda* (cubierta o bolsa para guardar o proteger el móvil). Antes de realizar la actividad, advierta a los alumnos que no es necesario entender todo el texto, solo tienen que contestar a las preguntas que se formulan.

2

Pida a los estudiantes que piensen en su compañero/a y en las cualidades positivas que tiene (*trabajador*, *divertido*, *simpático*...). A continuación, pídales que intensifiquen esas cualidades añadiendo *¡**Qué** chico/a **más/tan**...!* Repita la misma dinámica usando las imágenes de la actividad.

3

Practique el diálogo de una manera más controlada a través del Material fotocopiable 5.1.

La ficha es un diálogo con pautas que primero tienen que completar individualmente (cada alumno representa a un personaje) y después hacer el *role-play* e interpretar en clase.

Material fotocopiable 5.1.

¿Qué desea?

Cuaderno de ejercicios p. 50 y 51

Actividades 5.1., 5.2. y 5.3.

41 4 Escucha las siguientes situaciones y responde.

a
- **Dime**, Pedro.
- Oye, llámame, que tengo que contarte una cosa y no tengo saldo.
- Vale, cuelga y te llamo ahora.

b
- El teléfono al que llama está apagado o fuera de cobertura. **Puede dejar un mensaje después de la señal.**

c
- **¿Diga?**
- Hola, **¿puedo hablar con** Paco?
- ¿Quién? Lo siento, te has equivocado.
- Perdón.

d
- ¡Oh! Tengo tres llamadas perdidas de María.
- ¿Cuándo ha llamado?
- No lo sé, no he oído nada.

e
- **¿Dígame?**
- Buenos días, **¿está** Javi?
- No, no está. **¿De parte de quién?**
- Soy Carlos.
- Hola, soy su madre. **¿Le digo algo?**
- **Sí, dígale que** he llamado. Adiós.

f
- El móvil de César comunica.
- Pues mándale un sms.

¿En qué llamada...

1 la otra persona está hablando por teléfono? .... f
2 la persona que busca no está en su casa? .... ☐
3 ha llamado a otro lugar? c
4 no ha oído la llamada? .... d

41 5 Escucha de nuevo y completa el siguiente cuadro con las expresiones anteriores. Luego escribe el significado en tu lengua.

HABLAR POR TELÉFONO

Contestar al teléfono	Preguntar por alguien	Preguntar quién es
- Dime - ¿Sí? - ¿Diga? - ¿Dígame? - Aló	- ¿Puedo hablar con...? - ¿Está...? - ¿Se encuentra...?	- ¿De parte de quién? - ¿Quién lo/la llama?

Preguntar para dejar un mensaje	Dejar un mensaje	Preguntar para volver a llamar
- ¿Le digo algo?	- Puede dejar un mensaje después de la señal; - Sí, dígale que...	- ¿Puedo llamar más tarde?

42 6 Escucha y marca.

	Comunica	No está	No contesta	Está ocupado	Es esa persona
1	☒	☐	☐	☐	☐
2	☐	☐	☐	☒	☐
3	☐	☒	☐	☐	☐
4	☐	☐	☐	☐	☒
5	☐	☐	☒	☐	☐

7 Representa con tu compañero/a situaciones similares a las anteriores.

Cuaderno de ejercicios p. 51 · Actividades interactivas

Unidad 5: p. 87

HABLAR POR HABLAR

Objetivo

- Hablar por teléfono.

Nota de vocabulario.

Dime o *¿sí?* se dicen cuando se sabe quién está llamando; *¿diga?* y *¿dígame?* son expresiones estandarizadas para contestar al teléfono.

42

1. [*Teléfono ocupado*]
2. - Hola, buenos días, ¿está el señor Gutiérrez?
   - Sí, pero en este momento se encuentra reunido.
   - De acuerdo, dígale que llamaré más tarde.
3. - ¿Diga?
   - Hola, ¿está Sara?
   - No, no está. ¿De parte de quién?
   - Soy Bea.
   - Hola, Bea. ¿Le digo algo?
   - No, ya la llamo más tarde, gracias. Hasta luego.
   - Hasta luego.
4. - ¿Diga?
   - ¿Puedo hablar con Ana?
   - Sí, soy yo.
5. [*No contesta nadie*]

4 y 5

Comience la actividad 4 haciendo una primera escucha sin que los estudiantes lean los diálogos y parando después de cada uno de ellos para sondear qué han entendido.

Enseñe algunas expresiones: *comunica, te has equivocado, no tener saldo, fuera de cobertura...*

Antes de hacer la segunda escucha, los estudiantes leen las preguntas y responden en qué llamada se da cada situación. Al final, explíqueles las expresiones en negrita.

En la actividad 5 los estudiantes escuchan nuevamente los diálogos y tratan de completar el cuadro con las expresiones que aparecen en estos y que se usan para hablar por teléfono.

6

Actividad donde los estudiantes tienen que determinar qué está pasando en cada llamada.

Cuaderno de ejercicios p. 51
Actividad 5.4.

Actividades interactivas
Preguntar por un producto y su precio. Intensificar una cualidad. Hablar por teléfono.

Unidad 5: p. 88

PALABRA POR PALABRA

Objetivo

- Aprender el vocabulario de las tiendas y los productos que venden.

1

Posibles respuestas:

a. bolígrafos, cuadernos, libros; b. productos de limpieza, pasta de dientes, champú, perfume; c. zapatillas de deporte, zapatos; d. tomates, manzanas; e. chuleta de cerdo; f. pan; g. falda, abrigo, chándal; h. Ninguna es posible; i. productos de limpieza, pasta de dientes, chuleta de cerdo, champú, pan, tomates, perfume, manzanas; j. Todas son posibles; k. periódicos, revistas, libros; l. pasta de dientes, medicamentos, aspirinas, champú.

3

Respuestas consideradas como más habituales:

Supermercado: productos de limpieza, cajero/a, sección, bolsas, encargado/a.

Centro comercial: rebajas, cámara de fotos, dependiente/a, sección, probadores, bolsas, escaparate, encargado/a, ascensor.

Tienda especializada: rebajas, productos de limpieza, cámara de fotos, dependiente/a, estanco, probadores (si la tienda es de ropa), bolsas, mostrador, escaparate, encargado/a.

Palabra por palabra VOCABULARIO

Las tiendas

1 **¿Dónde puedes comprar estas cosas? Relaciona las tiendas con los productos. A veces puede haber más de una opción.**

☐ productos de limpieza	☐ periódicos	☐ aspirinas	☐ libros	☐ tomates
☐ pasta de dientes	☐ bolígrafos	☐ revistas	☐ pan	☐ perfume
☐ zapatillas de deporte	☐ cuadernos	☐ zapatos	☐ falda	☐ chándal
☐ chuleta de cerdo	☐ medicamentos	☐ champú	☐ abrigo	☐ manzanas

2 **Relaciona estos establecimientos con su definición.**

1 Supermercado.
2 Centro comercial.
3 Tienda especializada.
4 Tienda de alimentación.

a Comercio grande al que vamos de compras.
b Comercio pequeño en el que generalmente se compran productos para comer y beber.
c Comercio en el que hacemos la compra.
d Comercio de productos concretos como ropa, artículos de deporte, electrodomésticos, etc.

3 **Clasifica las siguientes palabras en cada establecimiento. Algunas pueden ir en más de uno. Puedes utilizar el diccionario.**

a rebajas
b productos de limpieza
c cámara de fotos
d cajero/a
e dependiente/a
f sección
g estanco
h probadores
i bolsas
j mostrador
k escaparate
l encargado/a
m ascensor

Supermercado	Centro comercial	Tienda especializada

Cuadernos de ejercicios p. 52 · Actividades interactivas

1

Antes de comenzar con la actividad 1, presente a los estudiantes las fotografías de los diferentes tipos de tiendas. Conviene ir fotografía por fotografía, preguntando en grupo clase: *¿Qué podemos comprar en esta tienda?*

A continuación, dígales que hagan de manera individual la actividad 1.

2 y **3**

Primero, diga a sus alumnos que traten de relacionar los cuatro tipos de establecimientos de la actividad 2 con su definición correspondiente. A continuación, proponga la clasificación del vocabulario de la actividad 3 en sus categorías de manera individual. Sugiera el uso del diccionario, si lo ve necesario. Después, por parejas, los estudiantes comparan sus respuestas.

A la hora de corregir la actividad en grupo clase, deténgase en los conceptos que aparecen en más de una categoría: **dependiente/a** se utiliza en el centro comercial y en las tiendas; **cajero/a**, en los supermercados; **encargado/a** se utiliza para todos los establecimientos; **bolsas** hay en todos los establecimientos; **escaparate** hay en las tiendas y en los centros comerciales.

Cuaderno de ejercicios p. 52
Actividades 5.5. y 5.6.

Actividades interactivas
Las tiendas

Paso a paso GRAMÁTICA

SER Y ESTAR

- Se usa el verbo ***ser*** para...
  - definir personas o cosas:
    – *Madrid **es** una ciudad.*
  - describir características físicas:
    – *Isaac **es** guapísimo.*
  - describir un objeto:
    – *La mesa **es** de madera.*
  - describir el carácter:
    – *Carmen **es** muy simpática.*
  - indicar la nacionalidad:
    – *Carlo **es** italiano.*
  - decir la hora:
    – ***Son** las tres de la tarde.*
  - decir la profesión:
    – *Francisco **es** profesor.*
- Se usa el verbo ***estar*** para...
  - localizar una persona o un objeto en el espacio:
    – *Javi no **está** en casa.*
    – *La Puerta del Sol **está** en Madrid.*
    – *Mi casa **está** lejos del instituto.*
  - hablar de situaciones temporales o transitorias:
    – *Laura **está** enferma.*
    – *Luis **está** muy triste.*
    – *La biblioteca **está** cerrada los fines de semana.*

Videogramas

Ver **Apéndice gramatical** p. 121

1 **Completa las frases siguientes con *ser* o *estar*.**

a Yo ......estoy...... enfadado porque no sé dónde ......está...... mi móvil.
b Aurélie ......es...... francesa. Normalmente vive en Madrid pero ahora ......está...... en París.
c El aeropuerto de Madrid ......está...... cerca del centro de la ciudad.
d Susana ......es...... una actriz muy famosa.
e Cristina y Manuel ......están...... en casa porque su madre ......está...... enferma.
f Hoy yo ......estoy...... muy cansado porque ya ......son...... las doce de la noche.

2 **Completa las frases con *ser* y *estar* y relaciónalas con sus contrarios.**

1 [e] ...Es/Está... vieja.

2 [c] ...Está... solo.

3 [a] ...Son... viejos.

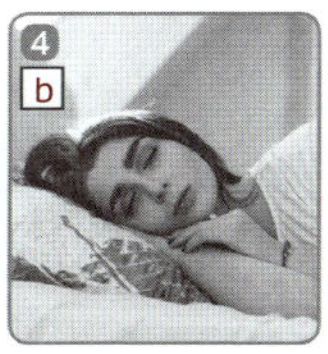
4 [b] ...Está... dormida.

5 [d] ...Está... contento.

a ...Son... jóvenes.

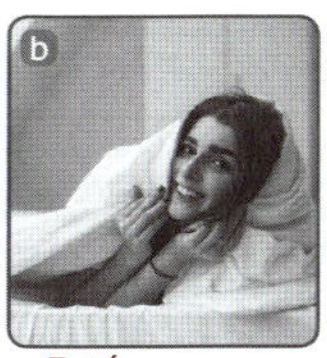
b ...Está... despierta.

c ...Está... acompañado.

d ...Está... enfadado.

e ...Es/Está... nueva.

Cuaderno de ejercicios p. 53 y 54

Unidad 5: p. 89

PASO A PASO

Objetivo

- Aprender la diferencia entre los verbos *ser* y *estar*.

Nota de vocabulario.
Normalmente se prefiere *persona mayor* para referirse a una persona de edad avanzada en vez de *viejo/a*, que puede resultar despectivo.

SER Y ESTAR

Para presentar el cuadro gramatical, pida a los alumnos que cierren el libro y reparta por parejas una copia del Material fotocopiable 5.2. Diga a los estudiantes que coloquen cada frase en las categorías del esquema usando sus conocimientos y su intuición. Otra opción es proyectar el Material fotocopiable 5.2. en la pizarra, repartir las frases entre las parejas de estudiantes y pedirles que las escriban en la pizarra en el lugar correcto. Después, podrán comprobar sus respuestas simplemente abriendo el libro.

Material fotocopiable 5.2. (1 y 2)
Ser *y* estar

A continuación, proyecte el vídeo de gramática para ver una explicación gramatical del uso de los verbos *ser* y *estar*.

Videogramas
Los verbos ser *y* estar

1

Para comprobar si los estudiantes han comprendido la explicación, pídales que completen el ejercicio consultando el resumen gramatical de la página 121.

2

Esta actividad plantea la distinción entre *ser* y *estar* en relación a conceptos opuestos.

Cuaderno de ejercicios p. 53 y 54
Actividades 5.7. a 5.11.

Unidad 5: p. 90

PASO A PASO

Objetivos

- Aprender algunos adjetivos que cambian de significado con los verbos *ser* y *estar*.
- Aprender la perífrasis verbal *estar* + gerundio.

Nota cultural.
La imagen corresponde al Parque del Retiro, uno de los parques más populares de Madrid.

Paso a paso GRAMÁTICA

3 **En español hay adjetivos que cambian de significado si van con *ser* o *estar*. Con tu compañero/a, intenta relacionar estos adjetivos con sus significados.**

1 Ser aburrido/a.
2 Estar aburrido/a.
3 Ser bueno/a.
4 Estar bueno/a.
5 Ser malo/a.
6 Estar malo/a.

a Ser una persona de buenos sentimientos.
b Ser una persona de malos sentimientos.
c Ser una persona que no divierte a nadie.
d No saber qué hacer.
e Ser una persona atractiva.
f Estar enfermo/a.

ESTAR + GERUNDIO

- La perífrasis ***estar* + gerundio** se usa para hablar de una acción que se está desarrollando:
  – *Esta semana* ***estoy estudiando*** *mucho.* – *Ahora mismo* ***estoy comiendo****, te llamo luego.*
- El gerundio se forma añadiendo a la raíz del verbo las siguientes terminaciones:

verbos en **-ar** → ***-ando***
verbos en **-er**/**-ir** → ***-iendo***

trabaj-ar → trabaj-**ando**
corr-er → corr-**iendo**
escrib-ir → escrib-**iendo**

Videogramas
Ver **Apéndice gramatical** p. 122

4 **Observa la siguiente imagen y completa. ¿Qué están haciendo los personajes?**

a Está escuchando música.
b Está corriendo.
c Están hablando y paseando.
d Está jugando a la pelota.
e Están cantando.
f Está dibujando.

5 **Piensa en alguien que conoces y en lo que está haciendo en este momento. Tu compañero/a tiene que adivinarlo haciendo preguntas. Responde *sí* o *no* siguiendo el ejemplo.**

▸ *¿Está en la clase?*
▹ *No.*

▸ *¿Es un famoso?*
▹ *Sí.*

▸ *¿Está cantando?*
▹ *No.*

Cuaderno de ejercicios p. 55

3

Advierta sobre la existencia de adjetivos que cambian de significado según su uso con *ser* o *estar*. Presente en la pizarra el adjetivo *aburrido* e invítelos a que deduzcan qué significa con *ser* y con *estar*, respectivamente. Después, hacen el ejercicio.

Si lo considera oportuno, puede remitir a la pág. 122 del *Apéndice gramatical* para trabajar otros adjetivos que cambian de significado según el verbo que los acompañe.

Como actividad adicional, entre todos, pueden crear un texto colectivo. Forme tres grupos y colóquelos en círculo. Entregue un folio a cada estudiante para que escriban en la parte superior una frase. Por ejemplo: *Son las ocho de la noche, estoy en casa y estoy aburrido.* Advierta que deben usar en todo momento los adjetivos estudiados. A continuación, pasan el folio al compañero/a de la derecha, que lee la frase y continúa la historia. Luego, pliegan la hoja de tal modo que se vea su frase solo y se la pasan al compañero/a de la derecha. Los papeles van rotando hasta que a cada estudiante le llegue su papel originario. Entonces se descubren los pliegues y leen la historia.

ESTAR + GERUNDIO

Presente el uso de esta estructura e incida en la formación del gerundio en español. Puede trabajarlo con un breve ejercicio en grupo clase. Diga un verbo y rápidamente el estudiante elegido tiene que decir su gerundio. Tenga en cuenta los verbos irregulares como *decir*, *ir*, *construir*, *leer*, etc.; para ello, remita a la página 122 del libro.

Proyecte el **vídeo de gramática** para ver una explicación gramatical de la perífrasis verbal *estar* + gerundio.

Videogramas
Estar + *gerundio*

4

Una vez haya comprobado que los estudiantes han fijado la forma del gerundio, observan la imagen e indican qué están haciendo estas personas.

5

En parejas y por turnos, deben pensar en una persona cercana a su entorno y, después, responder a las preguntas de su compañero/a.

Cuaderno de ejercicios p. 55
Actividades 5.12., 5.13. y 5.14.

43 **6 Escucha los diálogos y rellena los huecos que faltan.**

1 ▸ Perdona, ¿está en esta planta la tienda Movilandia?
▹ No, no. Para la sección de telefonía coge el ascensor y sube a la 3.ª planta.

2 ▸ Hola, no sé cómo iniciar este iPod que compré ayer.
▹ Claro, no tiene batería. Conecta el cable.

3 ▸ ¿Sabes llegar al Museo del Prado?
▹ Sí, coge la línea 2 y baja .... en Banco de España.

4 ▸ ¿Puedo hablar un momento contigo?
▹ Espera, ahora estoy escribiendo un *e-mail* muy importante, vuelve más tarde.

7 Ahora vuelve a leer y responde.

1 *Perdona* se usa para...
(a) llamar la atención.
b dar una instrucción.

2 *Coge, sube, conecta* y *baja* se usan para...
a llamar la atención.
(b) dar una instrucción.

3 *Espera* y *vuelve* se usan para...
a llamar la atención.
(b) dar una orden.

IMPERATIVO (*tú/vosotros*)

- El imperativo se usa para dar órdenes, instrucciones, consejos y sugerencias.

	conectar	coger	subir
tú	conect**a**	cog**e**	sub**e**
vosotros/as	conect**ad**	cog**ed**	sub**id**

- **Verbos irregulares.**

	oír	tener	venir	salir	ser	poner	hacer	decir	ir
tú	**oye**	**ten**	**ven**	**sal**	**sé**	**pon**	**haz**	**di**	**ve**
vosotros/as	oíd	tened	venid	salid	sed	poned	haced	decid	id

Los verbos con cambio vocálico en presente de indicativo mantienen también esta irregularidad en el imperativo.

Para las persona *usted* y *ustedes*, ver **Apéndice gramatical** p. 123

Videogramas

- La 2.ª persona del plural (*vosotros/as*) es siempre regular.

8 Completa las frases.

a Escribid (Vosotros, escribir) un sms.
b ¡Come (Tú, comer), por favor!
c Abre (Tú, abrir) la ventana, por favor.
d Mirad (Vosotros, mirar), ¡qué bonito!
e Haz (Tú, hacer) una paella.
f Id (Vosotros, ir) despacio.
g Oye (Tú, oír), ¿qué hora es?
h Ven (Tú, venir) a las 9:00 h.

Cuaderno de ejercicios p. 56 Actividades interactivas

Unidad 5: p. 91

PASO A PASO

Objetivo

- Aprender la forma del imperativo afirmativo en las personas *tú* y *vosotros/as*.

Material fotocopiable 5.4.

Respuestas:

Alumno A: **1.** Lava; **2.** sécala; **3.** pela; **4.** Corta; **5.** Pon; **6.** aplasta; **7.** echa; **8.** mueve; **9.** vierte; **10.** remueve; **11.** Echa, 12. mete. Alumno B: 1. Pela; **2.** córtalas; **3.** Pica; **4.** Coge; **5.** pon; **6.** Fríe; **7.** Añade; **8.** bate; **9.** saca; **10.** mezcla; **11.** Pon; **12.** da; **13.** Sirve.

6 y 7

El imperativo es un tiempo sin grandes dificultades de comprensión. Se pretende ahora estudiarlo de forma inductiva. Pida que escuchen los diálogos y que completen los espacios en blanco. Si es necesario, pueden escuchar la audición dos veces y, después, comparar en parejas.

Resuelta la actividad, escriben el infinitivo de los verbos escuchados. Escriba en la pizarra *baja*, *coge* y *sube*, y comente que se trata de la forma en imperativo de los verbos *bajar*, *coger* y *subir*. Es el momento en el que deben tratar de deducir la regla de formación del imperativo afirmativo regular.

En parejas, tras la actividad 6, pueden discutir las respuestas del ejercicio 7.

IMPERATIVO

Comente que el imperativo en español tiene estos usos y otros más (consejos, invitaciones...). Sugiera que lean el cuadro del imperativo y practiquen juntos los verbos irregulares. En la página 123 pueden profundizar más en esta forma verbal.

Practicada la forma, proyecte el **vídeo de gramática** para ver una explicación gramatical del imperativo.

Videogramas
El imperativo afirmativo

8

Como actividad adicional, trabaje con el **Material fotocopiable 5.3.**

Entrégueles una hoja para que, individualmente, sigan las instrucciones.

Material fotocopiable 5.3.
El test de los cinco minutos

Para practicar las instrucciones con imperativo, reparta a cada uno receta del **Material fotocopiable 5.4.**

Material fotocopiable 5.4.
Recetas

Si lo desea, proyecte el vídeo de **Casa del español** para ver cómo la gente de la calle advierte de un peligro usando el imperativo.

Casa del español
Advertir de un peligro

Cuaderno de ejercicios p. 56
Actividades 5.15. a 5.19.

Actividades interactivas
Ser y estar. Estar + *gerundio e imperativo* tú / vosotros

Unidad 5: p. 92

SUENA BIEN

Objetivo

- Aprender a reconocer las palabras esdrújulas.

Suena bien — PRONUNCIACIÓN Y ORTOGRAFÍA

(44) **1** **Escucha las siguientes palabras y marca la sílaba tónica.**

a te-lé-fo-no
b pá-gi-na
c fan-tás-ti-co
d sá-ba-do
e in-for-má-ti-ca
f mé-di-co
g úl-ti-mo
h ú-ni-co

(44)

Teléfono, página, fantástico, sábado, informática, médico, último, único.

2 **Ya conoces algunas de las palabras anteriores. ¿Recuerdas cuáles llevan tilde (´)? Márcalo y comprueba tu respuesta con tu compañero/a.**

Todas llevan tilde.

LAS PALABRAS ESDRÚJULAS

- En las palabras **esdrújulas** el acento recae sobre la antepenúltima sílaba (la tercera sílaba contando desde el final de la palabra).
- Las palabras esdrújulas **se escriben siempre con tilde (')**.
  ó-pe-ra **mú**-si-ca **mé**-di-co **cá**-ma-ra sim-**pá**-ti-co
- Algunas palabras llanas se convierten en esdrújulas en plural: *fácil* → *fáciles*, *útil* → *útiles*.

(45) **3** **Escucha estas palabras y selecciona las que son esdrújulas. Después, pon la tilde en el lugar correcto.**

amigo ▪ pueblo ▪ ~~humedo~~ ▪ tierra ▪ animal ▪ musculo ▪ fabrica
hermoso ▪ principe ▪ ventana ▪ pantano ▪ mascara ▪ margarita ▪ lagrima
▪ maquina ▪ pelicula ▪ carretera ▪ armario

- Palabras esdrújulas: húmedo, músculo, fábrica, príncipe, máscara, lágrima, máquina, película.

(45)

Amigo, pueblo, húmedo, tierra, animal, músculo, fábrica, hermoso, príncipe, ventana, pantano, máscara, margarita, lágrima, máquina, película, carretera, armario.

4 **Escribe los plurales y pon la tilde en la posición correcta.**

a árbol → árboles
b cárcel → cárceles
c lápiz → lápices
d ángel → ángeles
e débil → débiles
f joven → jóvenes
g resumen → resúmenes
h examen → exámenes

(46) **5** **Dictado.**

Cuaderno de ejercicios p. 57 Actividades interactivas

92 noventa y dos

(46)

Las únicas películas que le gustan a Ángela son las románticas. Esas pelis donde hay príncipes con muchos músculos y que siempre terminan en lágrimas. Yo prefiero las fantásticas.

1

Explique que el ejercicio presenta las palabras sin acentos, aunque no significa necesariamente que estas no los tengan. En parejas o individualmente, pida que marquen en cada palabra la sílaba que consideren la más fuerte (sílaba tónica).

2

Aprovechando los conocimientos de los alumnos, pida que, en parejas, pongan una tilde en las palabras que la lleven justificando su respuesta. Es fácil que lleguen a la conclusión de que todas llevan tilde. Entonces, pídales que lean el texto para comprobar que es cierto y por qué.

LAS PALABRAS ESDRÚJULAS

Lea el cuadro donde se explican las palabras esdrújulas. Lea a continuación las palabras esdrújulas, exagerando la pronunciación para que los alumnos localicen dónde llevan la sílaba tónica y, después, léalas una segunda vez de forma natural.

3 y **4**

Con estos ejercicios el estudiante aprenderá a discriminar los sonidos y a distinguir la sílaba fuerte en algunas palabras.

5

Con esta actividad, los alumnos aprenden a familiarizarse con las palabras esdrújulas. Realice la corrección en parejas primero y, después, escriba el texto en la pizarra. La audición se escuchará dos veces, siempre que sea necesario.

Cuaderno de ejercicios p. 57
Actividades 5.20. y 5.21.

Actividades interactivas
Las palabras esdrújulas

Sesión de cine VÍDEO

DIME, CARLOS

SINOPSIS

Carlos llama a su amigo y le pregunta dónde está. Se dan distintas indicaciones sin saber que los dos están más cerca de lo que creen...

1 **Observa las siguientes imágenes y descríbelas. ¿Qué crees que está pasando en ellas?**

1 ¿Qué significa "rebajas"?

(a) Descuentos en algunos productos de una tienda.

b Ropa de invierno.

2 ¿Qué significa "escaparate"?

a Persona de plástico que usan en las tiendas para poner ropa.

(b) Es el cristal de una tienda.

2 **Observa el vídeo y haz las actividades que te va a repartir tu profesor/a.**

Secuencia de vídeo · Actividades interactivas

Unidad 5: p. 93

SESIÓN DE CINE

Objetivos

- Visionar un vídeo donde aparecen los contenidos de la unidad.
- Comprender conversaciones entre hispanos hablando por teléfono.

Material fotocopiable 5.5.

Respuestas:
1. Primera llamada: c, f, g; **Segunda llamada:** b, d, e, h; **En las dos llamadas:** a.
2. Carlos: b, f, g, h; **Juanjo:** a, c, d, e.

Material fotocopiable 5.6.

Respuestas:
1. Primera: Imagen 3, Lorena ve un letrero que dice "rebajas" delante de la tienda de muebles de decoración; **Segunda:** Imagen 1, Lorena le dice a la empleada que quiere comprar cosas modernas para decorar su apartamento; **Tercera:** imagen 2, A Lorena le gustan las lámparas; **Cuarta:** Imagen 5, Lorena compra muchas/demasiadas cosas; **Quinta:** Imagen 4, Lorena llama a sus amigos para pedir ayuda para llevar las compras a su apartamento; **Sexta:** Imagen 6, Eli devuelve la llamada de Lorena, pero ahora Lorena no necesita su ayuda.
3. a. 5; **b.** 10; **c.** 4; **d.** 7; **e.** 6; **f.** 8; **g.** 9; **h.** 2; **i.** 11; **j.** 1; **k.** 3.
4. a. barato; **b.** necesita decorar su apartamento; **c.** Solo algunos artículos están rebajados; **d.** interesantes; **e.** artesanales; **f.** para su dormitorio; **g.** se lleva.
5. a. Sí; **b.** No; **c.** No; **d.** Sí; **e.** No; **f.** Sí; **g.** No; **h.** Sí; **i.** No; **j.** Sí.
6. a. A Eli y a Alfonso; **b.** Solo con Eli pero más tarde; **c.** Con Sebas y con Eli.

Diga a los estudiantes que observen las imágenes del vídeo. Tiene que identificar los diferentes detalles que aparecen. Pídales que piensen qué está ocurriendo en cada una de ellas.

1

Pida a los alumnos que, en pequeños grupos, comenten las imágenes presentadas en la actividad e interésese por conocer sus respuestas, comprobando si coinciden todos. Establezca una conversación acerca de las diferencias para que saquen sus conclusiones.

Después de hablar sobre las imágenes, invítelos a que lean la sinopsis de forma individual y comprueben algunas de sus hipótesis.

Por último, indíqueles que respondan a las dos preguntas de respuesta múltiple.

2

A continuación, proyecte el vídeo y presente el **Material fotocopiable 5.5.**

Material fotocopiable 5.5.
Dime, Carlos

Secuencia de vídeo
Dime, Carlos

Actividades interactivas
Dime, Carlos

Si lo desea, puede trabajar otros acentos a través de la serie hispana ¡Acción! y del **Material fotocopiable 5.6.**

Material fotocopiable 5.6.
Efectivo o tarjeta

¡Acción!
Efectivo o tarjeta

Actividades interactivas
Efectivo o tarjeta

Unidad 5: p. 94

MUNDO HISPANO

Objetivo

- Acercar a los estudiantes al uso de las tecnologías en España e Hispanoamérica.

Mundo hispano

Cultura

Una región conectada

Los jóvenes españoles y los móviles

Según una encuesta realizada en España, los jóvenes utilizan el móvil algo más de cuatro horas diarias para hablar, enviar sms, navegar o escuchar música.

Si la forma de vestir o peinarse son los signos exteriores con los que se sienten identificados según la personalidad, el móvil actualmente se ha convertido en otro símbolo identificativo de nuestros jóvenes. Por lo general, las chicas tienden a escoger su móvil por el diseño y los chicos por las prestaciones tecnológicas.

Los entrevistados de edades entre 13 y 24 años son el grupo que más servicios consume, como el MP3, el *bluetooth*, la cámara de fotos, etc. De hecho, más de la mitad, el 56 %, declara que no adquiere un móvil que no tiene alguna de estas prestaciones. El 30 % de los jóvenes accede a internet desde sus móviles, y el 90 % de los que acceden lo hacen a las redes sociales.

Las comunicaciones en Hispanoamérica

La tecnología es, en la actualidad, una importante herramienta de comunicación. Los hispanoamericanos quieren estar conectados con el resto del mundo:

- Hay 255 millones de usuarios de internet en la región (el 43 % de la población).
- Hacer una llamada desde cualquier lugar es fácil en Hispanoamérica: el 98 % de la gente tiene acceso a la red de teléfonos móviles.
- En Chile, el gobierno creó un programa para comunicarse con los granjeros por mensajes de texto.
- Carlos Slim, empresario mexicano, es uno de los hombres más ricos del mundo gracias a sus inversiones en las empresas de comunicaciones y tecnología de su país. "Confío en México y en su futuro", dice Slim. También colecciona obras de arte y patrocina varios museos en México.
- En Argentina, las redes sociales son un éxito: los argentinos pasan más de diez horas por mes conectados a ellas. Tecnópolis, el mayor evento de tecnología de la región, se celebra en este país. Es cada año en agosto.
- Las compras por internet no son muy populares en la región. Solo el 31 % de los usuarios de internet hace sus compras así. En Europa y Estados Unidos, en cambio, el 70 % de la gente hace compras por internet.

Tecnópolis, en Buenos Aires, es el mayor evento de tecnología en Hispanoamérica.

94 noventa y cuatro

LOS JÓVENES ESPAÑOLES Y LOS MÓVILES

Comente a los estudiantes que en el primer texto se habla de los hábitos de los adolescentes españoles en el uso del móvil. Pida a un alumno que lo lea en voz alta o también que lo lean en parejas y se comenten las palabras que no entiendan. Después de leer, anímelos a hablar con su compañero/a utilizando las siguientes preguntas: *¿Usas el móvil? ¿Cuántas horas al día? ¿Para qué lo usas? ¿Envías muchos mensajes de móvil al día? ¿Crees que puedes vivir sin móvil?*

A continuación, pregunte en grupo clase sobre la conversación que han mantenido.

Con este ejercicio se pretende introducir el tema de esta sección a través de una actividad de expresión oral.

LAS COMUNICACIONES EN HISPANOAMÉRICA

Introduzca el tema de este texto preguntando a sus alumnos qué saben sobre las comunicaciones en Hispanoamérica. Dígales que observen las imágenes y que traten de predecir la información del texto. A continuación, léalo y hágales las siguientes preguntas: *¿Qué porcentaje de hispanoamericanos usa internet? ¿Cómo se comunica el gobierno de Chile con los granjeros?, ¿Cómo se llama el mayor evento de tecnología en Argentina?*, etc. Continúe, después, leyendo los otros textos.

Los incas

La tecnología en Hispanoamérica no es un invento actual. Los incas, habitantes originarios de los Andes, vivían en un imperio enorme: ocupaba parte de Bolivia, Perú, Colombia, Ecuador, Argentina y Chile. Para comunicar información relacionada con el comercio a distancia, desarrollaron un sistema llamado "quipu". Consistía en hacer nudos en sogas para representar cantidades, y es un antepasado de las computadoras. Los incas también sabían que la comunicación era fundamental. Por eso, crearon un sistema de caminos para llegar a todos los rincones del imperio... ¡al igual que internet hoy!

Machu Picchu, famosa ciudad del Imperio inca.

1 **Lee los textos y relaciona para formar frases.**

1 Las redes sociales
2 El gobierno chileno
3 Carlos Slim es
4 El desierto de Atacama
5 Con el quipu, los incas

a [4] es una zona muy seca.
b [5] comunicaban información comercial.
c [1] son un éxito en Argentina.
d [3] uno de los hombres más ricos del mundo.
e [2] envía mensajes de texto a los granjeros.

2 **Responde a las preguntas y discute con el resto de la clase.**

a ¿Quiénes son las personas más ricas de tu país? ¿Cómo hicieron su fortuna?

b ¿Haces compras en internet? ¿Es algo habitual en tu país?

c ¿Cuáles son las ventajas y las desventajas de este método?

d ¿Hay personas en tu país que no tienen acceso a la tecnología? ¿Cuáles son los motivos?

e ¿Crees que saber usar la tecnología es una parte importante de la educación? ¿Por qué?

VIAJES | EL DESIERTO DE ATACAMA

¿**Te** gusta mirar las estrellas? Si la respuesta es sí, visita el desierto de Atacama, en Chile, una de las zonas más secas del planeta. Este clima, combinado con la altura y la baja contaminación de luz, convierte al desierto en el lugar ideal para observar el cielo. El Observatorio Europeo del Sur tiene una oficina en Chile, de él dependen los principales observatorios ópticos del país.

Cuaderno de ejercicios p. 57 y 58 Actividades interactivas

Unidad 5: p. 95

MUNDO HISPANO

Objetivo

- Conocer formas antiguas y modernas de comunicación.

Nota cultural.

Quipu era el modo en que los incas enviaban mensajes codificados entre sus líderes. Normalmente los mensajeros que transportaban el quipu no sabían cómo interpretar el sistema de nudos o construir mensajes. De este modo, la comunicación estaba protegida si los mensajeros eran capturados en el viaje.

LOS INCAS

Antes de leer el texto, pregunte a los estudiantes si saben cómo se comunicaba esta civilización. Invítelos a busquen información en internet sobre el "quipu".

EL DESIERTO DE ATACAMA

Pida a los alumnos que observen la imagen y pregúnteles qué saben sobre el desierto de Atacama. Lea con ellos el texto y pregúnteles qué han entendido. Invítelos a hablar sobre las estrellas y las constelaciones. ¿Pueden identificar algunas constelaciones? ¿Cómo las reconocen?

1

Diga a los estudiantes que, según los textos que han leído, tienen que relacionar ahora las frases. Pida a algunos voluntarios que lean las frases en voz alta.

2

Lea las preguntas con los estudiantes y haga que piensen en las respuestas. Dígales que traten de responderlas en parejas y, después, invítelos a compartir sus comentarios con el resto de la clase.

Cuaderno de ejercicios p. 57 y 58
Actividad 5.22.

Actividades interactivas
Una región conectada

Unidad 5: p. 96

ÉRASE UNA VEZ...

Objetivos

- Conocer a un autor hispano.
- Analizar un fragmento de una obra de literatura.

2

a. verdadero; b. falso (Las comprende y las habla); c. falso (Aprendió cuando Turquía iba a entrar en la Comunidad Económica Europea); d. verdadero; e. falso (Ama su trabajo).

Nota de vocabulario.

La palabra *nota* en español puede tener varios significados. Puede referirse a la calificación que se obtiene en un examen, a una nota musical o a un texto corto para comunicar un mensaje breve.

Érase una vez... LITERATURA

Horacio Vázquez-Rial

Escritor, periodista, traductor e historiador argentino. Fue finalista del premio Nadal con la novela *Historia del Triste*. Otras obras destacadas suyas son *Frontera sur*, *El soldado de porcelana* y *La reina de oros*.

47 **1 Lee y escucha.**

Breve historia de un hombre que hablaba lenguas

Marcial es un hombre feliz, que ama a su mujer, ama a su hija y ama su trabajo. Disfruta enormemente de cada diálogo sostenido con sus compañeros en casi incontables idiomas. Él lo entiende todo. Cuando los turcos empezaron a negociar su ingreso en la Comunidad, se hizo con el turco de modo casi milagroso; y pronto descubrió que hay mucho que decirse con los chinos, de modo que se lanzó por esa senda sin miedo, respaldado por su amplia experiencia y su comprobada facilidad.

(Adaptado de *Relatos 1*, Horacio Vázquez-Rial)

2 Indica si estas afirmaciones son verdaderas (V) o falsas (F).

		V	F
a	Marcial puede hablar muchas lenguas.	X	
b	Solo entiende las lenguas, pero no puede hablarlas.		X
c	Aprendió turco por razones de negocios.		X
d	No tuvo ningún miedo a aprender chino.	X	
e	Marcial no está satisfecho con su trabajo.		X

3 ¿Conoces a alguien que hable muchas lenguas? ¿Cómo crees que puede conseguirse? ¿Qué hay que hacer? Habla con tu compañero/a.

4 Al protagonista de la historia le gusta mucho hablar, pero hay otras formas de comunicarse. ¿Cuál utilizas con más frecuencia? Ordénalas de más a menos.

a ☐ carta
b ☐ teléfono
c ☐ mensaje de texto (sms)
d ☐ correo electrónico
e ☐ nota
f ☐ chat
g ☐ redes sociales
h ☐ tarjetas de felicitación

5 ¿Cuál de los medios anteriores crees que puedes usar para practicar español? Coméntalo con tus compañeros.

96 noventa y seis

1 y 2

Antes de proceder a la lectura del texto, invite a los alumnos a leer la información sobre su autor. Dígales también que lean el título y que piensen en las lenguas que puede hablar el protagonista del mismo, esto le servirá para introducir el tema y motivar a los alumnos a seguir leyendo. A continuación, invítelos a que lean y escuchen el fragmento del libro y a que comprueben sus hipótesis. Ponga la audición mientras leen el texto de forma individual. Después de leer, hágales preguntas del tipo: *¿Quién es el protagonista? ¿Qué habilidad tiene? ¿Qué lenguas ha aprendido según el texto?*

Para comprobar que han comprendido el texto, dígales que respondan verdadero o falso a las afirmaciones de la actividad 2.

3

Actividad de expresión oral donde los estudiantes tienen que hablar sobre el aprendizaje de lenguas. Si lo desea, puede hacer un mural donde estén presentes todas las ideas de los alumnos sobre la mejor forma de aprender una lengua.

4 y 5

Pregunte a los alumnos qué otras formas de comunicación tenemos las personas.

A continuación, dígales que ordenen las formas de comunicarse que aparecen en la actividad según la frecuencia con la que ellos las usan. El objetivo es que observen las diferentes opciones de comunicación escrita disponibles hoy en día.

Por último, pregúnteles cuál de esas formas usan ellos para aprender español. Anímelos a que elijan cuál es el medio de comunicación más usado en este caso.

6 **Lee ahora el texto. ¿En qué coincide con tus respuestas del ejercicio 5?**

Las ventajas de internet

Inés estudia italiano en el instituto, es su asignatura favorita. Le gusta mucho el idioma, pero también la cultura italiana. El año pasado convenció a sus padres para hacer un curso intensivo de tres semanas en Roma.

—Fue una experiencia inolvidable porque allí pude hablar italiano todo el tiempo —comenta con sus amigas.

A su regreso a España, Inés piensa cada día qué puede hacer para seguir practicando. Ha preguntado a todo el mundo.

—Escribe a tus amigos de Roma —le dice su madre.

—Lee novelas de autores italianos, así puedes ampliar tu vocabulario —le comenta su padre.

El consejo de su abuela es practicar con canciones: "Escucha a cantantes italianos, con la música aprendes de una forma divertida".

Inés piensa que todos tienen razón, que todas las sugerencias de su familia son positivas, pero su amigo Elías ha encontrado la mejor:

—Tienes un montón de recursos en internet para mejorar tu italiano. Úsalos.

—Es verdad —reconoce Inés.

—Incluso puedes encontrar un ciberamigo —añade Elías.

—Sí, pero eso es peligroso, a veces —dice Inés—. Bueno, creo que si combino todos los consejos que tengo, voy a mejorar mucho. Vamos a la biblioteca y me ayudas a buscar cosas en internet, ¿vale?

—¡Vamos! —responde Elías.

7 **Ordena las ideas según han aparecido en el texto.**

5 Inés cree que una combinación de todos los consejos es la mejor solución.	1 A Inés le gusta mucho la lengua y la cultura italiana.
3 Su familia le da diferentes consejos para practicar el idioma.	6 Inés y Elías van juntos a la biblioteca a buscar información en internet.
2 Inés hizo un curso intensivo en Roma.	4 Su amigo Elías le recomienda usar internet.

8 **Hay un consejo que Inés cree que no es una buena idea. ¿Cuál? ¿Por qué?**

Encontrar un ciberamigo, porque puede ser peligroso.

9 **Con tu compañero/a, escribe en tu cuaderno una lista de cosas que hacéis o que podéis hacer para mejorar vuestro español fuera de clase. Ordénalas de mayor a menor importancia según vuestro punto de vista.**

Ejemplo: *Hacer un curso intensivo en España.*

Actividades interactivas

Unidad 5: p. 97

ÉRASE UNA VEZ...

6

Pida a los estudiantes que observen la imagen, lean el texto y subrayen las ideas sugeridas a Inés. A continuación, comentan en parejas si estas coinciden con las que pensaron ellos en la actividad 5. Por último, interésese por saber si, como Inés, ven que es difícil practicar español fuera de clase. Pregúnteles: *¿Creéis que es necesario viajar o vivir en un país para aprender un idioma? ¿Os interesa viajar a España o Hispanoamérica?*

7

Pida a sus estudiantes que lean las ideas y las ordenen de acuerdo al orden en el que aparecen en el texto. Antes de la corrección en grupo clase, dígales que comparen sus respuestas con las de su compañero/a.

8

Una vez corregida la actividad, pregunte a sus alumnos si están de acuerdo con Inés. Pídales también que justifiquen su respuesta.

9

Los estudiantes trabajan en parejas para hacer una lista sobre qué podrían hacer para mejorar su español fuera de clase. Recuérdeles que las ideas deben aparecer en su lista por orden de importancia. Pasee por la clase mientras trabajan, ayudándolos con el vocabulario y las dudas gramaticales que puedan surgir. Finalmente, si lo considera oportuno, puede crear en grupo clase una lista conjunta a través de un debate.

Actividades interactivas
Horacio Vázquez-Rial

Unidad 5: p. 98

ME PREPARO PARA EL DELE

Objetivos

- Familiarizarse con el examen de español DELE.
- Prepararse para lograr el nivel.

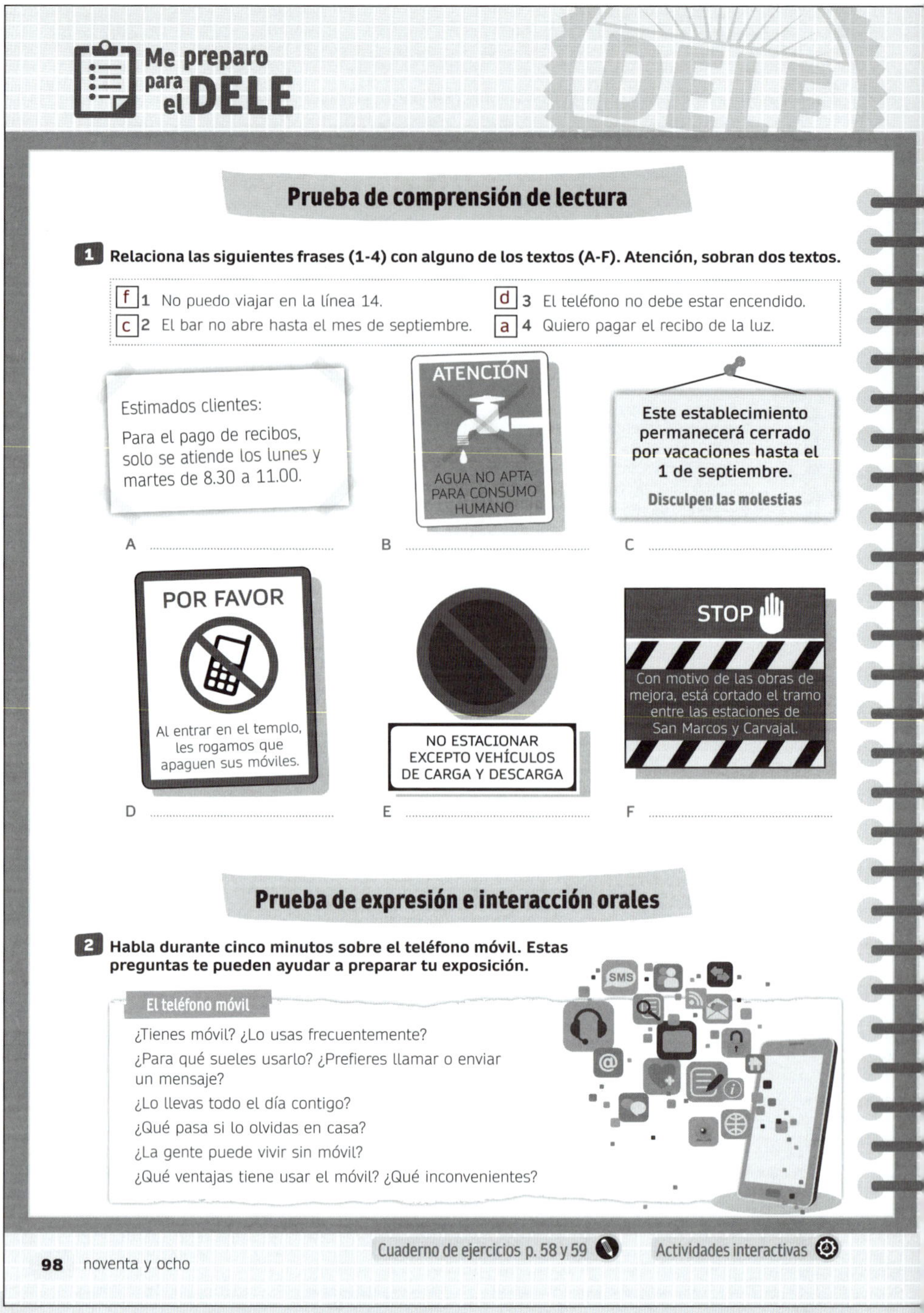

Me preparo para el DELE

Prueba de comprensión de lectura

1 **Relaciona las siguientes frases (1-4) con alguno de los textos (A-F). Atención, sobran dos textos.**

[f] 1 No puedo viajar en la línea 14.
[c] 2 El bar no abre hasta el mes de septiembre.
[d] 3 El teléfono no debe estar encendido.
[a] 4 Quiero pagar el recibo de la luz.

Prueba de expresión e interacción orales

2 **Habla durante cinco minutos sobre el teléfono móvil. Estas preguntas te pueden ayudar a preparar tu exposición.**

El teléfono móvil

¿Tienes móvil? ¿Lo usas frecuentemente?
¿Para qué sueles usarlo? ¿Prefieres llamar o enviar un mensaje?
¿Lo llevas todo el día contigo?
¿Qué pasa si lo olvidas en casa?
¿La gente puede vivir sin móvil?
¿Qué ventajas tiene usar el móvil? ¿Qué inconvenientes?

98 noventa y ocho — Cuaderno de ejercicios p. 58 y 59 — Actividades interactivas

ME PREPARO PARA EL DELE

Dedique una sesión de clase para realizar las actividades de esta sección. No haga ningún tipo de comentario que sirva de ayuda a los estudiantes y simplemente deles las instrucciones como si fuera el examen real.

Para obtener más información sobre los diplomas DELE, acceda a *https://examenes.cervantes.es/es/dele-para-escolares/examenes/a2-b1*

También puede obtener modelos de exámenes similares a este en el manual *El Cronómetro. Nivel A2/B1 para escolares* (Editorial Edinumen).

1

Para más información sobre la prueba de comprensión de lectura, puede consultar las características de esta en la página 30 del libro del profesor.

Una vez corregida la actividad, los estudiantes pueden crear otras frases para que su compañero/a adivine a qué cartel pertenece.

2

Para más información sobre la prueba de expresión e interacción orales, puede consultar las características de esta en la página 48 del libro del profesor.

Deje que cada estudiante se prepare el tema leyendo las preguntas y pensando en lo que va a contar. Cuando termine su exposición, hágale algunas preguntas en relación con el tema y con lo que ha contado. Para la evaluación, debe tener en cuenta la fluidez en la exposición, el léxico utilizado por el estudiante, la pronunciación, los errores gramaticales cometidos y la interacción en el turno final de preguntas.

Cuaderno de ejercicios p. 58 y 59
Actividades 5.23. a 5.26.

Actividades interactivas
Expresión e interacción escritas
Expresión e interacción orales

¡Me lo sé!

1 Transforma las siguientes frases usando *estar* + gerundio.

.../7

a María compra en el centro comercial. → ....

b Pedro y Tomás hablan por teléfono. → ....

c Alicia estudia en la biblioteca. → ....

d David ayuda a su padre a pintar la habitación. → ....

e Mis primos viajan alrededor del mundo. → ....

f Escribo una redacción para la clase de español. → ....

g Jacob se baña en la piscina. → ....

2 Relaciona las frases con los usos de *ser* y *estar*.

.../9

1 Hoy estamos muy cansados.
2 Luis es mi mejor amigo.
3 Es la una y media.
4 Mi iPad es azul.
5 María es muy alta.
6 ¡Qué simpático es Dani!
7 ¿Dónde está Sevilla?
8 Karen es mexicana.
9 Su hermano es policía.

a Hablar de situaciones temporales transitorias.
b Describir un objeto.
c Describir características físicas.
d Decir la hora.
e Describir el carácter.
f Decir la profesión.
g Localizar a una persona o lugar.
h Definir personas o cosas.
i Indicar la nacionalidad.

3 Escribe el imperativo de los verbos entre paréntesis.

.../5

a No has terminado la sopa, por favor, ...come.... (comer, tú) un poco más.

b Hijo, ...haz.... (hacer, tú) los deberes que es muy tarde.

c ....Subid.... (Subir, vosotros) por esa calle y al final está la plaza de San Luis.

d ....Sal.... (Salir, tú) de la clase, tu comportamiento es intolerable.

e Chicos, ...leed.... (leer, vosotros) el ejercicio de la página 80.

4 Elige la opción correcta.

.../5

a Para comprar el pan normalmente voy al **[supermercado]** / **centro comercial**.

b Una cajera trabaja habitualmente en **una tienda especializada** / **[un supermercado]**.

c Cuando voy de compras, compro **leche** / **[ropa]**.

d Si quiero una crema de cara, voy a una **[perfumería]** / **pastelería**.

e Cuando compro la fruta, **[hago la compra]** / **voy de compras**.

Ahora soy capaz de...

a ...preguntar por el precio de algo.	Sí	No
b ...decir cuánto cuesta una cosa en español.	Sí	No
c ...responder al teléfono en español.	Sí	No
d ...dar instrucciones.	Sí	No

Sigue practicando con... SPANISH BLOGGER Misión 11

Actividades interactivas

Unidad 5: p. 99

¡ME LO SÉ!

Objetivos

- Practicar los contenidos aprendidos en la unidad.
- Autoevaluar su aprendizaje.
- Revisar lo aprendido con actividades lúdicas.

1

a. María está comprando en el centro comercial; **b.** Pedro y Tomás están hablando por teléfono; **c.** Alicia está estudiando en la biblioteca; **d.** David está ayudando a su padre a pintar la habitación; **e.** Mis primos están viajando alrededor del mundo; **f.** Estoy escribiendo una redacción para la clase de español; **g.** Jacob se está bañando en la piscina.

¡ME LO SÉ!

En esta sección los estudiantes revisarán los contenidos vistos en la unidad. Esto le servirá para evaluar si han asimilado los objetivos propuestos.

Actividades interactivas
Evaluación

AHORA SOY CAPAZ DE...

Explique a los estudiantes que esta actividad les servirá para evaluar su proceso de aprendizaje.

Pida a los estudiantes que reflexionen exhaustivamente y tomen conciencia de los conocimientos que han adquirido en esta unidad.

SPANISH BLOGGER

Invítelos a seguir practicando lo aprendido en esta unidad a través de la Misión 11. Con ella, los estudiantes podrán utilizar el español en un contexto divertido.

Misión 11
¡Una región conectada!

Unidad 6 ERAN OTROS TIEMPOS

Unidad 6: p. 100

Objetivos de la unidad

- Conocer el tema de la unidad y a los personajes del diálogo.
- Revisar el léxico de la unidad 5.

Recursos del profesor

Materiales fotocopiables
6.1. a 6.6.

Materiales proyectables
6.1. a 6.3.

Audios
48 a 52

Vídeos
- Serie: *¿Vamos de compras?*
- *Videogramas*:
  - *El pretérito imperfecto*
- *Casa del español*:
  - *Describir en el pasado*
- *¡Acción!: Nuestra serie favorita*

Cuaderno de ejercicios
Unidad 6

Actividades interactivas
6.1. a 6.12.

Actividades colaborativas
Una solución quiero

Spanish Blogger
Misión 12: *¡Qué tiempos aquellos!*

Unidad 6

ERAN OTROS TIEMPOS

Comunicación
- Describir hábitos, costumbres, personas, animales y objetos en el pasado
- Opinar
- Expresar acuerdo y desacuerdo
- Expresar la causa

Vocabulario
- Léxico relacionado con tópicos y estereotipos
- Las personalidades

Gramática
- Pretérito imperfecto: morfología y usos
- Expresiones temporales referidas al pretérito imperfecto
- La negación
- *¿Por qué?/porque*

Pronunciación y ortografía
- Los diptongos

Sesión de cine
- *¿Vamos de compras?*

Cultura
- Abajo con los tópicos

Literatura
- *Tú, la oscuridad*, de Mayra Montero
- *Viaje en el tiempo*

¿Qué ves?

1 **Observa la imagen y contesta.**

a ¿Quiénes son estas personas?
b ¿Qué relación familiar hay entre ellos?
c ¿Dónde están?
d ¿Qué están haciendo?
e ¿Qué ropa llevan?
f ¿Cuál es su estado de ánimo?
g ¿Qué hay encima de la mesa?
h ¿Qué día de la semana crees que es?

2 **Utiliza las informaciones anteriores para describir la imagen de Javi y su familia a tu compañero/a.**

100 cien

1

Una vez corregida la actividad, deje a los alumnos unos segundos para que se fijen en todos los detalles de la imagen. En parejas, un alumno/a cierra su libro y su compañero/a le hace preguntas sobre los detalles de la imagen, por ejemplo: *¿De qué color es la camisa del padre? ¿Cuántas fotografías aparecen? ¿Cuántos jarrones hay en la mesa?* De esta manera, se fomenta la interacción oral entre los alumnos. Otra posibilidad es proyectar la imagen dos minutos y, pasado este tiempo, quitarla para que anoten todo lo que han visto en ella.

2

Con esta actividad se pretende que los estudiantes fijen por escrito toda la información que se ha comentado y trabajado en la actividad 1. Los alumnos revisan contenidos ya estudiados en otras unidades o niveles (los objetos de la casa, los posesivos...) o en el curso anterior (los colores, la familia, la ropa, la descripción física, el contraste *hay/está(n)*, las expresiones de lugar...).

Cuando terminen, pregúnteles si ellos también se suelen reunir en familia, cuándo y dónde lo hacen, qué miembros de la familia se reúnen, de qué suelen hablar...

Comenzamos con un diálogo

48 **3** **Los abuelos de Javi visitan a su familia. Escucha el diálogo y responde a las preguntas.**

Javi: ¿Qué es eso, abuelo?
Abuelo: Un álbum de fotos antiguas.
Javi: A ver. ¡Qué joven en esta foto! ¿Por qué vas vestido así?
Abuelo: Porque yo jugaba en el Real Madrid.
Javi: ¿Eras jugador del Real Madrid, abuelo? **¡Anda ya!**
Abuelo: Que sí, y entrenábamos todos los días.
Javi: ¿En serio? Cuéntame más.
Abuelo: Bueno, eran otros tiempos, **yo creo que** más difíciles.
Javi: **¡Qué va!** Ahora es casi imposible jugar en el Real Madrid.
Abuelo: **No estoy de acuerdo** contigo. Simplemente hay que trabajar duro.
Javi: **Si tú lo dices**. ¿Y qué otras cosas hacías cuando eras joven?
Abuelo: Como a tu edad ya trabajaba, solo salía con los amigos los fines de semana.
Javi: ¿Ibas a la discoteca?
Abuelo: No, je, je. Antes no había, hacíamos fiestas en las casas de los amigos. También íbamos al río para pasar el día. Pero debía regresar temprano a casa porque mis padres se enfadaban.
Javi: ¡Qué vida tan diferente!

a ¿Qué ha traído el abuelo a casa de Javi? ➜ ....
b ¿Qué piensa Javi de la foto del abuelo? ➜ ....
c ¿Cree Javi que su abuelo jugaba en el Real Madrid? ➜ ....
d ¿Qué opina el abuelo de su época? ➜ ....
e ¿Cree el abuelo de Javi que es imposible jugar ahora en el Real Madrid? ➜ ....
f ¿Qué hacía el abuelo los fines de semana? ➜ ....

4 **Completa utilizando las palabras resaltadas en el diálogo anterior.**

a ▶ Yo creo que la vida antes era mejor que ahora.
D No estoy de acuerdo con tu opinión.

b ▶ ¿Entonces no quieres venir?
D ¡Qué va! Seguro que la fiesta es muy aburrida.

c ▶ ¿Te he dicho que de joven era millonario?
D ¡Anda ya! No lo creo.

d ▶ A mí me parece que los chicos de ahora lo tienen todo muy fácil.
D Yo pienso que no, pero si tú lo dices.

5 **Clasifica las expresiones del ejercicio 4 en la columna adecuada siguiendo el ejemplo.**

Dar una opinión	Expresar acuerdo	Expresar acuerdo parcial	Expresar desacuerdo
Yo creo que...	Estoy de acuerdo con...	Si tú lo dices...	No estoy de acuerdo con..., ¡Qué va!, ¡Anda ya!

Actividades interactivas

Unidad 6: p. 101

COMENZAMOS CON UN DIÁLOGO

Objetivos

- Comprender un diálogo oral y escrito.
- Familiarizarse con las formas de expresar opinión, acuerdo y desacuerdo.

Nota cultural.
El Real Madrid es uno de los principales equipos del fútbol español con grandes estrellas nacionales e internacionales.

3
a. Un álbum de fotos antiguas; **b.** Que está muy joven y se pregunta por qué va vestido de esa manera; **c.** No. Al principio no lo cree, pero después sí y le pide que le cuente más cosas; **d.** Que la vida era más difícil; **e.** No, solo cree que hay que trabajar duro; **f.** Hacía fiestas en las casas de los amigos o iba al río.

3
Con el libro cerrado, proyecte el **Material proyectable 6.1.** Diga a los alumnos que van a escuchar una conversación entre Javi y su abuelo y pídales que contesten el cuestionario. Invítelos a que comparen sus respuestas en parejas y, después, ponga de nuevo la audición. Finalmente, se corrige leyendo el diálogo en el libro.

Material proyectable 6.1.
Trabajamos con el diálogo

4
Una vez corregida la actividad, pida a varios alumnos que interpreten los diferentes diálogos, haciendo hincapié en la pronunciación y, sobre todo, en la entonación adecuada de las expresiones aprendidas. Cuando quede clara cuál es la entonación correcta, los alumnos pueden practicar los diálogos en parejas.

5
Si observa que los alumnos no muestran dificultad para aprender estos exponentes, puede preguntarles si conocen otros para expresar lo mismo. De esta manera se introduce la siguiente sección, donde aparecen expresiones como: *Yo pienso que..., A mí me parece que..., Opino que..., No sé qué decir...*

Actividades interactivas
El abuelo de Javi

Unidad 6: p. 102

HABLAR POR HABLAR

Objetivos

- Expresar una opinión.
- Expresar la causa.

Hablar por hablar COMUNICACIÓN

EXPRESAR UNA OPINIÓN

- Para preguntar una opinión:
  - *¿**Qué piensas/opinas sobre** las películas de Almodóvar?*
  - *¿**Qué te parece** su última película?*
  - *¿**Cuál es tu opinión sobre** su trabajo como director de cine?*
- Para dar una opinión positiva/negativa:
  - *(Yo) **pienso/creo/opino que** (no) son muy buenas.*
  - *(A mí) **me parece que** (no) tienen un buen argumento.*
  - *A mí (no) **me parece** un buen director.*
- Para dar una opinión incierta:
  - ***No te puedo decir.***
  - ***No sé qué decir.***
  - ***Yo qué sé.***

1 **Lee las frases de la izquierda y elige una de las respuestas de la derecha para dar tu opinión. Después compara con tu compañero/a. ¿Tenéis las mismas respuestas?**

1. La comida francesa es la mejor de Europa.
2. España va a ganar el próximo Mundial.
3. Matemáticas es la asignatura más difícil del curso.
4. Los jóvenes son muy responsables.
5. El invierno es mejor que el verano.
6. El inglés es más fácil que el español.

- **a** A mí me parece que sí.
- **b** A mí me parece que no.
- **c** Yo creo/pienso/opino que sí.
- **d** Yo creo/pienso/opino que no.
- **e** No sé qué decir.
- **f** Yo qué sé.
- **g** No te puedo decir.

EXPRESAR LA CAUSA

- ***Por qué*** se usa para hacer preguntas:
  - *¿**Por qué** estudias español?*
- ***Porque*** se usa para responder y dar explicaciones:
  - ***Porque** me gusta mucho. / Estudio español **porque** me gusta mucho.*

2 **Trabaja con tu compañero/a. Pregúntale su opinión sobre estos temas y la causa de su respuesta. Sigue el ejemplo.**

▶ *¿Qué piensas de los gatos?* ▷ *No me gustan.*
▶ *¿Por qué?* ▷ *Porque no son sociables.*

Alumno A
Pregunta a tu compañero/a por:
los gatos, el fútbol, la música romántica, los idiomas, bailar y la comida rápida.

Alumno B
Pregunta a tu compañero/a por:
los perros, el tenis, la literatura, el rap, el dinero y la comida vegetariana.

Cuaderno de ejercicios p. 60 a 62

EXPRESAR UNA OPINIÓN

Para introducir los exponentes para expresar opinión, saque un tema de actualidad motivador y pregunte qué opinan. Si los exponentes que usan para ello coinciden con los del cuadro o son correctos, escríbalos en la pizarra.

Antes de leer el cuadro, pídales que digan para qué sirven dichas estructuras (*opinar*) y qué diferencia hay entre ellas (*expresar opinión positiva o negativa, incierta, o preguntar por una opinión*).

Tenga cuidado de que no produzcan la opinión negativa anteponiendo la negación al verbo (donde se emplea el modo subjuntivo). Dado el caso, diga que coloquen la negación detrás del verbo, ya que colocado delante, se estudiará en otro nivel.

1

Realizan la actividad de forma individual y, después, comparan en parejas para ver si opinan lo mismo. Corrija en grupo clase al finalizar la actividad.

EXPRESAR LA CAUSA

Antes de leer el cuadro comunicativo para expresar causa, pregunte por qué estudian español, esperando que le respondan *Porque*... Seguidamente, escriba la pregunta y la respuesta en la pizarra, y pida que se fijen en las frases y comenten si ven alguna diferencia entre las dos. Se espera que infieran la regla por ellos mismos: se usa *por qué*, separado y con tilde, para formular preguntas, y *porque*, junto y sin tilde, para responder y dar explicaciones.

Para trabajar el contraste entre *porque* y *por qué* y la entonación, realice esta actividad complementaria: cada alumno escribe cinco frases con *por qué* o *porque*. En parejas, se las dictan y finalmente se comparan con las originales para ver si coinciden.

2

Durante la actividad, pasee por las mesas para comprobar que producen correctamente y detectar errores. Finalmente, en grupo clase, pregunte si tienen alguna opinión en común o si hay algo de sus parejas que les llame la atención.

Cuaderno de ejercicios p. 60 a 62
Actividades 6.1. a 6.8.

EXPRESAR ACUERDO Y DESACUERDO

Acuerdo total	Acuerdo parcial	Desacuerdo total
Estoy de acuerdo con... ¡Totalmente! ¡Por supuesto! Tienes razón. ¡Sí, claro!	**Estoy** en parte de acuerdo con... No estoy totalmente de acuerdo con... Si tú lo dices...	**No estoy** de acuerdo con... ¡Para nada! ¡Anda ya! ¡Qué va! ¡Que no! ¡Qué dices!

LA NEGACIÓN

- Para dar mayor énfasis a una opinión negativa, se usan algunas palabras de significado negativo que refuerzan el adverbio *no*:
  - *No me ha gustado **para nada**.*
  - *Tú **no** tienes **ni** idea de lo que estás hablando.*
  - *No quiero hablar de eso **nunca jamás**.*

49 **3** **Escucha y completa. Luego, marca la opción correcta.**

1 ▸ Hay unas nubes muy negras en el cielo, yo creo que esta tarde va a llover.
▹ Para nada, ¡qué dices!

- [ ] a La mujer cree que va a llover.
- [x] b La mujer cree que no va a llover.

2 ▸ ¿Tú crees que el cine español está de moda? A mí me parece que sí. Hay muchas películas en este momento con proyección internacional, ¿verdad?
▹ Pffff, si tú lo dices...

- [ ] a La mujer no está de acuerdo con él.
- [x] b La mujer está parcialmente de acuerdo con él.

3 ▸ ¡Mira qué vestido tan bonito! ¿Por qué no te lo compras? Seguro que te está muy bien, ¿no crees?
▹ ¡Totalmente!

- [x] a La mujer está de acuerdo con él.
- [ ] b La mujer no está de acuerdo con él.

4 **Completa este cuestionario. Luego coméntalo con tu compañero/a. ¿Cómo ha reaccionado? ¿Estáis de acuerdo?**

	¿Por qué?	La reacción de tu compañero/a
a El mejor cantante:		
b La mejor película:		
c La mejor comida:		
d La mejor ciudad:		

Cuaderno de ejercicios p. 62 a 64 Actividades interactivas

Unidad 6: p. 103

HABLAR POR HABLAR

Objetivos

- Expresar acuerdo y desacuerdo.
- Dar énfasis a una opinión negativa.

EXPRESAR ACUERDO Y DESACUERDO

Para introducir los exponentes del cuadro, utilice el Material fotocopiable 6.1., en el que hay tarjetas de un color para las funciones y tarjetas de otro color para los exponentes.

Para trabajar la entonación de los exponentes, en grupo clase, lance varias opiniones polémicas con el fin de que reaccionen, corrigiéndolos cuando sea necesario.

Material fotocopiable 6.1. (1 y 2)
Expresar acuerdo y desacuerdo

Reparta las tarjetas para que, en parejas, las clasifiquen según lo que expresen. Realizada la actividad, abren el libro y comprueban, resolviendo las posibles dudas. Después, muestre a un estudiante la tarjeta "Opinar" para que exprese una opinión sobre un tema cualquiera. Muestre a otro otra tarjeta, como "Expresar acuerdo parcial", y deberá contestar a su compañero/a. Repita la dinámica para fijar las estructuras.

3

Para aumentar la dificultad, pueden hacer la actividad ocultando de los diálogos y guiándose solo con la audición. Comparan en parejas y, después, escuchan de nuevo, completan y confirman sus respuestas.

Corregida la actividad, pueden representar los diálogos simulando las dos opciones planteadas en cada uno y cambiando los exponentes en la opción no trabajada aún.

4

Introduzca la actividad preguntando a algún estudiante cuál cree que es el mejor deportista del mundo y por qué lo cree, esperando a que el resto de la clase reaccione. Después, completan individualmente el resto de casos y la primera columna de la actividad para, finalmente, comentar sus respuestas en parejas y completar la segunda columna con la reacción de su compañero/a.

Cuaderno de ejercicios p. 62 a 64
Actividades 6.9. a 6.14.

Actividades interactivas
Expresar opinión, causa, acuerdo y desacuerdo. La negación

Unidad 6: p. 104

PALABRA POR PALABRA

Objetivos

- Expresar la personalidad de alguien.
- Hablar de las características de algo.

Palabra por palabra VOCABULARIO

Las personalidades

impuntual · ruidoso/a · hablador/a · estresado/a · perezoso/a · soso/a · cariñoso/a · juerguista

1 **Relaciona los adjetivos anteriores con sus contrarios.**

a frío/a → cariñoso/a
b callado/a → hablador/a
c aburrido/a → juerguista
d divertido/a → soso/a
e silencioso/a → ruidoso/a
f trabajador/a → perezoso/a
g puntual → impuntual
h tranquilo/a → estresado/a

50 **2** **Escucha cómo Javi describe a Ana y Daniel y escribe sus personalidades.**

Ana → puntual, divertida/alegre y habladora

Daniel → perezoso, tranquilo y juerguista

3 **Para hablar de las características de una cosa, puedes usar estos adjetivos. Con tu compañero/a busca su significado, si no los conoces. Luego utilízalos para dar tu opinión sobre estos temas.**

práctico/a ▪ peligroso/a ▪ entretenido/a ▪ saludable ▪ interesante ▪ emocionante ▪ aburrido/a ▪ acogedor/a ▪ relajante

las redes sociales

Yo creo que las redes sociales son muy entretenidas, pero también un poco peligrosas.

el deporte · tu último libro · tu ciudad · las vacaciones

Cuaderno de ejercicios p. 64 y 65

50

Hola, chicos. Os presento a mis amigos, Ana y Daniel. Ana siempre llega a clase a la hora exacta, nunca llega tarde. Además, siempre está alegre y me río mucho con ella. La profesora le dice que no debe hablar en clase, y es verdad, siempre está hablando de sus cosas con sus compañeros. En cambio, Daniel, siempre llega al instituto muy cansado. No le gusta nada levantarse temprano. La verdad es que nunca se pone nervioso por nada, es un chico que todo lo hace con mucha, mucha calma. Lo que más le gusta es el fin de semana, cuando sale de fiesta con nosotros. Como veis, tengo amigos muy diferentes.

LAS PERSONALIDADES

Introduzca el tema describiéndose con algunos adjetivos: *Soy trabajador y divertido, ¿y vosotros?* Comente que van a aprender a describir la personalidad de una persona. Introduzca el vocabulario de forma lúdica, a modo de competición en parejas, utilizando las tarjetas del Material fotocopiable 6.2.

Material fotocopiable 6.2.
Adjetivos de personalidad

En parejas, cada alumno/a coge cuatro tarjetas. Por turnos, uno muestra una tarjeta a su compañero/a, que tiene que escribir adjetivos de personalidad que puedan describir la imagen. Vistas todas las tarjetas, abren el libro y comprueban quién ha acertado más palabras. Como algunas serán desconocidas para ellos, no se trata de que acierten todo, sino de introducir el tema y hacer un sondeo de conocimientos previos.

1

Antes de leer los adjetivos de la actividad, pida que, en parejas, piensen en los contrarios de los adjetivos de las imágenes que acaban de ver. Una vez comentado, realizan la actividad en la que ya aparecen estos contrarios.

Para su corrección, pregunte por los adjetivos que pensaron previamente, ya que existen varias posibilidades de asociación dependiendo del contexto.

2

Antes de escuchar a Javi, asegúrese de que los alumnos saben qué van a escuchar y qué tienen que hacer, para realizar la comprensión auditiva correctamente. Ponga la audición las veces que considere oportuno.

Para corregir, proyecte la transcripción para que busquen las frases que justifican las respuestas.

3

Para asegurarse de que entienden el significado de los adjetivos, antes de realizar la segunda parte de la actividad, tienen que pensar en cosas que puedan ser prácticas, peligrosas, entretenidas, etc.

Cuaderno de ejercicios p. 64 a 65
Actividades 6.15., 6.16. y 6.17.

Los tópicos

4 **Lee las siguientes frases sobre los españoles. ¿Con qué adjetivos del ejercicio 1 puedes asociarlas?**

¿Qué opinas de los españoles?

a Cuando se saludan, se dan dos besos. Math (Alemania)
→ cariñosos

b Hablan y hablan y hacen muchos gestos. Miyuki (Japón)
→ habladores (también expresivos)

c Hablan casi siempre muy alto. Steph (Reino Unido)
→ ruidosos

d Salen muy a menudo y vuelven a casa muy tarde. Mike (EE. UU.)
→ juerguistas

e Habitualmente duermen la siesta. Marie (Francia)
→ perezosos

f Cuando tienen una cita casi siempre llegan tarde. Martina (Italia)
→ impuntuales

5 **¿Puedes definir ahora la palabra "tópico"? ¿Crees que los tópicos son siempre ciertos? ¿Sabes a qué países corresponden estos?**

Italia ▪ Reino Unido ▪ Estados Unidos ▪ México

a Reino Unido

b Estados Unidos

c México

d Italia

6 **¿Qué imagen crees que tienen los extranjeros de tu país? Escribe frases similares a las del ejercicio 4.**

Cuaderno de ejercicios p. 65 Actividades interactivas

Unidad 6: p. 105

PALABRA POR PALABRA

Objetivo

- Conocer algunos tópicos sobre otros países.

4

Pregúnteles qué opinan de los españoles, si creen que son parecidos o diferentes a la gente de su país, etc. Posteriormente, realizan la actividad individualmente y, después, comparan en parejas.

Finalmente, pregunte si están de acuerdo con las afirmaciones leídas y por qué, facilitando un debate si la ocasión se presta a ello.

5

Pregúnteles cuál sería para ellos la definición de *tópico*. Escuchadas sus opiniones, anote en la pizarra una definición con las palabras desordenadas para que la ordenen. Por ejemplo: "*idea o imagen aceptada por la mayoría como modelo de cualidades o conducta*". Corregida la actividad, pregunte qué representan las imágenes y si hay otras cosas por las que se les conoce o son famosos estos países. Posteriormente, abra un debate sobre si creen que los tópicos son ciertos o no, si encierran una parte de verdad, etc.

Como actividad adicional, realice el Material fotocopiable 6.3.

Material fotocopiable 6.3. (1 y 2)
Estereotipos

Reparta una tarjeta de la ficha (1) sobre tópicos a cada pareja y deles tiempo para discutir si creen que la información que aparece es verdadera o falsa. Anotadas sus respuestas, confirman si son correctas con la información de las tarjetas de la ficha (2), que previamente habrá pegado en diferentes lugares del aula. Ganará la pareja con más respuestas correctas y más rápida.

6

Realizan la actividad de forma individual, mientras se pasea por las mesas para corregir errores. Después, haga una puesta en común. Terminada la actividad, busque en internet opiniones de gente de otros países sobre la del país de sus estudiantes, iniciando con ello un debate.

Cuaderno de ejercicios p. 65
Actividad 6.18.

Actividades interactivas
La personalidad y los tópicos

Unidad 6: p. 106

PASO A PASO

Objetivo

- Aprender cómo se forma el pretérito imperfecto de los verbos regulares.

Paso a paso GRAMÁTICA

PRETÉRITO IMPERFECTO: VERBOS REGULARES

	hablar	comer	vivir
yo	habl**aba**	com**ía**	viv**ía**
tú	habl**abas**	com**ías**	viv**ías**
él/ella/usted	habl**aba**	com**ía**	viv**ía**
nosotros/as	habl**ábamos**	com**íamos**	viv**íamos**
vosotros/as	habl**abais**	com**íais**	viv**íais**
ellos/ellas/ustedes	habl**aban**	com**ían**	viv**ían**

- Se usa el **pretérito imperfecto** para:
  - hablar de acciones habituales en el pasado:
    – *Antes **salíamos** todos los fines de semana.*
  - describir en el pasado:
    – *De joven **era** muy trabajador.*
  - describir una acción en desarrollo (no terminada) en el pasado, frente a una acción puntual:
    – *Aquella tarde yo **estaba** sentado en el parque cuando empezó a llover.*
- Normalmente el pretérito imperfecto va acompañado de las siguientes **expresiones temporales**:
  – ***Antes** me gustaba mucho el chocolate, ahora no.*
  – ***Entonces** la vida en España era diferente.*
  – ***De pequeño/De joven** jugaba mucho con mis amigos.*
  – ***Cuando** estudiaba en la universidad, no salía mucho.*

Videogramas

1 **Coloca los siguientes marcadores temporales correctamente en las frases y conjuga los verbos entre paréntesis en pretérito imperfecto. Uno de ellos no es necesario, ¿sabes cuál?**

cuando ▪ ayer ▪ antes ▪ a menudo ▪ de pequeño/a ▪ todos los días

a ......Antes...... las mujeres españolas no ......trabajaban...... (trabajar) fuera de casa.
b ......Cuando...... mis padres eran jóvenes ......pasaban...... (pasar) los fines de semana en el campo.
c ......De pequeña...... mi hermana ......jugaba...... (jugar) con un osito de color azul.
d ......A menudo...... mi madre ......preparaba...... (preparar) paella los domingos.
e ......Todos los días...... ......cogía...... (coger, yo) el autobús para ir al colegio.

El marcador temporal que sobra es "ayer", ya que este acompaña al pretérito indefinido.

2 **Con tu compañero/a, conjuga los verbos en pretérito imperfecto y forma tres en raya.**

preparar, él	vivir, nosotras	estudiar, ella	viajar, tú	leer, ellos	abrir, él
trabajar, yo	hablar, vosotros	tener, ellas	dormir, nosotros	beber, tú	correr, nosotros
comer, ellos	jugar, tú	cantar, yo	salir, vosotras	haber, ella	hacer, ellos

3 **Escribe tres frases sobre qué hacías cuando eras pequeño/a. Una de ellas debe ser falsa. Tu compañero/a tiene que adivinarla.**

2

Preparar, él: **preparaba**; vivir, nosotras: **vivíamos**; estudiar, ella: **estudiaba**; viajar, tú: **viajabas**; leer, ellos: **leían**; abrir, él: **abría**; trabajar, yo: **trabajaba**; hablar, vosotros: **hablabais**; tener, ellas: **tenían**; dormir, nosotros: **dormíamos;** beber, tú: **bebías**; correr, nosotros: **corríamos**; comer, ellos: **comían**; jugar, tú: **jugabas**; cantar, yo: **cantaba**; salir, vosotras: **salíais**; haber, ella: **había**; hacer, ellos: **hacían.**

Material fotocopiable 6.4.

Respuestas:

1. b, c, d; 2. a. tenía tanto amor; b. a veces maldigo mi suerte por no seguir contigo; c. prometo no olvidarlo nunca.

PRETÉRITO IMPERFECTO: VEBOS REGULARES

Como en la página 101 ya han tomado contacto con el pretérito imperfecto, trabaje sobre ese diálogo con el Material proyectable 6.2. para que infieran su forma y uso.

Material proyectable 6.2.
El pretérito imperfecto

Pida que marquen en el diálogo los verbos en pasado y que los escriban en su cuaderno junto a su infinitivo (de momento, trabajarán solo con los verbos regulares). A continuación, anímelos a que completen el primer cuadro del Material proyectable 6.2.

Guíe la actividad con preguntas de concepto: *¿Usamos las mismas desinencias para las tres conjugaciones?* (No) *¿Hay alguna conjugación que comparta desinencias?* (La 2.ª y la 3.ª) *¿Hay alguna desinencia común para más de una persona?* (Para la 1.ª y la 3.ª del sing.).

Finalmente, abren el libro por la página 106 y reflexionan sobre el cuadro gramatical. Pregunte: *¿Cuándo creéis que se usa este nuevo tiempo verbal? ¿Qué diferencia hay entre los otros pasados que ya conocéis?*

Proyecte la primera parte del vídeo de gramática para ver una explicación gramatical del pretérito imperfecto de indicativo de los verbos regulares.

Videogramas
El pretérito imperfecto

1 y **2**

Actividades de práctica controlada. En el ejercicio 2, por turnos, dicen las formas correspondientes para cada casilla. Gana quien antes forme tres en raya.

3

Supervise la actividad y corrija los errores que detecte. Como actividad lúdica, proponga la explotación didáctica de la canción del Material fotocopiable 6.4.

Material fotocopiable 6.4.
Tenía tanto que darte *de Nena Daconte*

Si lo desea, proyecte el vídeo de Casa del español para ver cómo la gente de la calle describe en el pasado.

Casa del español
Describir en el pasado

VERBOS IRREGULARES

- Solo existen tres verbos irregulares en pretérito imperfecto.

	ser	ver	ir
yo	era	veía	iba
tú	eras	veías	ibas
él/ella/usted	era	veía	iba
nosotros/as	éramos	veíamos	íbamos
vosotros/as	erais	veíais	ibais
ellos/ellas/ustedes	eran	veían	iban

4 **Javi está muy interesado en la época de su abuelo y ha escrito una redacción para su colegio. Completa el texto conjugando los verbos entre paréntesis.**

La España de los 60

En casa, mi abuelo dice que cuando él ...era... (ser) joven, la situación en España ...era... (ser) más difícil que ahora. He buscado en internet algunas cosas sobre esa época. Por ejemplo, que España ...estaba... (estar) gobernada por Franco y en nuestro país ...había... (haber) una dictadura, lo que significa, entre otras cosas, que la gente no ...tenía... (tener) libertad. También ...había... (haber) muchas personas que ...emigraban... (emigrar) a otros países europeos como Francia, Alemania o Suiza, en busca de trabajo. Las familias ...eran... (ser) muy grandes. Las mujeres ...podían... (poder) tener una media de 4 o 5 hijos y habitualmente no ...trabajaban... (trabajar) fuera de casa. Muchas familias no ...tenían... (tener) coche ni ...veían... (ver) la televisión. Tampoco ...iban... (ir) de vacaciones al extranjero. Las principales aficiones de los españoles ...eran... (ser) el fútbol y las corridas de toros. ¡Cómo hemos cambiado!

5 **Busca en internet datos similares a los que da Javi sobre tu país en los años 60 y escribe un texto.**

6 **Pregunta a tu compañero/a por su infancia. Tienes que construir las preguntas con las imágenes siguientes, como en el ejemplo.**

habitación

¿Cómo era tu habitación?

amigos

¿Quiénes eran tus mejores amigos?

juguetes

¿Cuál era tu juguete favorito?

ropa

¿Qué ropa te gustaba llevar?

Cuaderno de ejercicios p. 65 a 67 · Actividades interactivas

Unidad 6: p. 107

PASO A PASO

Objetivo

- Aprender cómo se forma el pretérito imperfecto de los verbos irregulares.

Nota cultural.

La dictadura militar de Francisco Franco se impuso en España en el año 1939, después de la Guerra Civil, librada entre el bando republicano y el bando nacional. Hasta 1975 España vivió bajo el régimen militar de Franco. La época de la dictadura se caracterizó por el aislamiento de España respecto a otros países y por la falta de libertad de expresión, entre otros. Tanto la educación como la sociedad estaban fuertemente sometidas a una moral basada en el catolicismo. Algunas familias, si no habían emigrado ya por motivos políticos, tuvieron que marcharse a otros países en busca del trabajo que escaseaba en España, y muchas pasaron grandes aprietos, hambre y necesidades. El concepto de la familia era muy tradicional, cualquier tipo de método anticonceptivo estaba prohibido, por lo que las familias solían ser numerosas, a pesar del bajo nivel adquisitivo de la población. El coche y la televisión eran considerados artículos de lujo y las vacaciones eran algo impensable para la mayoría. Paradójicamente, España se convirtió en los años 60 en un reclamo turístico. Con la llegada de turistas y la paulatina apertura de España al mundo, hubo un desarrollo económico que contribuyó a que, poco a poco, los españoles pudieran tener más libertades y más poder adquisitivo, convirtiéndose así la clase media en la mayoritaria del país.

VERBOS REGULARES

Recupere el diálogo de la página 101 y el Material proyectable 6.2., y proceda igual que con los verbos regulares. Diga que completen el segundo cuadro (paradigma del pretérito imperfecto irregular), guiándose por los ejemplos que aparecen en el diálogo (*ser*, *ir*). Hecha la sistematización, dé las explicaciones convenientes del cuadro gramatical para que recuerden mejor los irregulares, con preguntas del tipo: *¿Cuál es el verbo más irregular?* (Ser) *¿Qué irregularidad creéis que tiene el verbo "ver"?* (Conserva la "e" del infinitivo).

Material proyectable 6.2.
El pretérito imperfecto

Proyecte la segunda parte del vídeo de gramática para ver una explicación gramatical del pretérito imperfecto de indicativo de los verbos irregulares.

Videogramas
El pretérito imperfecto

4

Antes de abordar el texto, pida que observen la fotografía y digan en qué época creen que se tomó, quiénes creen que son las personas que aparecen, qué relación hay entre ellas, dónde están... Lanzadas las hipótesis, diga que es una foto del abuelo de Javi con su familia. Seguidamente, realizan la actividad en parejas.

5

Para facilitarles la actividad, dé una pauta o guion, mostrando la nota cultural anterior: situación política, económica, cómo eran las familias, la situación de la mujer, las aficiones de la población...

6

Actividad de expresión oral para poner en práctica el pretérito imperfecto.

Cuaderno de ejercicios p. 65 a 67
Actividades 6.19. a 6.25.

Actividades interactivas
El pretérito imperfecto

Unidad 6: p. 108

SUENA BIEN

Objetivo

- Aprender a identificar y pronunciar los diptongos.

51

1. Mi tío Eugenio me llama cada día. En esta ciudad hay mucho ruido; **2.** En esta ciudad hay mucho ruido; **3.** Esta mañana un león se ha escapado de su jaula; **4.** De cuatro a seis voy a clase; **5.** A Jaime le gusta mucho la geografía; **6.** Ya han llamado a la ambulancia; **7.** Lo siento, no oigo bien; **8.** Lourdes vive en Italia.

Suena bien PRONUNCIACIÓN Y ORTOGRAFÍA

Los diptongos

- El diptongo es la unión de dos vocales de la misma sílaba. Sin embargo, el diptongo solo se produce con las siguientes **combinaciones de vocales**:
  - vocal débil + vocal fuerte acentuada
  - vocal fuerte acentuada + vocal débil
  - vocal débil + vocal débil acentuada

!
- vocales débiles: ***i*** / ***u***
- vocales fuertes: ***a*** / ***e*** / ***o***

1 **Escribe todas las combinaciones posibles para tener un diptongo y busca un ejemplo entre los que tienes a continuación. Después, marca también la tilde.**

veinte ▪ ruidos ▪ puntual ▪ euro ▪ adios ▪ huevo ▪ hablais ▪ aula ▪ sois
antiguo ▪ tierra ▪ estadounidense ▪ ciudad ▪ ~~comedia~~

I...

ia	io-	ie-	iu-
comedia	adiós	tierra	ciudad

U...

ui-	ua-	ue-	uo-
ruidos	puntual	huevo	antiguo

A...

ai-	au-
habláis	aula

E...

ei-	eu-
veinte	euro

O...

oi-	ou-
sois	estadounidense

51 **2** **Dictado.**

1 ....
2 ....
3 ....
4 ....
5 ....
6 ....
7 ....
8 ....

3 **En el dictado hay trece palabras con diptongos. Búscalas y escríbelas.**

1. **Eugenio**; 2. **ciudad**; 3. **ruido**; 4. **jaula**; 5. **cuatro**; 6. **seis**; 7. **Jaime**; 8. **ambulancia**; 9. **siento**; 10. **oigo**; 11. **bien**; 12. **Lourdes**; 13. **Italia**.

4 **Hay una palabra que tiene dos diptongos. ¿La has encontrado?** Eugenio

Cuaderno de ejercicios p. 67 Actividades interactivas

LOS DIPTONGOS

Escriba las cinco vocales en la pizarra y explique que las vocales en español se dividen en fuertes (*a*, *e*, *o*) y débiles (*i*, *u*). Indique que esto es importante para poder separar las sílabas y así poder pronunciar y acentuar correctamente. A continuación, lea el cuadro explicativo.

1

Corregida la actividad, advierta que el grupo vocálico se pronuncia en un solo golpe de voz. A continuación, tienen que encontrar otras palabras para ejemplificar los diptongos. Se hace en parejas y, después, se pone en común para conseguir entre todos una palabra de cada grupo.

2

Para corregir el dictado, pida a varios alumnos que salgan a la pizarra a escribir las frases. Si hay errores, el resto deberá encontrarlos. Deje en la pizarra el dictado para marcar los diptongos cuando se corrija la actividad siguiente.

3 y **4**

Como actividad opcional, realice el Material proyectable 6.3.

Material proyectable 6.3.
El juego de la pronunciación

El material se divide en tres filas: una de cuatro palabras, otra de seis y otra de ocho, todas con diptongos. Explique que el juego se divide en tres etapas, que corresponden a cada fila. Los alumnos tienen que pronunciar las palabras separándolas por sílabas y dar una palmada para marcar la sílaba tónica. Cada vez que un alumno lo haga a destiempo habrá que empezar de nuevo. Primero empiece por la primera serie; cuando salga perfecta, pase a la siguiente. En la tercera serie, introduzca la variante de que el que se equivoque quede eliminado. El objetivo es completar las tres series.

Cuaderno de ejercicios p. 67
Actividades 6.26. y 6.27.

Actividades interactivas
Los diptongos

Sesión de cine — VÍDEO

¿VAMOS DE COMPRAS?

SINOPSIS

Un hombre y una mujer hablan mientras ven la tele. Ella está aburrida y tiene ganas de salir de casa. Le propone al hombre salir, pero él está cansado. Ella le propone varias posibilidades, pero él no parece animado. ¿Crees que puede convencerlo? ¿Qué va a pasar?

1 **Mira estas imágenes del vídeo y, con tu compañero/a, responde a las preguntas.**

a ¿Cómo crees que son estas personas? ¿Qué carácter o personalidad tienen?
b ¿Dónde crees que están? ¿Por qué? ¿Qué relación hay entre ellos? ¿Qué están haciendo?
c ¿De qué crees que van a hablar? ¿Crees que van a estar de acuerdo?

2 **Observa el vídeo y haz las actividades que te va a repartir tu profesor/a.**

Secuencia de vídeo — Actividades interactivas

Unidad 6: p. 109

SESIÓN DE CINE

Objetivos

- Visionar un vídeo donde aparecen los contenidos de la unidad.
- Comprender conversaciones entre hispanos sobre hábitos del pasado.

Material fotocopiable 6.5.

1. a. Él es muy tranquilo y ella más activa; **b.** Están en el salón viendo la tele y son pareja; **c.** De los planes para el fin de semana. Al final sí. **2.** b, e, d, c, a. **3. a.** Iban al cine, al teatro, de excursión, bailaban y veían exposiciones; **b.** Ven la televisión y se quedan en casa; **c.** Antes eran estudiantes y ahora trabajan y están cansados; **d.** Sí. Van a salir a cenar a un japonés. **4. Lo dice ella:** d, e; **Lo dice él:** a, b, c, f; **Acuerdo:** f; **Desacuerdo:** a, b, c, d, e.

Material fotocopiable 6.6.

3. Felipe: c; **Sebas:** c; **Eli:** a; **Lorena:** e; **Alfonso:** b; **Juanjo:** d. **4. Tyrion:** bromista, hablador, divertido; **Jon Snow:** guapo; **Arya Stark:** impresionante, interesante; **Bran Stark:** importante; **Daenerys:** guapísima. **5. a.** inteligente; **b.** peligroso; **c.** cruel; **d.** original; **e.** práctico; **f.** viejo; **g.** desagradable; **h.** malvado. **6. La serie es** genial, emocionante y perfecta; **Los personajes son** fascinantes, emocionantes, maravillosos. **7. Título:** Juego de Tronos; **Año:** 2011; **País:** Estados Unidos; **Género:** Fantasía, Drama; **Argumento:** Historia situada en un mundo ficticio medieval, gira en torno a tres líneas argumentales: la crónica de la guerra civil dinástica por el control de Poniente entre varias familias nobles; la creciente amenaza de los Otros, contenida por un inmenso muro de hielo que protege el Norte de Poniente; y el viaje de Daenerys Targaryen, la hija exiliada del rey asesinado, que regresa a Poniente reclamando sus derechos.

1

Pida que, en pequeños grupos, observen la imagen de la pareja y digan de qué cosas crees que están hablando. Establezca una conversación acerca de todo lo que ven en la imagen y pídales que contesten a las preguntas planteadas en la actividad.

Después de hablar sobre la imagen, invite a los estudiantes a que lean la sinopsis de forma individual y a que comprueben sus hipótesis.

Realizada la actividad, pregunte qué actividades solían hacer en el pasado y que ahora no hacen. Establezca un diálogo con toda la clase utilizando el pretérito imperfecto.

2

A continuación, proyecte el vídeo y presente el **Material fotocopiable 6.5.**

Material fotocopiable 6.5.
¿Vamos de compras?

Secuencia de vídeo
¿Vamos de compras?

Actividades interactivas
¿Vamos de compras?

Si lo desea, puede trabajar otros acentos a través de la serie hispana **¡Acción!** y del **Material fotocopiable 6.6.**

Material fotocopiable 6.6.
Nuestra serie favorita

¡Acción!
Nuestra serie favorita

Actividades interactivas
Nuestra serie favorita

Unidad 6: p. 110

MUNDO HISPANO

Objetivo

- Reconocer algunos tópicos sobre los españoles.

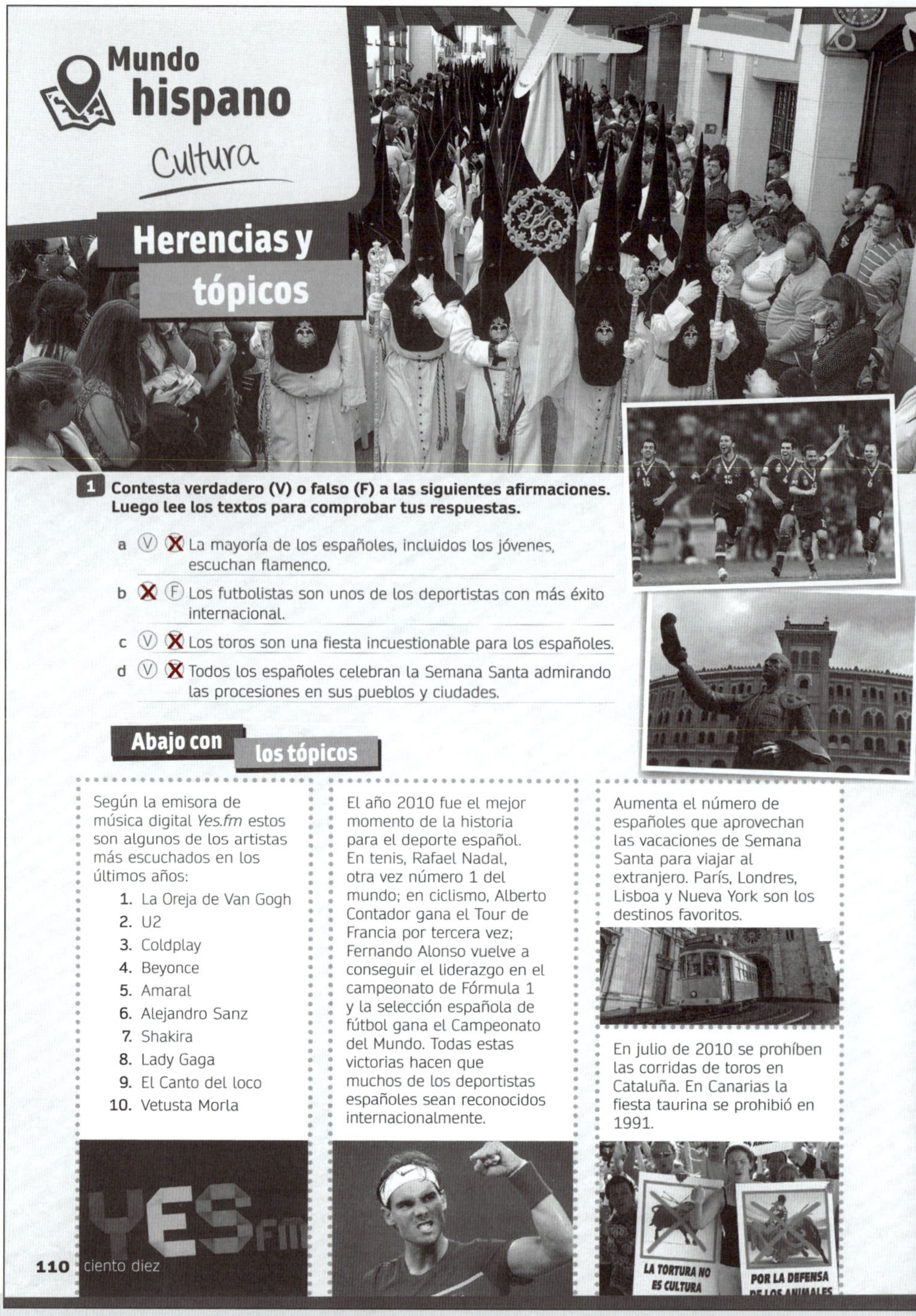

Mundo hispano

Cultura

Herencias y tópicos

1 **Contesta verdadero (V) o falso (F) a las siguientes afirmaciones. Luego lee los textos para comprobar tus respuestas.**

a (V) (X) La mayoría de los españoles, incluidos los jóvenes, escuchan flamenco.

b (X) (F) Los futbolistas son unos de los deportistas con más éxito internacional.

c (V) (X) Los toros son una fiesta incuestionable para los españoles.

d (V) (X) Todos los españoles celebran la Semana Santa admirando las procesiones en sus pueblos y ciudades.

Abajo con los tópicos

Según la emisora de música digital *Yes.fm* estos son algunos de los artistas más escuchados en los últimos años:

1. La Oreja de Van Gogh
2. U2
3. Coldplay
4. Beyonce
5. Amaral
6. Alejandro Sanz
7. Shakira
8. Lady Gaga
9. El Canto del loco
10. Vetusta Morla

El año 2010 fue el mejor momento de la historia para el deporte español. En tenis, Rafael Nadal, otra vez número 1 del mundo; en ciclismo, Alberto Contador gana el Tour de Francia por tercera vez; Fernando Alonso vuelve a conseguir el liderazgo en el campeonato de Fórmula 1 y la selección española de fútbol gana el Campeonato del Mundo. Todas estas victorias hacen que muchos de los deportistas españoles sean reconocidos internacionalmente.

Aumenta el número de españoles que aprovechan las vacaciones de Semana Santa para viajar al extranjero. París, Londres, Lisboa y Nueva York son los destinos favoritos.

En julio de 2010 se prohíben las corridas de toros en Cataluña. En Canarias la fiesta taurina se prohibió en 1991.

110 ciento diez

1

a. falso (Según la lista de *Yes.fm*, la música preferida no es el flamenco); b. verdadero; c. falso (En Canarias y en Cataluña está prohibidas); d. falso (Muchos españoles viajan al extranjero en estas fechas).

El tema de los tópicos suele dar mucho juego para que los alumnos hablen. Si ve que los estudiantes están motivados, puede aprovechar para hacer una clase de conversación en la que se trabajen aspectos como la tolerancia, los prejuicios y el respeto a otras culturas. Para motivar la interacción oral, lleve fotos que representen tópicos de varios países, por ejemplo: un alemán comiendo salchichas, un inglés con un bombín y un paraguas, un italiano comiendo *pizza*, una bailaora de flamenco, un francés con un cruasán y una boina de pintor... Pregunte a los alumnos de qué países creen que son las personas de las fotos, si creen que todas las personas de ese país son así, por qué creen que se les representa de esta manera y si creen que se trata solo de tópicos o si, por el contrario, piensan que tienen fundamento.

También anímelos a que hablen sobre tópicos que existan entre diferentes regiones de su país.

1

Diga a los alumnos que observen las imágenes que aparecen en la página y que traten de identificar los tópicos de España que representan.

Antes de que lean el primer texto, póngales fragmentos de canciones de los artistas que aparecen en la lista y pídales que digan si alguno de esos estilos es flamenco. Pregúnteles también si es el mismo tipo de música que escuchan ellos, si conocen alguno de esos grupos y si creen que tendrían éxito en su país. Al finalizar, haga a una reflexión sobre el hecho de que los tópicos son generalizaciones que suelen ser falsas y que muchas veces perjudican la imagen de un país o una comunidad.

Invítelos a leer los textos y a resolver la actividad. Enseñe las palabras: *corrida de toros* y *procesión*.

Los españoles en América

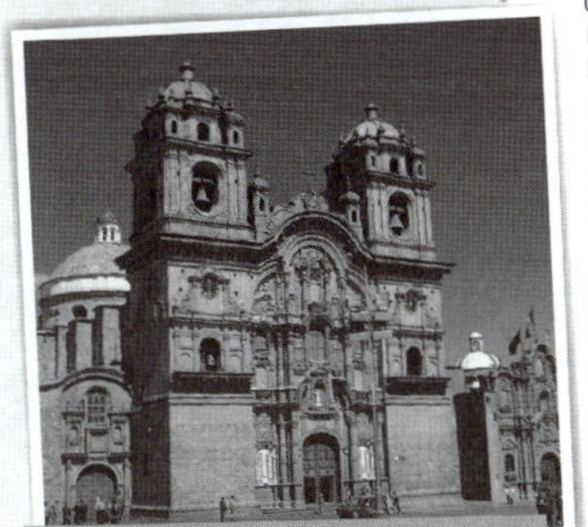

Iglesia de la Compañía de Jesús en Cuzco, un ejemplo del barroco peruano.

Con la llegada de Cristóbal Colón al continente americano, los españoles quisieron crear allí una sociedad similar a la europea. Durante 500 años, gran parte del territorio americano era español. En el siglo XIX, los países americanos empezaron su proceso de independencia de España.

Hoy, es posible ver la herencia colonial española en el idioma y la cultura de muchos países americanos. La arquitectura colonial también es parte de esta herencia. Este estilo es de casas de dos pisos, con grandes puertas y de color blanco.

En el siglo XVII, el movimiento barroco inspiró muchos edificios, obras de arte y música en Europa. Este estilo, impresionante y con muchos adornos, llegó a Perú y se ve en muchas iglesias en las ciudades de Quito y Cuzco.

Detalle de un edificio en el Parque de Balboa, San Diego.

2 Relaciona para formar frases.

1 La herencia colonial
2 En el Viejo San Juan
3 El estilo barroco

a se ve reflejada en muchas iglesias peruanas.
b es rico en adornos.
c hay muchas casas de colores.

3 Responde a las preguntas y discute tus ideas con el resto de la clase.

a ¿Cómo son las casas de tu barrio? ¿Qué estilos diferentes hay?

....

....

b ¿Te gustaría visitar el Viejo San Juan? ¿Por qué?

....

....

c ¿Qué lugares turísticos hay en tu ciudad? ¿Cuál es tu favorito y por qué?

....

....

d ¿Qué sabes del Barroco? ¿Qué obras conoces con este estilo?

....

....

VIAJES | SAN JUAN DE PUERTO RICO

El Viejo San Juan es un distrito en la capital de Puerto Rico. Está en una pequeña isla, conectada por puentes a la isla principal. Es una zona que no ha cambiado mucho desde la época de la colonia española. Allí hay dos fuertes: el Morro y el Castillo de San Cristóbal, que se usaban para la defensa de la ciudad. Hay también muchas plazas y preciosas iglesias de piedra. Al caminar por las calles con adoquines y casas de colores alegres, es fácil imaginar cómo era la vida en el siglo XVII.

Cuaderno de ejercicios p. 68 Actividades interactivas

Unidad 6: p. 111

MUNDO HISPANO

Objetivo

- Conocer algunas herencias españolas en Hispanoamérica.

2

Introduzca el tema preguntando a los estudiantes qué saben sobre la herencia de los españoles en los países hispanos. Pídales que observen las imágenes y que traten de adivinar de qué trata el texto. Hable sobre las imágenes y compruebe qué saben sobre el tema.

A continuación, invítelos a leer los dos textos y pregúnteles: *¿Cómo se dice Cristóbal Colón en tu idioma? ¿Qué idioma se habla en Puerto Rico? ¿Qué es el barroco?*, etc.

Por último, pídales que relacionen las dos partes de las frases según la información de los textos. En la corrección, haga que algunos voluntarios lean las frases completas. Aclare el vocabulario que no entiendan.

3

Lea las preguntas con los estudiantes y dígales que piensen en las respuestas. Haga que trabajen en parejas y que después presenten sus ideas a la clase.

Cuaderno de ejercicios p. 68
Actividades 6.28.

Actividades interactivas
Abajo los tópicos

Unidad 6: p. 112

ÉRASE UNA VEZ...

Objetivos

- Conocer a un autor hispano.
- Analizar un fragmento de una obra de literatura.

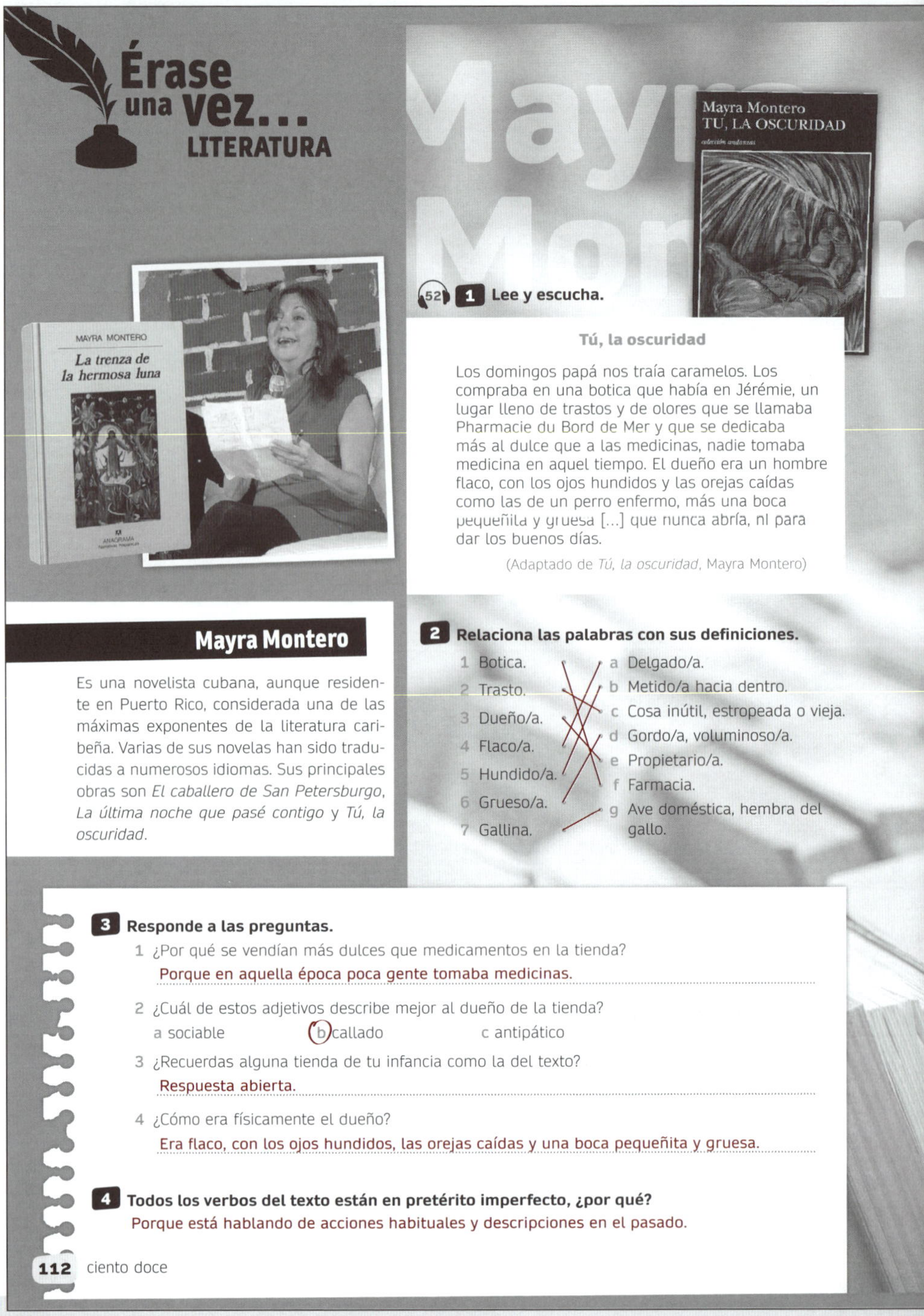

Érase una vez... LITERATURA

MAYRA MONTERO *La trenza de la hermosa luna*

Mayra Montero *TÚ, LA OSCURIDAD*

1 Lee y escucha. (52)

Tú, la oscuridad

Los domingos papá nos traía caramelos. Los compraba en una botica que había en Jérémie, un lugar lleno de trastos y de olores que se llamaba Pharmacie du Bord de Mer y que se dedicaba más al dulce que a las medicinas, nadie tomaba medicina en aquel tiempo. El dueño era un hombre flaco, con los ojos hundidos y las orejas caídas como las de un perro enfermo, más una boca pequeñita y gruesa [...] que nunca abría, ni para dar los buenos días.

(Adaptado de *Tú, la oscuridad*, Mayra Montero)

Mayra Montero

Es una novelista cubana, aunque residente en Puerto Rico, considerada una de las máximas exponentes de la literatura caribeña. Varias de sus novelas han sido traducidas a numerosos idiomas. Sus principales obras son *El caballero de San Petersburgo*, *La última noche que pasé contigo* y *Tú, la oscuridad*.

2 Relaciona las palabras con sus definiciones.

1 Botica.
2 Trasto.
3 Dueño/a.
4 Flaco/a.
5 Hundido/a.
6 Grueso/a.
7 Gallina.

a Delgado/a.
b Metido/a hacia dentro.
c Cosa inútil, estropeada o vieja.
d Gordo/a, voluminoso/a.
e Propietario/a.
f Farmacia.
g Ave doméstica, hembra del gallo.

3 Responde a las preguntas.

1 ¿Por qué se vendían más dulces que medicamentos en la tienda?
Porque en aquella época poca gente tomaba medicinas.

2 ¿Cuál de estos adjetivos describe mejor al dueño de la tienda?
a sociable (b) callado c antipático

3 ¿Recuerdas alguna tienda de tu infancia como la del texto?
Respuesta abierta.

4 ¿Cómo era físicamente el dueño?
Era flaco, con los ojos hundidos, las orejas caídas y una boca pequeñita y gruesa.

4 Todos los verbos del texto están en pretérito imperfecto, ¿por qué?
Porque está hablando de acciones habituales y descripciones en el pasado.

112 ciento doce

1

Para introducir la sección, invite a los alumnos a leer la información sobre la autora del texto que van a leer y a escuchar.

Ponga la audición mientras leen el texto. Dígales que subrayen las palabras que no entiendan, ya que en la siguiente actividad resolverán sus dudas.

2 y 3

Actividades de comprensión lectora. En primer lugar, pida a sus alumnos que relacionen las palabras que han aparecido en el texto con su significado. Si lo desea, invítelos a que copien de nuevo el texto pero sustituyendo las palabras por sus sinónimos.

A continuación, invítelos a responder a las preguntas de la actividad 3.

4

Invite a los alumnos a rodear en un color los verbos que aparecen en pretérito imperfecto. Recuérdeles también los usos de este tiempo verbal.

5 **Lee el siguiente texto y elige la opción correcta.**

Viaje en el tiempo

Estela se despertó más temprano de lo normal. Cuando abrió los ojos se asustó, porque no reconocía la habitación. Estaba en casa de sus abuelos en la plaza de la Puerta del Sol, pero los muebles eran diferentes: los de los abuelos no eran tan antiguos como aquellos. Del exterior entraba mucho ruido, podía oír música, campanas y aplausos. Miró por la ventana y vio una multitud de gente. Llevaban ropa de otra época, estaban contentos, aplaudían y llevaban pancartas. En sus manos agitaban extrañas banderas de España y levantaban un brazo. En las paredes había carteles con la foto de un señor con bigote. Estela se preocupó más, porque empezó a escuchar gente que hablaba dentro de la casa, susurraban asustados y una mujer lloraba. De repente, oyó el ruido de la puerta y la mujer dijo: "Carlos no vive aquí". Unos hombres que vestían de azul abrieron la puerta y Estela cerró los ojos.

Un segundo después los volvió a abrir, el lugar era otra vez la habitación que ella conocía y su abuela estaba allí con ella. Le secaba el sudor de la frente y decía: "Tranquila, cariño, era una pesadilla".

Estela estaba confundida y preguntó: "Abuela, ¿quién es Carlos?". La abuela la miraba sorprendida: "Creo que tu abuelo te ha contado demasiadas cosas y eres muy pequeña para entender la triste historia de este país. Ahora, vístete rápido, hoy es 19 de mayo, es el cumple del abuelo, ¿recuerdas?".

1 Lo que Estela vio y escuchó en casa de sus abuelos...
- a era una manifestación.
- (b) era un sueño.
- c era un viaje en el tiempo.

2 Las personas que Estela escuchaba en casa...
- a estaban felices y contentas como las personas de la calle.
- (b) estaban asustadas.
- c la llamaban por su nombre.

3 Cuando la abuela dijo "pesadilla" se refería a...
- (a) un sueño muy feo y desagradable.
- b que Estela estaba enferma.
- c que Estela tuvo una experiencia triste.

4 En su pesadilla, Estela se traslada a...
- a una época de una España feliz.
- (b) una época trágica para España.
- c una época de libertades en España.

6 **Observa estas fotos y decide cuál se corresponde al sueño de Estela.**

a

b

c

7 **Fíjate en la fecha del final del relato e investiga en internet qué acontecimiento representa para la historia de España ese mismo día en el año 1939.**

Actividades interactivas

Unidad 6: p. 113

ÉRASE UNA VEZ...

Nota cultural.
Durante la Guerra Civil y la dictadura muchas personas que habían luchado en el bando republicano o que tenían alguna relación con los comunistas fueron perseguidas. Muchas de ellas vivían permanentemente escondidas en sótanos para evitar ser encontradas por la policía. Era muy habitual que se llevaran a cabo redadas para llevarlas presas o fusilarlas, es lo que llamaban "el paseo", porque a las familias les decían que se las llevaban de paseo. Las familias vivían con el miedo constante de que en cualquier momento pudieran ser halladas.

6

Se corresponde con la foto 2, la del desfile militar.

Nota cultural.
El 19 de mayo de 1939 fue el día en que las tropas del general Franco hicieron un desfile en Madrid para celebrar la victoria sobre el bando republicano en la Guerra Civil y la instauración del régimen dictatorial de Franco.

5

Los alumnos pueden leer por turnos y en voz alta. Para comprobar que se está comprendiendo el texto, a medida que los estudiantes van leyendo, hágales preguntas de comprensión o pídales que resuman con sus propias palabras lo que han leído. A continuación, resuelva las dudas de vocabulario y pronunciación y deje unos minutos para que hagan una segunda lectura de forma individual.

Una vez han leído y comprendido el texto, dígales que procedan a contestar a las preguntas.

6

Advierta a los estudiantes que el sueño de Estela la ha trasladado a la época de la dictadura franquista en España (1939-1975). Concretamente la foto que deben seleccionar es de 1939, cuando tiene lugar su inicio. Se espera que con la actividad 7 entiendan a qué se debe este desfile.

7

Esta tarea se puede hacer en parejas o de forma individual. Para corregirla, pida a los alumnos que expongan sus investigaciones y que comprueben ellos mismos si todos los datos coinciden. Si lo cree conveniente, lleve a clase algunos textos sacados de internet para ayudar a los estudiantes.

Como tarea para casa, pídales que escriban sobre una época o hecho histórico importante en su país.

Actividades interactivas
Mayra Montero

Unidad 6: p. 114

ME PREPARO PARA EL DELE

Objetivos

- Familiarizarse con el examen de español DELE.
- Prepararse para lograr el nivel.

Me preparo para el DELE

Prueba de expresión e interacción escritas

1 **Imagina que has cambiado de ciudad y de instituto. Escribe un correo electrónico de 70 a 80 palabras a un amigo o amiga. Tienes que:**

Decir cómo te sientes. ▪ Explicar cómo era tu antigua ciudad y cómo es tu nueva ciudad. Describir a tus nuevos profesores y compañeros.

Mensaje nuevo

Para: ....@mail.es

....

....

....

....

....

....

Prueba de expresión e interacción orales

2 **Estas fotografías pertenecen a la infancia de Juan. Descríbelas.**

- ¿Quiénes eran?
- ¿Dónde estaban?
- ¿Cómo eran?
- ¿Qué hacían?
- ¿Cuántos años tenían?

114 ciento catorce

Cuaderno de ejercicios p. 69 y 70 · Actividades interactivas

Para obtener más información sobre los diplomas DELE, acceda a https://examenes.cervantes.es/es/dele-para-escolares/examenes/a2-b1. También puede obtener modelos de exámenes similares a este en el manual *El Cronómetro. Nivel A2/B1 para escolares* (Editorial Edinumen).

1

Antes de empezar la actividad, pregúnteles si alguna vez han cambiado de colegio o de instituto, cómo se sintieron y si les gustó el cambio. Después, lea el enunciado haciendo hincapié en que es muy importante que escriban sobre los tres asuntos que se les piden.

Para enriquecer el vocabulario, proponga una lluvia de ideas sobre palabras y expresiones que pueden salir a colación de cada tema.

Al corregir, tenga en cuenta si han comentado los tres puntos que se le indican. Las características de esta prueba puede consultarlas en la página 46 del libro del profesor.

2

Deje 10 minutos para que respondan a las preguntas y elaboren un pequeño esquema para la exposición oral. Diga que usen los conectores del discurso que conocen, o añada alguno más.

Si la prueba se va a realizar en el aula, explique las dos actividades primero y, mientras hacen la primera, llámelos uno a uno para realizar la segunda. Otra opción es que esta segunda actividad se haga por parejas y que pasee por las mesas y anote los errores para corregir en grupo clase.

Si la actividad se hace individualmente, haga preguntas para que el alumno interactúe.

En la corrección, tenga en cuenta la fluidez, la pronunciación, el vocabulario utilizado, los errores gramaticales, la coherencia en el discurso y la interacción oral en la conversación.

Para más información sobre las características de la prueba oral, vaya a la página 80 del libro del profesor.

Cuaderno de ejercicios p. 69 y 70
Actividades 6.29. a 6.33.

Actividades interactivas
Comprensión de lectura
Expresión e interacción orales

¡Me lo sé!

1 **¿Qué quiere decir Marta con estas expresiones?**

.../4

1 **Juan:** Mi madre, de joven, era una modelo muy famosa.
Marta: ¡Anda ya! c

2 **Carol:** El instituto viejo tenía más espacio.
Marta: No creo. a

3 **Alberto:** ¿Te apetece cenar este sábado con mis padres?
Marta: ¡Para nada! d

4 **Cristina:** La nueva profesora de español es muy amable.
Marta: Estoy de acuerdo. b

a Era más pequeño.
b Pienso lo mismo.
c No es verdad.
d No.

2 **Completa con *porque* y *por qué*.**

.../4

a ¿Sabes ...por qué... ha llegado Antonio tarde a clase?
b No quiero salir esta noche ...porque... tengo que estudiar.
c Javi ha escrito sobre su abuelo ...porque... le interesa mucho su vida.
d ¿...Por qué... no has hecho los deberes?

3 **Completa este texto con los verbos del recuadro en pretérito imperfecto.**

.../10

trabajar ▪ estar ▪ hacer ▪ tener ▪ haber ▪ ir ▪ vivir ▪ tener ▪ ser ▪ coger

Mirad, chicos, aquí **a** ...vivía... yo cuando **b** ...tenía... 10 años. El pueblo se llamaba Villallano y **c** ...estaba... muy cerca de un pueblo más grande, llamado Aguilar. Mi hermana y yo **d** ...cogíamos... el autobús para ir a la escuela y **e** ...teníamos... que comer en el comedor. Mi padre **f** ...trabajaba... en la panadería de mis abuelos, que **g** ...hacían... el pan para todos los pueblos cercanos, y mi madre **h** ...era... la veterinaria. Era muy popular porque en la zona **i** ...había... muchas vacas y ovejas. **j** ...Iba... de un lugar a otro para ver a los animales enfermos.

4 **Relaciona las siguientes definiciones con sus correspondientes adjetivos.**

.../5

1 Marta no es nada cariñosa. — d
2 Miguel no me parece nada divertido. — e
3 A mi abuelo le gusta mucho conversar. — b
4 Carmen siempre hace sus deberes. — c
5 David sale mucho los fines de semana. — a

a juerguista
b hablador
c trabajadora
d fría
e aburrido

Ahora soy capaz de...

a ...hablar de la causa de algo. Sí No
b ...describir en pasado. Sí No
c ...expresar si estoy de acuerdo o no. Sí No
d ...hablar de tópicos. Sí No

Sigue practicando con... Spanish Blogger Misión 12

Actividades interactivas

Unidad 6: p. 115

¡ME LO SÉ!

Objetivos

- Practicar los contenidos aprendidos en la unidad.
- Autoevaluar su aprendizaje.
- Revisar lo aprendido con actividades lúdicas.

¡ME LO SÉ!

En esta sección los estudiantes revisarán los contenidos vistos en la unidad. Esto le servirá para evaluar si los estudiantes han asimilado los objetivos propuestos.

Actividades interactivas
Evaluación

AHORA SOY CAPAZ DE...

Explique a los estudiantes que esta actividad les servirá para evaluar su proceso de aprendizaje.

Pídales que reflexionen exhaustivamente y tomen conciencia de los conocimientos que han adquirido en esta unidad.

SPANISH BLOGGER

Invítelos a seguir practicando lo aprendido en esta unidad a través de la Misión 12. Con ella, los estudiantes podrán utilizar el español en un contexto divertido.

Misión 12
¡Qué tiempos aquellos!

Si lo desea, puede invitarlos a realizar la actividad colaborativa 3. Tendrán que dar consejos a otros estudiantes y plantear otros problemas nuevos.

Actividades colaborativas
Una solución quiero

Unidades 5 y 6

AHORA COMPRUEBA

Objetivo

- Repasar los contenidos aprendidos en las unidades 5 y 6.

53

Diálogo 1.
- ¿Qué más necesitamos comprar?
- No sé, no sé. Estoy pensando que esta semana vienen los tíos a cenar y la tía Cristina no come carne.
- ¡Qué mujer tan especial!
- No es especial, es vegetariana.
- Entonces, vamos a una tienda de frutas y verduras. En este supermercado la fruta no es muy buena.

Diálogo 2.
- ¡Mira qué pantalones tan bonitos!
- Sí, son preciosos y muy baratos.
- ¿Quieres entrar a ver más?
- No, no, hoy estoy gastando mucho dinero.
- Tranquila. ¡Las rebajas son para comprar!
- Hoy ya he comprado muchas cosas. Prefiero seguir viendo escaparates.

Diálogo 3.
- ¿Diga?
- ¿Está Alberto?
- ¿De parte de quién?
- Soy Luis.
- Hola, Luis. Alberto está estudiando en la biblioteca. Vuelve a las siete. ¿Le digo algo?
- Sí, por favor, necesito los apuntes de Historia de hoy, porque estoy leyendo los míos y creo que están mal.

Diálogo 4.
- Hola, estoy buscando una nevera pequeña. ¿Cuánto cuesta esta?
- 800 euros.
- ¡Qué nevera más cara!
- No es tan cara, es la más moderna de todas las neveras pequeñas. Mira, esta es más barata y la está comprando mucha gente.

Ahora comprueba

53 **1** **Escucha a estas cuatro personas y escribe a qué diálogo se refieren en cada caso.**

a Diálogo 4

b Diálogo 3

c Diálogo 2

d Diálogo 1

53 **2** **Ahora vuelve a escuchar y corrige la información de las siguientes frases.**

a En las rebajas comprar es más caro.
→ En las rebajas comprar es más barato.

b Alberto llama a Luis.
→ Luis llama a Alberto.

c La nevera de 800€ era grande.
→ La nevera de 800€ era pequeña.

d La tía de Cristina no come carne.
→ Correcta.

e Luis necesita los apuntes de Ciencias.
→ Luis necesita los apuntes de Historia.

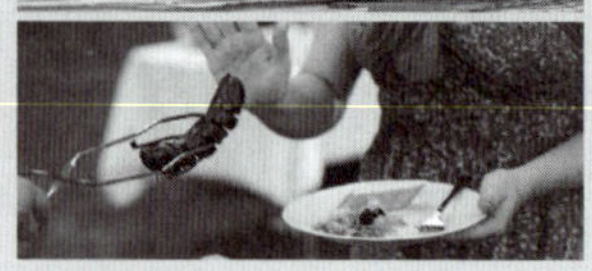

3 **Responde a las siguientes frases usando el imperativo de los verbos del recuadro.**

volver más tarde ▪ pasar ▪ abrir la ventana ▪ ir al médico ▪ poner la radio
decir ▪ conectar el cable ▪ ~~coger el ascensor~~ ▪ buscar en la biblioteca

a No puedo subir las escaleras, me duele mucho este pie. → Coge el ascensor.
b Hola, ¿puedo entrar? → Pasa, pasa/Sí, pasa.
c Quiero contarte una cosa muy importante. → Di/Dime.
d Me duele mucho el estómago. → Ve al médico.
e Quiero oír música. → Pon la radio.
f No sé encender este aparato. → Conecta el cable.
g Necesito un diccionario monolingüe. → Busca/Búscalo en la biblioteca.
h Necesito hablar con el jefe de estudios y no está. → Vuelve más tarde.
i Hace mucho calor aquí. → Abre la ventana.

116 ciento dieciséis

Estas páginas están pensadas para que el alumno trabaje individualmente y pueda valorar y ser consciente de su progreso; pero si lo desea, puede trabajarlas en clase. Para ello hay algunas sugerencias de explotación.

1

Realice esta actividad en parejas. En la primera audición, simplemente deben escribir el número de diálogo debajo de cada imagen. Asegúrese, antes de comenzar la audición, de que los estudiantes comprenden bien las situaciones de cada imagen.

2

Advierta a los alumnos que en esta actividad solo una de las frases es correcta. Se trata de que seleccionen de la audición la información que necesitan para llevar a cabo la actividad. Recomiende hacer la actividad en parejas.

3

Pida a los estudiantes que hagan el ejercicio en parejas. Incida de nuevo en los imperativos irregulares, si fuera necesario.

Unidades 5 y 6

AHORA COMPRUEBA

4 Completa con *ser* o *estar*.

a Buenos Aires ...es... la capital de Argentina.
b Bilbao ...está... en el norte de España.
c José ...está... enfermo.
d ¿Dónde ...están... mis gafas?
e Andrés ...es... el hermano de Luisa.
f La nueva profesora ...es... muy aburrida; no nos divertimos en clase.
g Mis padres ...son... argentinos.
h Julia ...está... muy triste.
i Este sábado la biblioteca ...está... abierta. Podemos ir a estudiar.
j Los españoles ...son... muy divertidos.
k Los servicios ...están... en la planta de abajo.

5 Teresa nos cuenta cómo era su vida de pequeña. Completa lo que dice.

De pequeña **a** .... muy poco porque era muy tímida. No tenía hermanos y tampoco **b** .... muchos amigos. Recuerdo que mis padres me **c** .... mucho porque siempre **d** .... tarde a clase. Lo que más me gustaba **e** .... mi perro Trueno, todas las tardes **f** .... con él en el parque. Algunos sábados **g** .... a casa de mis abuelos de visita. Allí **h** .... una amiga que se **i** .... Rosa y **j** .... muy simpática. ¡Me **k** .... estar con ella!

54 **6 Completa estos diálogos con las opciones propuestas. Después, escucha y comprueba.**

fantástico ▪ Qué dices ▪ nada ▪ Sí ▪ Si tú lo dices ▪ americano

1 ▶ Ayer fui al cine. La película era muy buena.
▷ ¿...Sí...?, ¿qué película era?
▶ Era una película francesa.
▷ Sí, es que el cine europeo es mejor que el ...americano...
▶ ¡...Qué dices...! Depende de la película, no siempre es así.

2 ▶ Uf, otro día más de clase...
▷ ¡Qué dices! Ir a clase todos los días es ...fantástico...
▶ ...Si tú lo dices...
▷ Claro, hay que hacer cosas, todo el día sin hacer ...nada... es imposible, mejor ir a clase.

7 Di si estás de acuerdo o no con las opiniones de los diálogos del ejercicio anterior. Reacciona con expresiones de acuerdo o desacuerdo y explica tu reacción.

Diálogo 1: *El cine europeo es mejor que el americano...*
Diálogo 2: *Ir a clase todos los días es fantástico...*

5

a. salía/hablaba; **b.** tenía; **c.** reñían/regañaban; **d.** llegaba/iba; **e.** era; **f.** jugaba/estaba; **g.** iba; **h.** tenía; **i.** llamaba; **j.** era; **k.** encantaba/gustaba.

4

Se sugiere hacer la actividad primero de forma individual y, después, corregirla en parejas.

Si fuera necesario, como actividad complementaria, sugiera que en grupo clase construyan un texto usando exclusivamente los diferentes usos de *ser* y *estar*. Inicie el texto en la pizarra escribiendo, por ejemplo, *Yo soy italiano/a...* y los alumnos continúan por turnos, según les vaya indicando.

5

Esta actividad se puede hacer individualmente o en parejas. Antes de comenzar, advierta a los estudiantes que, en algunos casos, existen varias respuestas posibles.

Si valora que es demasiado difícil para ellos completar la actividad usando exclusivamente su imaginación, escriba los verbos de las respuestas desordenados y en infinitivo en la pizarra. Enseñe el término *reñir/regañar*.

6

Si es necesario, ponga la audición dos veces. Haga la corrección en grupo clase.

7

Haga la actividad en parejas. Cada estudiante debe tomar nota de los comentarios de su compañero/a. Otra posibilidad es que pregunte en grupo clase quién está de acuerdo con estas opiniones y quién no. Agrupe a los estudiantes por opiniones: los que estén de acuerdo deben escribir sus argumentos a favor y los que estén en contra también deben escribir los suyos. Después abra un debate. Sugiera otros temas más controvertidos que considere que pueden suscitar opiniones encontradas entre los estudiantes.

APÉNDICES

MATERIAL FOTOCOPIABLE Y PROYECTABLE

Unidad 1

Material fotocopiable

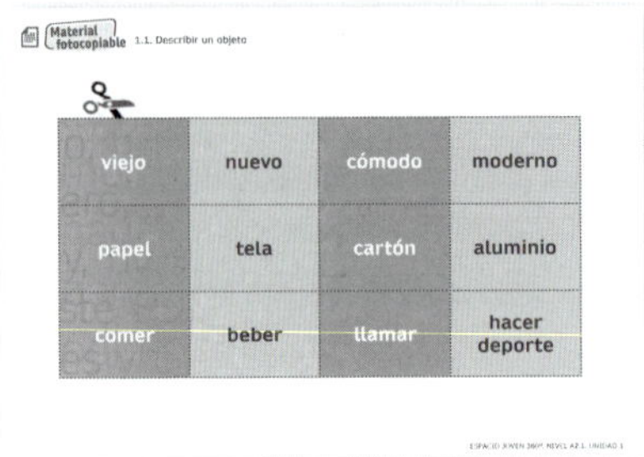

1.1. Describir un objeto

1.2. Objetos de casa y de la clase (1 y 2)

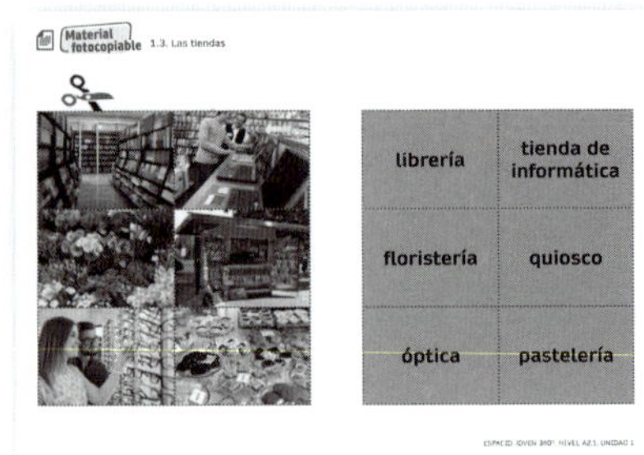

1.3. Las tiendas

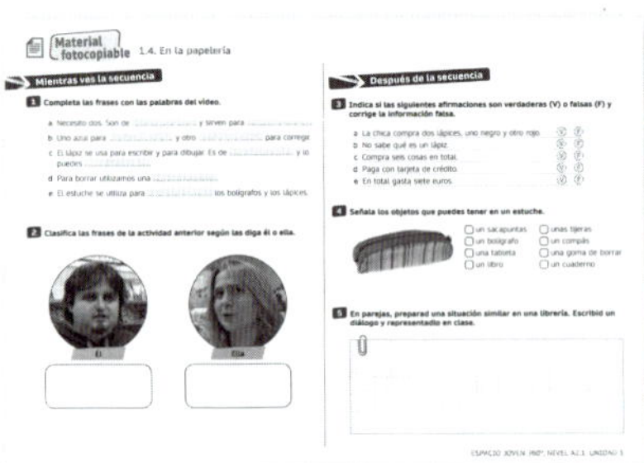

1.4. En la papelería

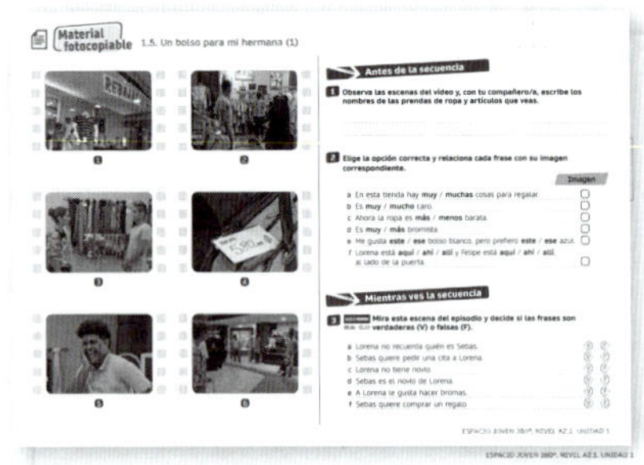

1.5. Un bolso para mi hermana (1 y 2)

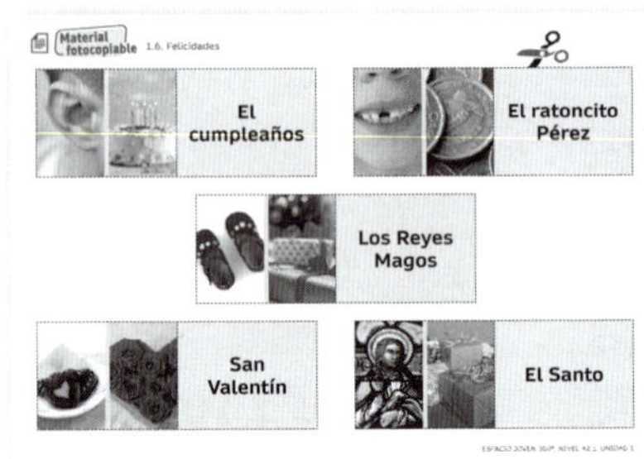

1.6. Felicidades

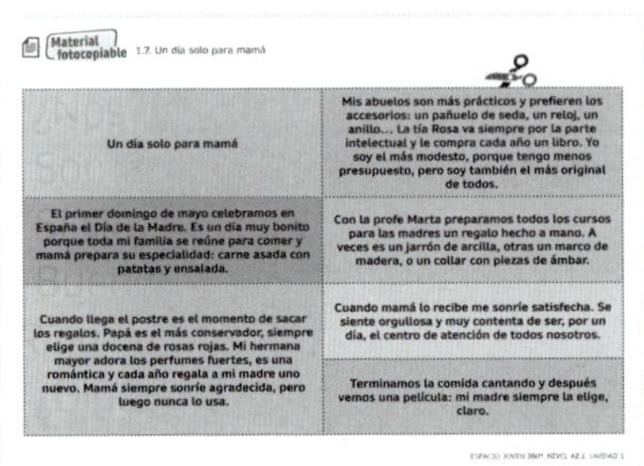

1.7. Un día solo para mamá

Material proyectable

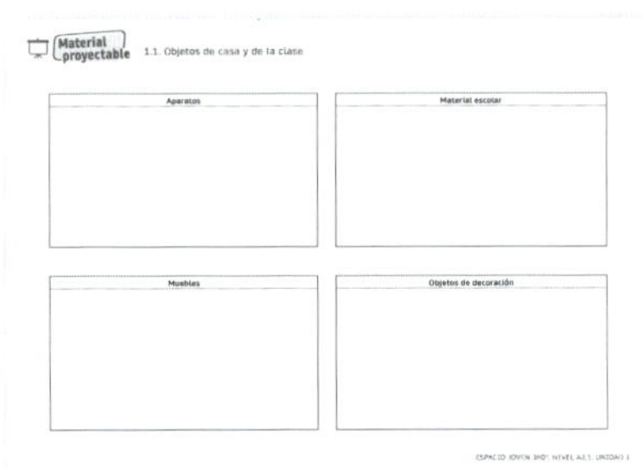

1.1. Objetos de casa y de la clase

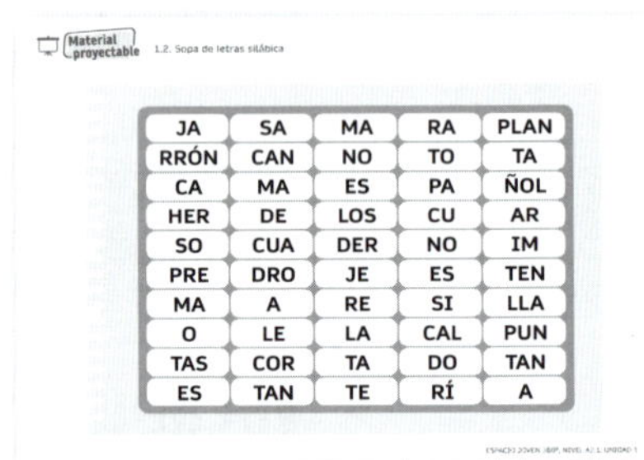

1.2. Sopa de letras silábica

Unidad 2

Material fotocopiable

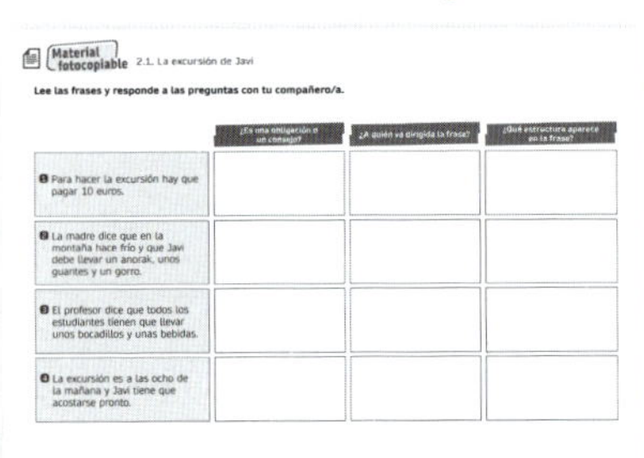

2.1. La excursión de Javi

2.2. El tiempo atmosférico

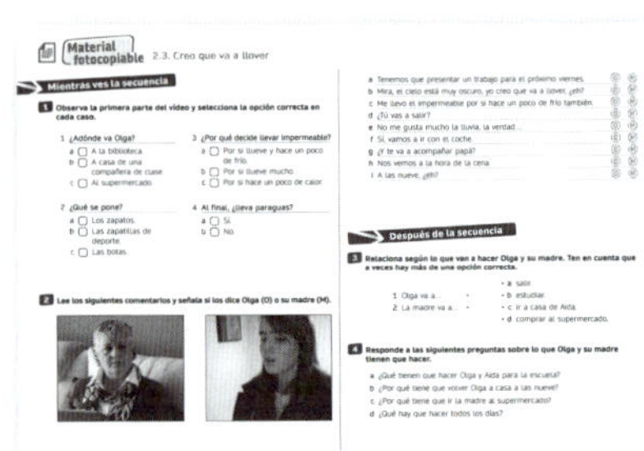

2.3. Creo que va a llover

Material fotocopiable y proyectable

Material proyectable

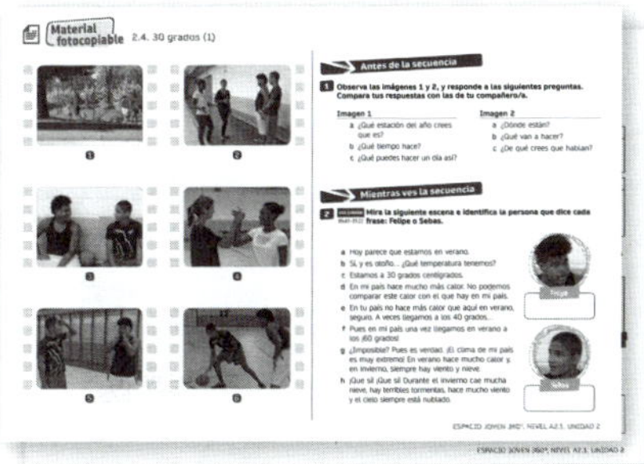

2.4. 30 grados (1 y 2)

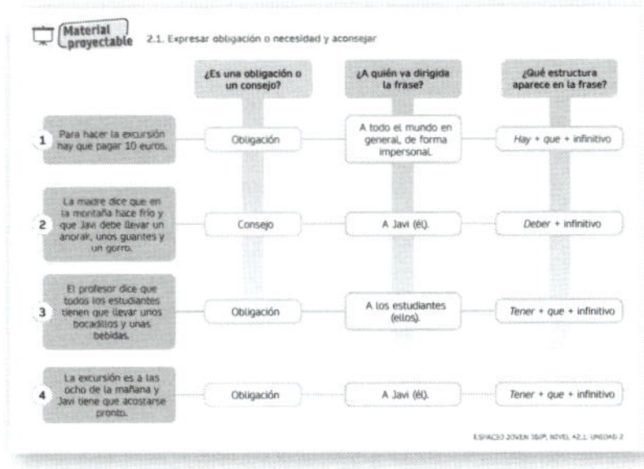

2.1. Expresar obligación o necesidad y aconsejar

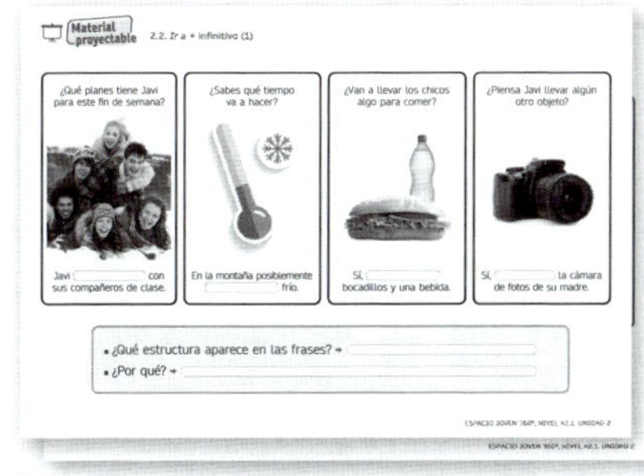

2.2. *Ir a* + infinitivo (1 y 2)

2.3. Paisajes de España

Repaso unidades 1 y 2

Material fotocopiable

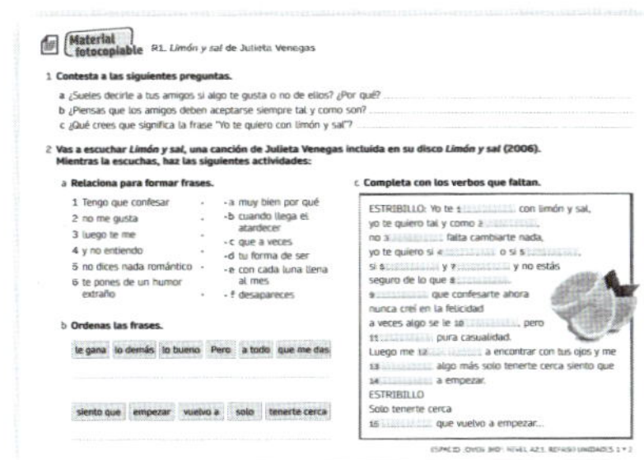

R1. *Limón y sal* de Julieta Venegas

Unidad 3

Material fotocopiable

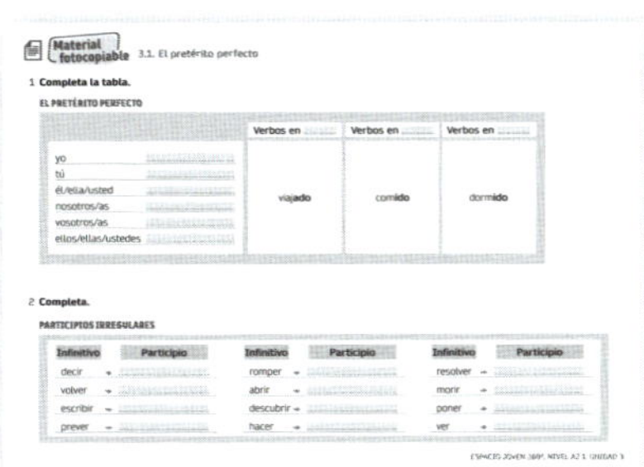

3.1. El pretérito perfecto

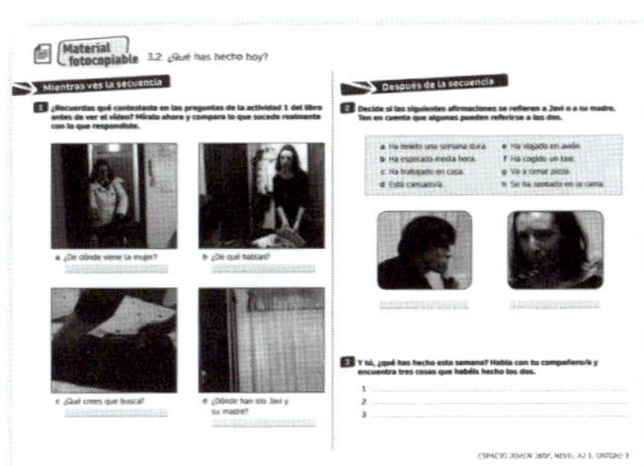

3.2. ¿Qué has hecho hoy?

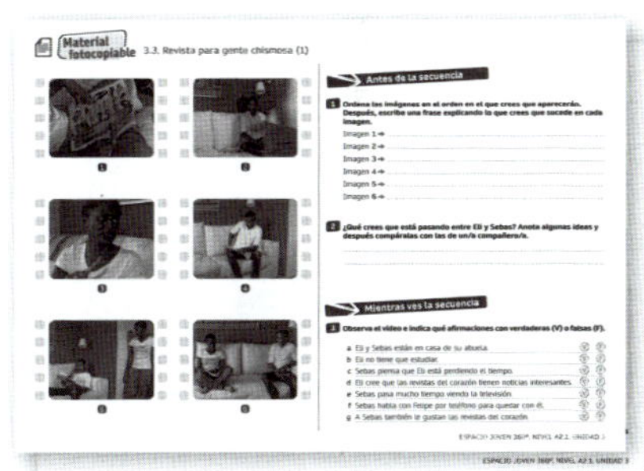

3.3. Revista para gente chismosa (1 y 2)

Material proyectable

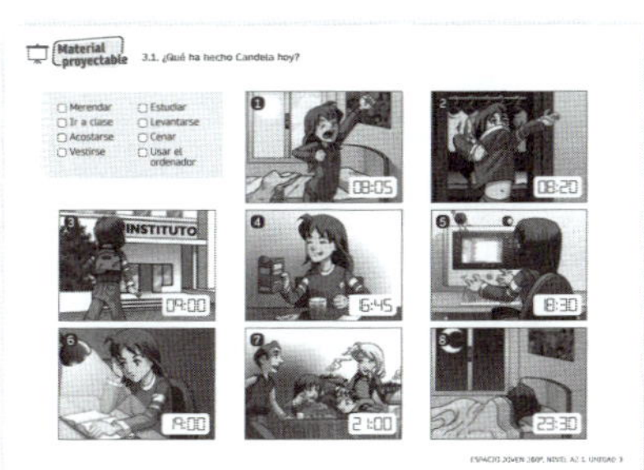

3.1. ¿Qué ha hecho Candela hoy?

Unidad 4

Material fotocopiable

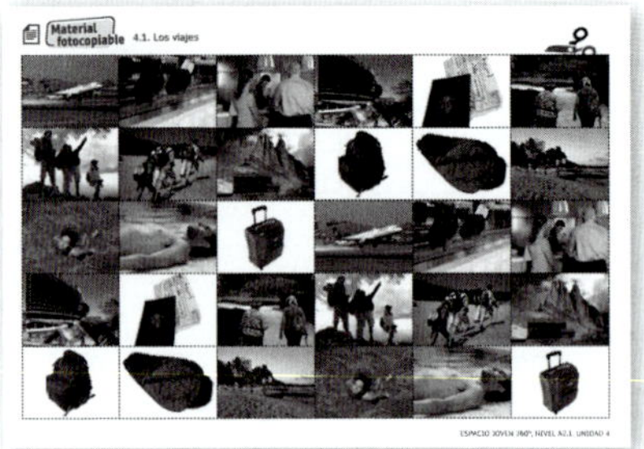

4.1. Los viajes

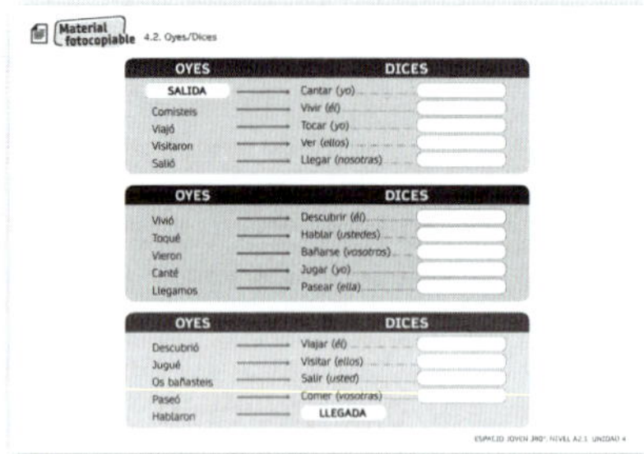

4.2. Oyes/Dices

4.3. *Memory* de verbos irregulares en pretérito indefinido

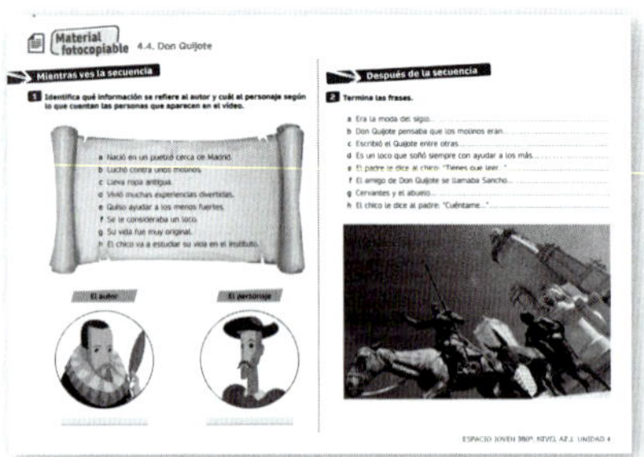

4.4. Don Quijote

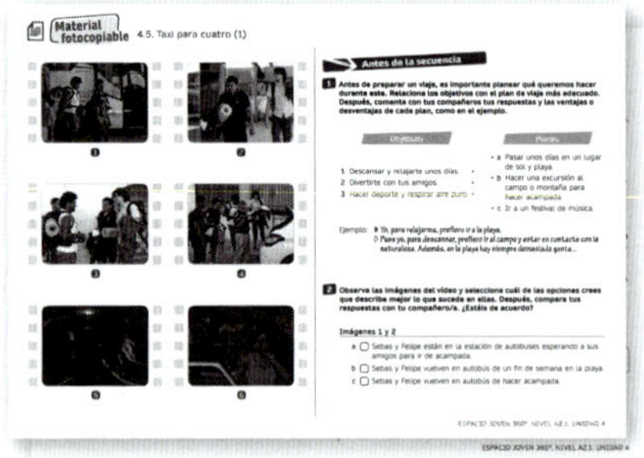

4.5. Taxi para cuatro (1 y 2)

Unidad 5

Material fotocopiable

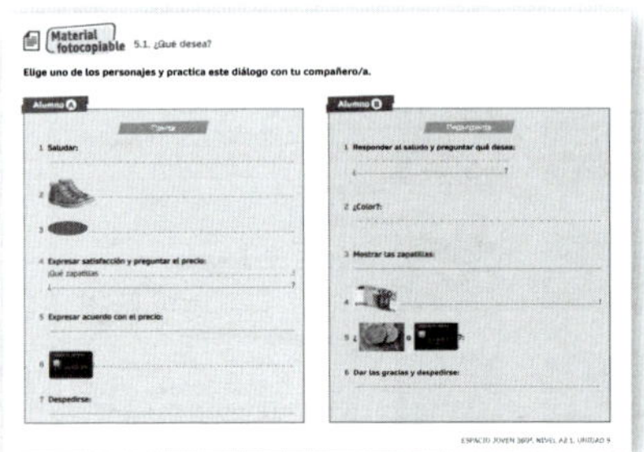

5.1. ¿Qué desea?

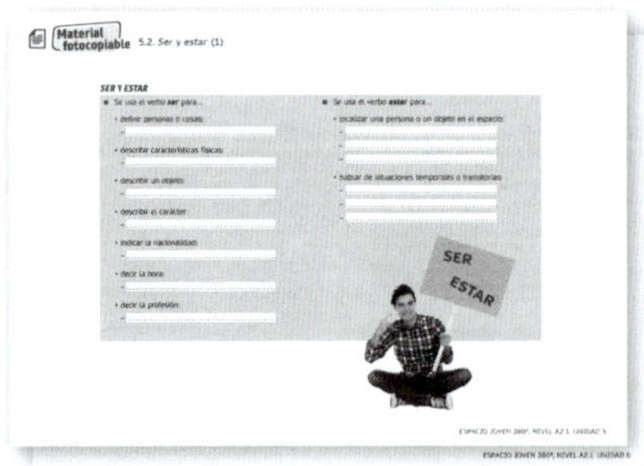

5.2. *Ser* y *estar* (1 y 2)

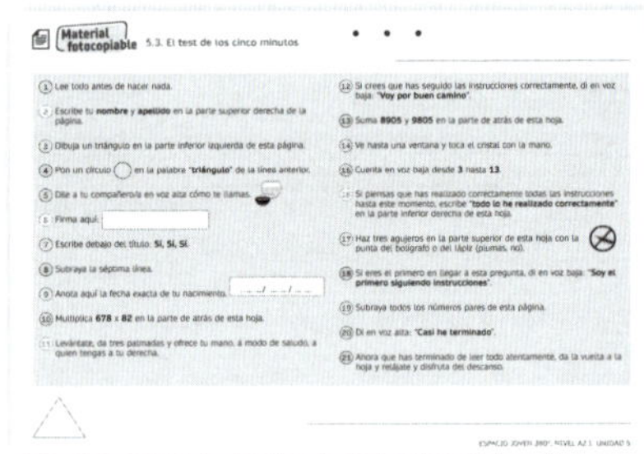

5.3. El test de los cinco minutos

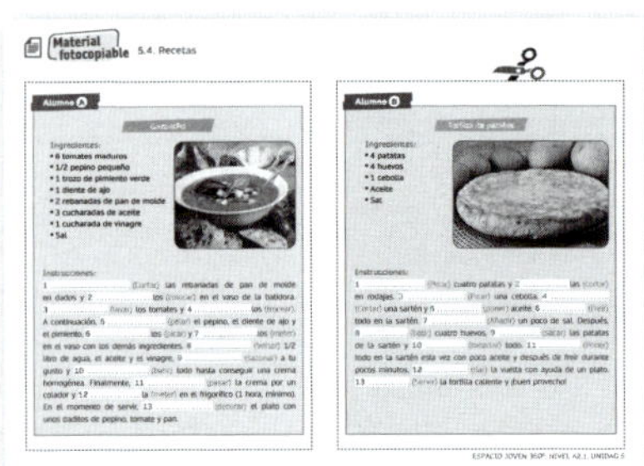

5.4. Recetas

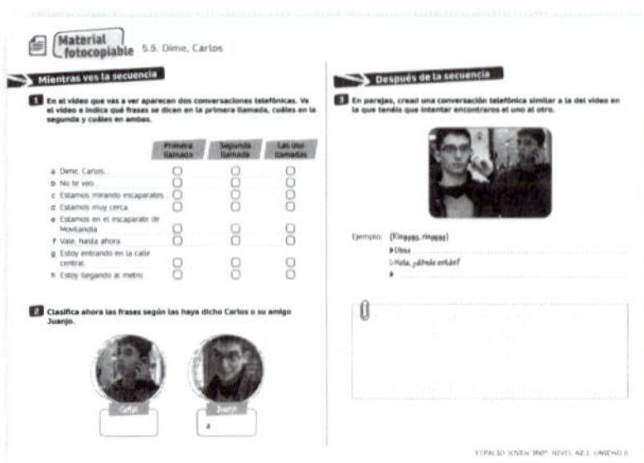

5.5. Dime, Carlos

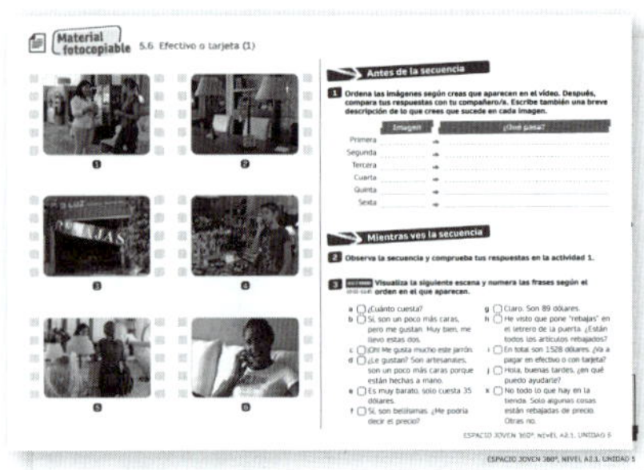

5.6. Efectivo o tarjeta (1 y 2)

Material proyectable

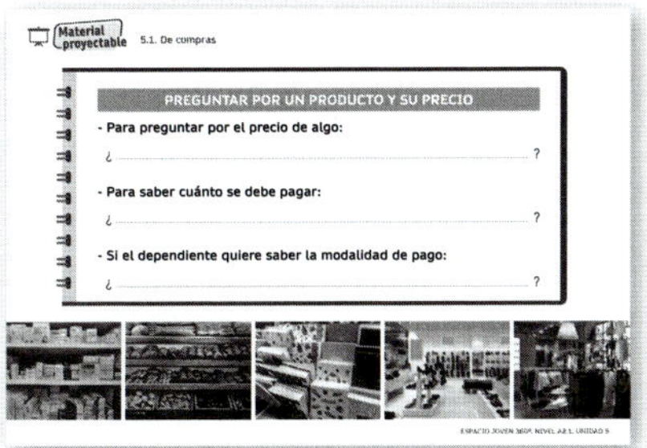

5.1. De compras

Unidad 6

Material fotocopiable

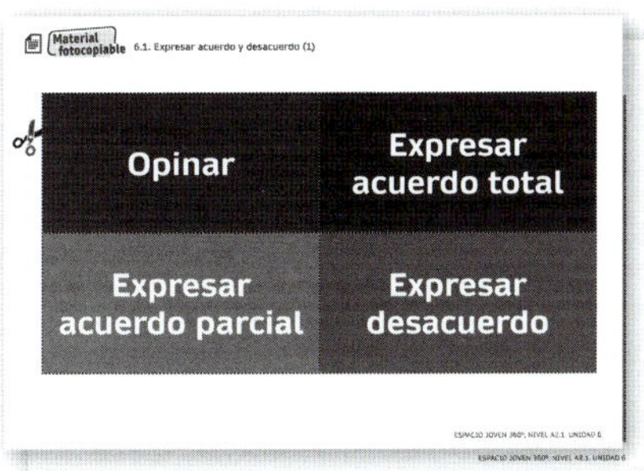

6.1. Expresar acuerdo y desacuerdo (1 y 2)

6.2. Adjetivos de personalidad

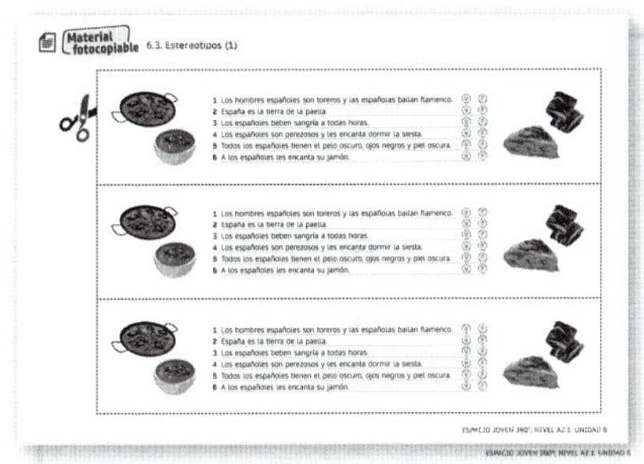

6.3. Estereotipos (1 y 2)

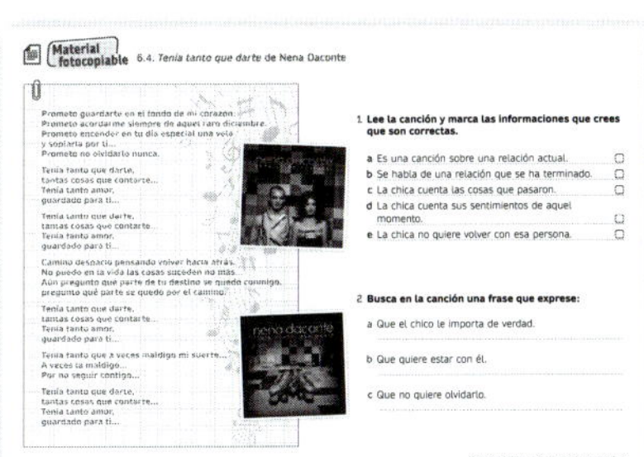

6.4. *Tenía tanto que darte* de Nena Daconte

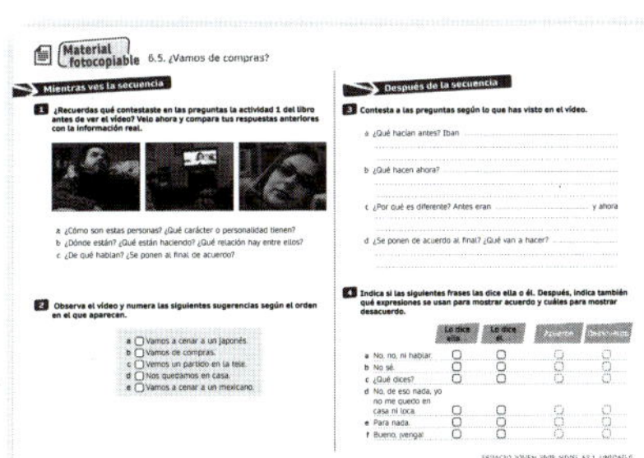

6.5. ¿Vamos de compras?

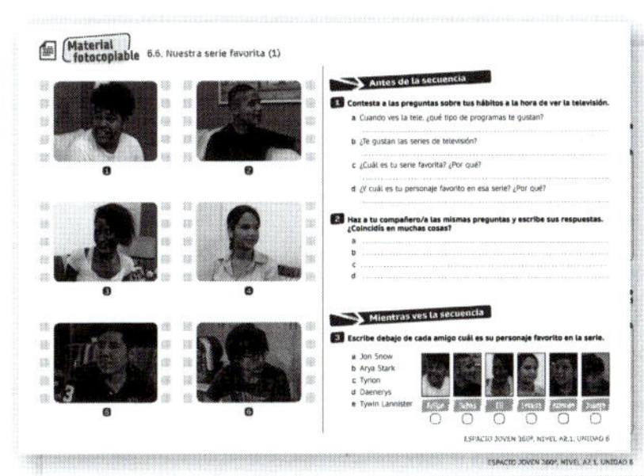

6.6. Nuestra serie favorita (1 y 2)

Material proyectable

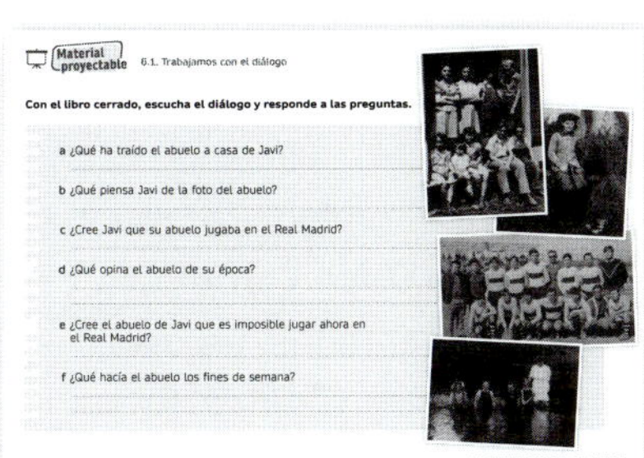

6.1. Trabajamos con el diálogo

6.2. El pretérito imperfecto

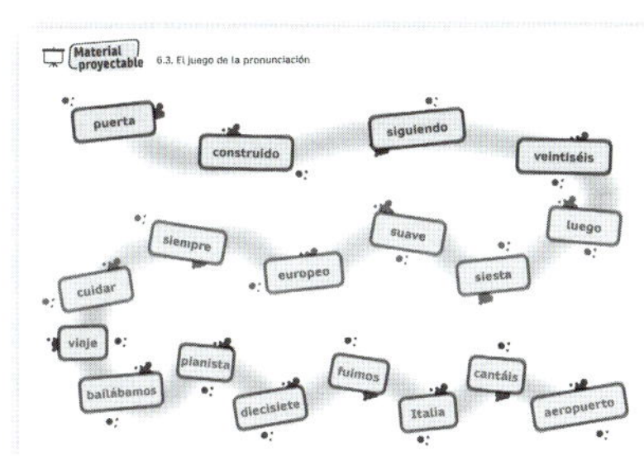

6.3. El juego de la pronunciación

CLAVES DEL LIBRO DE EJERCICIOS

Unidad 0

0.1. **a.** se levanta; **b.** empiezan; **c.** estudia; **d.** tiene; **e.** Come; **f.** hace; **g.** escucha; **h.** escribe; **i.** queda; **j.** ven; **k.** Se acuesta.

0.2. **a.** Empieza a las ocho y media; **b.** Inglés; **c.** A las tres y media; **d.** Por la tarde; **e.** Queda con sus amigos y ve una película; **f.** Lee.

0.3. **a.** comemos; **b.** desayunas; **c.** abre; **d.** chateo; **e.** se viste; **f.** viven; **g.** escribo; **h.** Quieres; **i.** entráis; **j.** duerme; **k.** Entienden, hablan.

0.4. **1.** a; **2.** b; **3.** b; **4.** a; **5.** c; **6.** a; **7.** a.

0.5. **a.** es, Tiene; **b.** es, Lleva; **c.** tiene; **d.** llevan; **e.** son; **f.** soy; **g.** lleva.

0.6. **a.** recibidor; **b.** despacho; **c.** ordenador; **d.** comedor; **e.** mueble; **f.** balcón.

0.7. **a.** verdadero; **b.** verdadero; **c.** falso (La cocina está a la izquierda del pasillo); **d.** falso (El sofá es blanco y grande); **e.** falso (Los libros están en la estantería del despacho); **f.** verdadero.

0.8. **a.** les encanta; **b.** les gustan; **c.** le gusta; **d.** le encantan; **e.** le gustan; **f.** le gusta; **g.** le encanta; **h.** les gusta; **i.** le gusta; **j.** le encanta; **k.** le gusta.

Unidad 1

1.1. **1.** b, 6; **2.** f, 2; **3.** d, 4; **4.** e, 3; **5.** a, 1; **6.** c, 5.

1.2. **a.** incómodo/a; **b.** caro/a; **c.** pesado/a; **d.** callado/a, silencioso/a; **e.** duro/a; **f.** moderno/a; **g.** joven, nuevo/a; **h.** frágil; **i.** grande; **j.** feo/a.

1.3. **a.** bolígrafo; **b.** cumpleaños; **c.** regalo; **d.** tarjeta; **e.** balón; **f.** regla; **g.** mochila; **h.** dinero; **i.** chocolate; **j.** estuche; **k.** calculadora.

1.4. **1. a.** más; **b.** más; **c.** menos; **2. a.** menos; **b.** mayor; **c.** tan; **3. a.** menos; **b.** tan; **c.** más.

1.5. **a.** La televisión es más entretenida que la radio; **b.** La goma es menos blanda que el pan; **c.** El sofá es tan cómodo como el sillón; **d.** La poesía es menos divertida que la novela; **e.** La camiseta es menos suave que la blusa; **f.** Las gafas son más caras que la gorra; **g.** El libro es tan nuevo como el reloj; **h.** Las verduras son más buenas que los dulces; **i.** Juan es menor/más joven que Luis; **j.** El Mp3 es peor/más malo que el Mp4.

1.6. **a.** cama; **b.** cuadro; **c.** cámara; **d.** sillas; **e.** mesas; **f.** espejo; **g.** armario; **h.** ventana; **i.** carpeta; **j.** póster.

1.7. **Cosas de casa:** plantas, cuadro, cortinas, cepillo de dientes, alfombra, jarrón, almohada, cubiertos, colcha. **Cosas de clase:** sacapuntas, estuche, goma, bolígrafo, carpeta, cuaderno, tijeras, libro, pinturas, lápiz, mochila, rotulador. **Aparatos y accesorios:** ordenador, mp4, impresora, portátil, radio, teléfono, monitor, televisión, teclado, ratón, videoconsola.

1.8. **125:** ciento veinticinco; **501:** quinientos uno; **600:** seiscientos; **456:** cuatrocientos cincuenta y seis; **100:** cien; **309:** trescientos nueve; **667:** seiscientos sesenta y siete; **778:** setecientos setenta y ocho; **976:** novecientos setenta y seis; **767:** setecientos sesenta y siete; **441:** cuatrocientos cuarenta y uno; **999:** novecientos noventa y nueve.

1.9. **a.** Esta; **b.** Estos; **c.** Ese; **d.** Esa; **e.** Aquella.

1.10. **a.** este; **b.** aquellos; **c.** aquella; **d.** esos; **e.** estos; **f.** esas.

1.11. **a. 1.** Esta; **2.** Este; **3.** la; **4.** Ese; **5.** lo; **6.** aquella; **7.** lo; **8.** la; **b. 9.** aquella; **10.** esta; **11.** la; **12.** esta; **13.** los; **c. 14.** Este; **15.** los; **d. 16.** esa; **17.** los; **18.** los.

1.12. **a.** las; **b.** lo; **c.** las; **d.** la; **e.** los; **f.** lo; **g.** los; **h.** la.

1.13. **a.** la; **b.** lo; **c.** lo; **d.** los; **e.** las; **f.** lo; **g.** La; **h.** la, la; **i.** lo; **j.** las, las, las; **k.** los, los.

1.14. **1.** las, d; **2.** la, a; **3.** lo, f/b; **4.** los, c/e; **5.** lo, f/g; **6.** la, h; **7.** los, i; **8.** la, i.

1.15. **a.** Ahora *los* hago; **b.** Mis amigos y yo mañana *las* vemos; **c.** Alicia *lo* compra para su hermana; **d.** Álex y Pedro *lo* toman todos los días; **e.** Sara no *las* encuentra; **f.** ¿*Lo* tienes?; **g.** Mañana no *los* hago porque estoy enfermo; **h.** María *la* cierra a las nueve.

1.16. **a.** Sonia *los* está escribiendo a sus amigos; **b.** ¿*Lo* puedes pedir a tu nueva compañera?; **c.** Guille *la* presenta a sus padres; **d.** Víctor *lo* rompe a su hermano.

1.17. **a.** No *la* dices; **b.** Fernando *los* compra a sus padres; **c.** Mañana *lo* entrego; **d.** Siempre *la* escribo para mis amigos; **e.** *Lo* compro para mi perro; **f.** Siempre *lo* dan a sus abuelos; **g.** Adrián *lo* pide a su padre para ir al cine; **h.** Raúl y Mónica *las* han regalado.

1.18. **a.** Las; **b.** las; **c.** las; **d.** lo; **e.** lo; **f.** la; **g.** la.

1.19. **Una sílaba:** sí, sol, el, sal, té, tú. **Dos sílabas:** perro, casa, lápiz, calle, planta, jarrón. **Tres sílabas o más:** calculadora, instituto, portátil, ordenador, aspiradora.

1.20. **a.** sol; **b.** **pier**-na; **c.** si-**llón**; **d.** pe-**lo**-ta; **e.** **plu**-ma; **f.** car-**bón**; **g.** man-**za**-na; **h.** **po**-llo; **i.** **gran**-de.

1.21. **a.** Es la onomástica de una persona, es decir, cuando la persona que tiene el nombre del santo de ese día lo celebra; **b.** Cuando a un niño se le cae un diente de leche; **c.** Se celebra con la familia o los amigos, los niños hacen una merienda con una tarta y con juegos; **d.** El día de los enamorados.

1.22. **a.** Oruro; **b.** oeste; **c.** Río de Janeiro/Barranquilla; **d.** Río de Janeiro/Barranquilla; **e.** las islas Canarias; **f.** Santa Cruz de Tenerife.

1.23. **a.** falso (En su mesa tiene muchas cosas); **b.** verdadero; **c.** falso (En realidad, no dice si puede usarla o no en esa clase); **d.** falso (Prefiere usar la calculadora); **e.** verdadero; **f.** (Los libros que están en la estantería son los de Historia); **g.** falso (Al lado de la ventana hay un póster); **h.** verdadero.

1.25. **1.** Lidia; **2.** Esteban; **3.** Judith; **4.** Alonso.

1.26. **a.** más; **b.** menos; **3.** más; **4.** mejor.

Unidad 2

2.1. **a.** Hay; **b.** Está; **c.** Hay; **d.** Hace; **e.** Está; **f.** Hace; **g.** Hace/Hay; **h.** Hay; **i.** Hace/Hay; **j.** Hace.

2.2. **a.** hace calor; **b.** llueve; **c.** hace frío; **d.** hace viento; **e.** nieva; **f.** hay niebla; **g.** hay tormenta; **h.** está nublado.

2.3. **1.** g; **2.** a, d, e, f; **3.** b, c.

2.4. **a.** llueve; **b.** hay; **c.** hace; **d.** hace; **e.** está; **f.** nieva.

2.5. **a.** ¡Qué calor tengo!; **b.** ¿Qué tiempo hace?; **c.** ¿Tienes calor?; **d.** ¡Qué frío tengo!; **e.** ¡Qué calor hace!; **f.** ¡Qué frío hace!, ¿Tienes frío?

2.6. **a.** Hace, **b.** hace/tengo; **c.** hay; **d.** Está; **e.** Estamos.

2.7. **a.** En Galicia llueve a menudo en noviembre; **b.** Hoy en Madrid hace frío y está nublado; **c.** En verano normalmente hace mucho calor en la playa; **d.** En Toledo esta mañana hace mucho viento; **e.** Hoy estamos a 30 grados, ¡qué calor!

2.8. **a.** verdadero; **b.** verdadero; **c.** falso (En la montaña van a tener lluvias); **d.** verdadero; **e.** falso (Las temperaturas son más bajas).

2.9. llover, llueve, lluvia (la), lluvioso/a; nevar, nieva, nieve (la), nevado/a.

2.10. **a.** lluvia; **b.** nieve; **c.** llover; **d.** nieva.

2.11. **a.** estamos; **b.** Muchísimo; **c.** nada de; **d.** malo.

2.13. **a.** rayo; **b.** trueno; **c.** niebla; **d.** hielo; **e.** tormenta: mal tiempo acompañado de lluvia, viento, rayos y truenos; **f.** lluvia: agua que cae de las nubes; **g.** viento: corriente de aire.

2.14.

N	O	V	I	E	M	B	R	E	G	G
E	N	E	R	O	M	N	O	P	Y	T
R	F	T	X	S	E	I	F	T	L	L
B	J	D	I	C	I	E	M	B	R	E
M	U	C	A	A	Y	U	O	G	N	M
E	N	G	B	V	B	J	Ñ	B	A	O
I	I	B	R	R	A	I	A	Z	E	H
T	O	D	I	F	E	B	R	E	R	O
P	E	H	L	F	T	A	I	N	T	E
E	K	K	A	D	M	A	Y	O	D	Ñ
S	G	E	K	D	H	D	M	B	A	P
A	E	H	D	T	G	I	B	D	T	H
O	A	S	Z	O	I	L	U	J	A	E
O	C	T	U	B	R	E	F	T	E	A

Faltan: agosto y marzo.

2.15. **a.** marzo, abril, mayo: **b.** primavera; **c.** mañanas, tardes; **d.** nieves.

2.16. **a.** primavera; **b.** otoño; **c.** verano; **d.** invierno.

2.17. **1.** c; **2.** b; **3.** a; **4.** d.

2.18. **a.** que; **b.** a; **c.** a; **d.** que; **e.** a; **f.** que; **g.** Ø.

2.19. **a.** No puede porque tiene que comer con sus abuelos; **b.** No puede porque tiene que chatear con Martín; **c.** No puede porque tiene que hacer los deberes de Matemáticas; **d.** No puede porque tiene que hacer la maleta y ordenar la habitación; **e.** No puede porque tiene que despedirse de sus abuelos.

2.20. **a.** Carmen tiene que ir el lunes al dentista; **b.** Rosa va a estudiar Medicina en la universidad; **c.** Mañana vamos a ir al cine; **d.** María no va a ir a clase porque está enferma; **e.** Esta tarde tengo que hacer el trabajo de Física; **f.** Debes coger el autobús porque es muy tarde.

2.21. **a.** hay; **b.** tiene; **c.** vamos; **d.** debes; **e.** tienes; **f.** voy.

2.22. **Posibles respuestas:** Para ser un buen estudiante hay que estar atento en clase; Para ser un buen profesor hay que tener paciencia; Para tener mucho dinero hay que ganar la lotería; Para hablar cinco idiomas hay que ir a muchos países diferentes; Para tener un buen trabajo hay que estudiar mucho.

2.23. **a.** Este domingo tengo *que* visitar a mis tíos porque mi tía está enferma; **b.** Mañana, si tengo tiempo, *tengo* que comprar el regalo de cumpleaños de Belén; **c.** El próximo año tenemos *que* comprar otro coche; **d.** Mis hermanos y yo tenemos *que* ordenar la habitación; **e.** Los médicos dicen que hay *que* hacer deporte para tener buena salud.

2.24. **1.** b; **2.** b; **3.** b; **4.** a.

2.25. **a.** Vas a estar: *ir a* + infinitivo, perífrasis de futuro; tienes que portarte: *tener que* + infinitivo, expresa obligación; hay que desayunar: *hay que* + infinitivo, expresa obligación general; Debes ser: *deber* + infinitivo, expresa obligación; vamos a ir: *ir a* + infinitivo, perífrasis de futuro; tienes que estar: *tener que* + infinitivo, expresa obligación.

2.26. **a.** Mi libro es el amarillo y aquel es el tuyo; **b.** Los ingleses toman muchos tipos de *té*;

c. No *sé* por qué hay todo este alboroto; d. Este paquete es para ti y este es para *mí*; e. ¿En tu casa tenéis jardín?; f. Carmen, si vienes a mi casa, te enseño todas las fotos del verano; g. Pienso en ti todo el tiempo; h. El hermano de María está en mi clase.

2.27. a. correcta; b. incorrecta: A *mí* me encanta el sol; c. incorrecta: Juan *se* levanta siempre a las 9; d. correcta; e. correcta; f. incorrecta: Prefiero el *té* con leche.

2.28. a. El oso pardo; b. Por su rapidez y su inteligencia; c. El Cono Sur experimenta todos los climas, desde el tropical hasta el frío más extremo; d. El fin del mundo; e. La miel; f. En Andalucía.

2.29. a. verdadero; b. falso (El mapuche se habla en Chile, en Argentina se hablan el guaraní, el español rioplatense o el quechua); c. falso (Paraguay tiene una de las temperaturas más altas del planeta); d. verdadero; e. verdadero.

2.30. a. falso (No hace demasiado calor y por la noche suele hacer fresco); b. falso (En el mes que hace más frío en invierno están a unos 10 grados); c. verdadero; d. falso (Según su padre, solo hay dos estaciones: la de invierno y la de trenes); e. verdadero.

2.31. a. nueve horas; b. de todo, grasas, dulces; c. hace frío; d. disfrutar.

Unidad 3

3.1. 1. c; 2. a; 3. b; 4. d.

3.2. Ya/Todavía no... *he viajado* a China, *he hecho* un curso de fotografía, *he aprendido* otro idioma, *he comprado* un ordenador portátil, *he jugado* todo un fin de semana a la Xbox, *he conocido* a Orlando Bloom, *he visto* películas antiguas, *he jugado* en la NBA, *he comido* todo el chocolate del mundo, *he ido* de excursión con el instituto, *he leído* libros de viajes, *he estado* en la calle hasta media noche, *he ganado* un premio, *he ido* a un concierto de Juanes, *he puesto* una bombilla, *he conducido*, *me he teñido* el pelo, *he aprobado* todas las asignaturas, *he sido* delegado de la clase, *he encontrado* un tesoro.

3.4. **Ya:** a, ha visitado París; c, ha visto una película en 3D; d, ha escrito un libro; g, ha cantado en un karaoke. **Todavía no:** b, ha aprendido a hablar francés; e, ha ganado un premio; f, ha ido a un concierto.

3.5. a. presentador; b. medios de comunicación; c. portadas; d. noticias; e. titulares; f. prensa; g. periodistas; h. revistas; i. corazón; j. *paparazzi*.

3.6. 1. f; 2. e; 3. a; 4. d; 5. c; 6. b. a. famosos; b. lectores; c. modelos/deportistas; d. modelos/deportistas; e. concursantes; f. personajes.

3.9. a. Titular: título de la noticia; b. Subtítulo: principal información de la noticia; c. Entrada: introducción de la noticia con los datos principales; d. Cuerpo de la noticia: desarrollo de la noticia.

3.10. 1. b; 2. a; 3. c; 4. c.

3.12. a. bailado; b. leído; c. dormido; d. pasado; e. ido; f. podido; g. celebrado; h. corregido; i. tenido; j. oído; k. sentido; l. hablado; m. andado; n. conocido; ñ. sido; o. vencido; p. salido; q. vivido; r. llamado; s. estado; t. cogido; u. conducido; v. querido; w. olido.

3.13. a. dicho; b. roto; c. vuelto; d. descubierto; e. abierto; f. hecho; g. visto; h. resuelto; i. muerto; j. puesto; k. escrito; l. previsto.

3.14.

H	I	C	L	O	K	E	O	L	I	D	O	G	I	D	A	R	O	T	O
E	F	I	E	A	V	I	P	A	D	A	C	E	L	I	N	I	S	R	U
C	R	E	O	W	I	D	A	D	O	V	U	K	D	Ñ	M	O	Y	A	M
H	E	N	D	Y	M	O	B	V	C	Z	C	X	B	H	Q	S	T	Í	U
O	E	S	Y	C	D	N	A	B	I	E	R	T	O	S	P	T	Y	D	Y
O	A	E	O	A	S	O	J	D	U	Q	A	P	A	I	R	E	D	O	R
C	B	O	F	G	T	M	L	Ñ	W	I	P	O	R	P	E	D	I	D	O
E	I	Ñ	N	E	C	P	K	O	Q	R	U	W	D	M	G	I	C	E	G
H	Q	N	E	S	E	H	A	Í	M	U	E	Ñ	C	A	U	H	H	O	S
U	I	G	W	P	Ñ	A	M	D	F	Q	G	M	A	F	N	D	O	U	E
O	C	C	D	C	I	Y	O	O	U	D	O	B	H	C	T	C	A	B	C
E	G	O	T	A	D	O	I	O	D	C	U	R	K	Z	A	N	R	Ñ	A
U	P	R	E	I	E	X	R	M	A	Y	Q	L	G	N	D	O	B	T	D
N	C	R	E	S	P	O	N	D	M	S	O	S	A	T	O	R	N	S	U
E	Z	E	B	O	Q	A	Y	O	O	R	R	C	D	E	X	H	M	O	Q
B	G	G	A	N	A	D	O	P	U	E	S	T	O	Y	U	P	U	R	A
A	P	I	E	I	D	E	S	C	R	I	T	O	P	A	P	Q	E	Z	H
C	O	D	O	C	A	F	A	P	M	D	O	N	R	G	O	H	R	O	C
I	N	O	R	S	N	O	R	P	D	O	O	I	A	Ñ	C	E	T	H	P
A	B	M	I	D	G	I	B	C	A	N	T	E	S	G	A	R	O	A	E

a. hecho: hacer; b. olido: oler; c. roto: romper; d. traído: traer; e. abierto: abrir; f. preguntado: preguntar; g. pedido: pedir; h. dicho: decir; i. oído: oír; j. corregido: corregir; k. reído: reír; l. ganado: ganar; m. puesto: poner; n. escrito: escribir; ñ. muerto: morir. Otros participios que aparecen: ido: ir; dado: dar.

3.15. 1. ha; 2. ha; 3. ha; 4. Ha; 5. ha; 6. ha; 7. ha; 8. ha; 9. ha; 10. ha; 11. Hemos; 12. hemos; 13. he; 14. he; 15. he; 16. he; 17. he; 18. he; 19. he; 20. Has; 21. Ha; 22. he; 23. he; 24. He; 25. he; 26. has; 27. Ha; 28. ha; 29. Habéis; 30. hemos; 31. has; 32. ha.

3.16. a. He discutido; b. he desayunado, me he despertado; c. has dormido; d. Has dicho; e. Has abierto; f. ha resuelto, ha confesado; g. Hemos ido; h. hemos estudiado; i. Habéis visto; j. habéis copiado; k. han guardado; l. han escrito.

3.17. a. he dormido; b. He tenido; c. He soñado; d. ha sonado; e. he parado; f. he seguido; g. Me he despertado; h. Me he duchado; i. he ido; j. ha castigado; k. he llegado; l. he estado;

m. han jugado; n. He terminado; ñ. he esperado; o. Hemos tenido; p. se ha enfadado; q. ha puesto; r. han hablado; s. he protestado; t. ha cambiado.

3.18. a. Pedro se ha despertado; b. Pedro ha roto la taza del desayuno; c. Pedro ha olvidado los deberes en su escritorio; d. Pedro se ha caído en la calle; e. Pedro ha metido un pie en un charco; f. Pedro ha cogido el autobús; g. Pedro ha llegado tarde a clase; h. Pedro ha entrado en el lavabo de chicas.

3.19. Posibles respuestas: a. Me he peinado esta mañana; b. He tenido pesadillas esta madrugada; c. Me he bañado en el mar este año; d. He montado en bicicleta este mes; e. He visto *Los Simpsons* hoy; f. He comido fruta esta mañana; g. He ido de excursión este año; h. Nunca he jugado al fútbol; i. Nunca he ganado un premio; j. Me he maquillado este fin de semana; k. Últimamente me he cortado el pelo; l. He discutido con un amigo esta semana; m. He leído un libro esta noche; n. He ido al cine esta tarde; ñ. He hecho un pastel este año; o. He llamado por teléfono esta tarde; p. Me he duchado esta mañana; q. Nunca he esquiado.

3.20. Nuestros compañeros de ciencias *han* ganado el Premio Nacional; Sí, amigo, *has* oído bien; ¿Habéis *pensado* qué hacer con vuestro tiempo libre?; *El* problema de la primavera; ¡P. y O. *han* estado juntos en *el* parque!; La chica más guapa ha *vuelto* de sus vacaciones; El equipo de fútbol *ha* sido seleccionado.

3.21. a. hemos tenido; b. hemos salido; c. hemos bailado; d. Nos hemos acostado; e. hemos visto; f. hemos entrado; g. han dicho; h. hemos tenido; i. hemos conocido; j. han llevado; k. hemos desayunado; l. he perdido; m. hemos ido; n. hemos paseado; ñ. has hecho.

3.22. 1. he ido; 2. he comido; 3. ha hecho; 4. He visto; 5. me he cambiado; 6. he hecho; 7. He vuelto; 8. he llegado; 9. he hablado; 10. han explicado; 11. ha cambiado; 12. ha dicho; 13. hemos ganado; 14. hemos presentado; 15. He salido; 16. he cogido; 17. he encontrado; 18. hemos intercambiado; 19. He entrado; 20. he encendido; 21. Me he encontrado; 22. ha explicado; 23. ha estado; 24. Hemos quedado; 25. ha vuelto; 26. hemos charlado; 27. He ayudado; 28. he roto; 29. He ido; 30. he terminado.

3.23. a. falso (Ha ido a su casa); b. verdadero; c. falso (Junto a sus compañeros ha ganado un premio por los trabajos de fin de curso); d. verdadero; e. verdadero; f. verdadero; g. falso (Ha estado porque ha dicho lo del premio); h. verdadero; i. falso (Ha estado estudiando toda la semana); j. falso (Su madre ha vuelto a casa a las nueve); k. verdadero; l. verdadero; m. verdadero.

3.25. a. 3; b. 7; c. 4; d. 2; e. 8; f. 5; g. 6; h. 1.

3.26. yo: mío, mía, míos, mías; tú: tuyo, tuya, tuyos, tuyas; él/ella/usted: suyo, suya, suyos, suyas; nosotros(as): nuestro, nuestra, nuestros, nuestras; vosotros(as): vuestro, vuestra, vuestros, vuestras; ellos/ellas/ustedes: suyo, suya, suyos, suyas.

3.27. a. mis, mías; b. mío, nuestra; c. tu, mío; d. Nuestro, suyo; e. tuyo, suyo; f. suyos, tuyos; g. mío; h. suyo, su; i. tuya.

3.28. a. nuestras; b. vuestros; c. suya; d. suyas; e. míos; f. tuyos; g. nuestro.

3.29. a. suyo; b. suyo; c. nuestra; d. vuestro; e. tuyo; f. tuya.

3.30. a. Aquellos patines son suyos; b. Esa mochila es suya; c. Estas zapatillas son suyas; d. Aquel colegio es mío; e. Esa radio es mía; f. Estas llaves son suyas; g. Esta goma es tuya; h. Aquel coche es vuestro.

3.31. c. No encuentro otra camiseta. La *mía* está sucia; d. Estas son amigas *nuestras*; e. ¿Estos mensajes son *tuyos*?; f. Estas sillas son iguales a las *vuestras*; h. ¿Es ese el perro *tuyo*?

3.32. a. lápiz; c. azúcar; e. útil; f. móvil; g. Rodríguez; j. árbol; k. fácil; n. Almodóvar.

3.33. a. coche (son medios de transporte); b. naranja (son frutas); c. pelo (son partes del cuerpo); d. camisa (son prendas de vestir).

3.34. 1. Respuestas: b, d, e; 2. Respuestas: a, f; 3. Respuestas: c, g.

3.36. a. lectores; b. famosos; c. aristócratas; d. publicaciones; e. informaciones; f. contenidos; g. revistas; h. periodismo; i. *paparazzi*.

3.37 a. verdadero; b. verdadero; c. falso (Aparece la vida de deportistas); d. verdadero; e. falso (El título de la revista es *Diez minutos*); f. verdadero.

3.39. a. Ha hecho un examen; b. No, cree que va a aprobar; c. No, solo le gustan los pimientos verdes; d. Javi, un refresco de naranja; su madre, agua; e. La madre de Javi.

Unidad 4

4.1. 1. d; 2. e; 3. f; 4. c; 5. a; 6. b.

4.2. 1. a; 2. b; 3. a; 4. b.

4.4. 1. c; 2. b; 3. d; 4. a.

4.5. Muy bien: Lo pasamos superbién, Lo pasamos genial, Fue fantástico, Lo pasamos de miedo, Fue estupendo; Normal: Ni fu ni fa, Regular, Más o menos; Muy mal: Fue un rollo, Lo pasamos fatal.

4.6. **Ana: ¿Dónde fue?** El sábado estuvo estudiando y el domingo fue al cine; **¿Qué hizo?** Como no había entradas, vio un peli en la tele; **¿Cómo se lo pasó?** Ni fu ni fa; **Miguel: ¿Dónde fue?** A Madrid (al centro, al Rastro...); **¿Qué hizo?** Hizo turismo por la ciudad; **¿Cómo se lo pasó?** Se lo pasó genial; **Paula: ¿Dónde fue?** El sábado fue a un restaurante y el domingo hizo una excursión a la sierra; **¿Qué hizo?** En el restaurante comió comida en mal estado y en la sierra se equivocó de camino y empezó a llover; **¿Cómo se lo pasó?** Fue un desastre.

4.7. **Medios de transporte:** avión, tren; **Actividades al aire libre:** senderismo; **Alojamientos:** hotel, refugio; **Objetos:** billete, mochila, saco de dormir, maleta.

4.8. **a.** refugio; **b.** billetes; **c.** senderismo; **d.** mochila; **e.** saco de dormir.

4.9. **Medios de transporte:** avión, tren, autobús, barco; **Alojamientos:** albergue, hotel; **Actividades al aire libre:** senderismo, bañarse, tomar el sol, ir de excursión, montar a caballo; **Objetos:** maleta, billete, saco de dormir, mochila, pasaporte.

4.10. **a.** billetes; **b.** pasaporte; **c.** hotel; **d.** albergue; **e.** saco de dormir; **f.** senderismo; **g.** maleta; **h.** mochila.

4.11. **a.** mosqueado; **b.** Me molan; **c.** mazo de; **d.** por la cara; **e.** flipante; **f.** mogollón de; **g.** ¡Qué pasada!; **h.** se raya.

4.13. **a.** viajamos; **b.** compraron; **c.** se bañó; **d.** miré; **e.** bailasteis; **f.** estudiaron; **g.** tomaste; **h.** navegamos; **i.** viajaron; **j.** trabajé; **k.** volasteis; **l.** caminaron; **m.** pensaste; **n.** chateó; **ñ.** llegaron; **o.** escribió.

4.14. **1.** g; **2.** c; **3.** b; **4.** i; **5.** e; **6.** h; **7.** j; **8.** d; **9.** a; **10.** f.

4.15. **a.** comí; **b.** vivimos; **c.** cantó; **d.** escribió; **e.** visitaron; **f.** comimos; **g.** navegó, escribió.

4.16. **a.** fue, Ir; **b.** fue, Ser; **c.** fue, Ser; **d.** fuimos, Ser; **e.** fui, Ir; **f.** fueron, Ser; **g.** fue, Ser; **h.** fue, Ir.

4.17. **a.** Fue; **b.** Comimos; **c.** Fuimos; **d.** escuchamos; **e.** fue; **f.** invitaron; **g.** Visitamos; **h.** hicimos; **i.** Entramos; **j.** compré.

4.18. **a. En París:** Subí, Visité, Comí, Fui; **b. En Sevilla:** Fuimos, Vimos, Comimos, Bailamos; **c. En Pekín:** Comí, Caminé, Comí, Estuve; **d. En Barcelona:** Subimos, Paseamos, Compramos, Visitamos.

4.19. **Poder:** pude, pudiste, pudo, pudimos, pudisteis, pudieron. **Hacer:** hice, hiciste, hizo, hicimos, hicisteis, hicieron. **Decir:** dije, dijiste, dijo, dijimos, dijisteis, dijeron. **Dar:** di, diste, dio, dimos, disteis, dieron.

4.20. **a.** pudo; **b.** pusimos; **c.** hizo, pudimos; **d.** viniste, Fue, reímos; **e.** quisieron; **f.** dije; **g.** trajeron; **h.** dio, dijo; **i.** puse; **j.** hice.

4.21. **a.** Andrés visitó a María en su casa de la playa; **b.** Ayer Marta y Pedro discutieron/Ayer Pedro y Marta discutieron; **c.** La semana pasada estuve en Valencia; **d.** Carolina y Arturo enviaron el regalo por correo; **e.** Mi hermano estudió cinco años en EE. UU.; **f.** Juan compró un regalo a Marta por su cumpleaños.

4.22.

C	O	N	O	C	I	S	T	E	R	D
F	F	G	J	A	B	O	U	I	L	F
A	G	S	E	L	Y	Ó	O	I	O	E
D	E	C	I	D	I	E	R	O	N	E
H	Y	E	N	C	O	N	T	R	É	V
E	T	R	O	E	Ó	S	B	O	T	O
S	V	U	E	I	V	E	I	V	S	L
C	O	I	L	S	B	O	A	I	A	V
R	G	A	P	I	P	R	I	A	M	I
I	S	A	A	E	N	N	O	J	B	M
B	E	O	I	E	R	R	T	A	N	O
I	H	A	W	L	D	D	T	S	H	S
E	Ó	B	A	L	Ú	O	Í	T	L	F
R	F	V	S	I	E	V	O	E	O	E
O	A	S	Q	M	F	O	J	I	S	E
N	F	R	E	I	A	X	A	S	U	N

a. salió; **b.** escribieron; **c.** perdí; **d.** decidieron; **e.** volvimos; **f.** viajasteis; **g.** conociste; **h.** encontré.

4.23. **a.** Le sorprendió lo grande que es; **b.** Ciudad de México, Teotihuacán, Cancún y Chichén Itzá; **c.** Un espectáculo de mariachis en México D.F.; **d.** Le gustaron mucho los nachos con guacamole y los burritos; **e.** Las pirámides de Teotihuacán y las ruinas de la antigua ciudad de Chichén Itzá, con su famosa pirámide de Kukulcán; **f.** Compró unos pendientes de plata en un mercado tradicional.

4.25. **a.** fui; **b.** fue; **c.** Hicimos; **d.** nos alojamos; **e.** estuvimos; **f.** anduvimos; **g.** pusimos; **h.** montamos; **i.** dimos; **j.** vimos; **k.** dijo; **l.** quiso; **m.** comimos; **n.** pudimos; **ñ.** fue.

4.26. **Diez palabras agudas:** amor, visión, cajón, sofá, vivir, ciempiés, calor, pantalón, Raquel, Jesús.

4.27. **a.** ratón (porque es aguda y termina en *–n*); **c.** salí (porque es aguda y termina en vocal); **d.** mesón (porque es aguda y termina en *–n*); **h.** viví (porque es aguda y termina en vocal); **i.** Rubén (porque es aguda y termina en *–n*); **j.** inglés (porque es aguda y termina en *–s*); **l.** comí (porque es aguda y termina en vocal); **m.** Iván (porque es aguda y termina en *–n*); **n.** allí (porque es aguda y termina en vocal).

4.28. **b.** francés; **d.** corazón; **f.** estación; **h.** sofá; **i.** habitación; **j.** volví; **l.** cafés; **m.** natación; **ñ.** marqués.

4.29. **a.** 2, El turismo: una actividad económica en expansión; **b.** 1, El ecoturismo; **c.** 3, diferentes tipos de turismo.

4.30. **a.** ...son pioneros en desarrollar la actividad turística de una manera sostenible y respetuosa con el medioambiente; **b.** ...combina elementos colonials europeos, principalmente de origen español, y precolombinos; **c.** Los turistas visitan España atraídos por la variedad de su paisaje, su cultura y su gastronomía; **d.** El turismo en México es uno de los motores de su economía; **e.** En España, la actividad turística es muy variada y podemos encontrar muchos tipos de alojamiento que dependen del tipo de turismo.

4.31. **a.** A un pueblo de Salamanca; **b.** Con su amigo Pedrito; **c.** El otoño pasado; **d.** Porque su amigo lo invitó a su casa para preparar un trabajo de clase; **e.** No ver a nadie por las calles y el silencio que había; **f.** Primero, llamar al vecino y, después, salir a buscar a los abuelos; **g.** En el bar del pueblo; **h.** Para celebrar que el dueño del bar había comprado una televisión con pantalla gigante.

4.32. **a.** A la sierra, con su vecino Santi y su hermano mayor; **b.** Genial; **c.** Ayudó a sus padres con la compra y a limpiar la casa, y estudió para el examen; **d.** No muy bien, fue un fin de semana bastante aburrido; **e.** A montar solos una tienda de campaña y a usar el mapa y la brújula; **f.** Ver una lluvia de estrellas por la noche; **g.** Que a la montaña hay que ir con alguien experimentado.

Unidad 5

5.1. **Diálogo 1:** Cuánto cuestan; **Diálogo 2:** Cuánto es, tarjeta; **Diálogo 3:** tan caro, cuánto cuesta; **Diálogo 4:** Cuánto cuesta, rebajas.

5.2. **a.** ¿Cuánto cuesta/Qué precio tiene el pantalón?; **b.** ¿Qué precio tienen/Cuánto cuestan los lápices?; **c.** ¿Cuánto es? **d.** ¿Va/Vas a pagar con tarjeta o en efectivo?; **e.** ¿Me podría decir el precio de los bolsos?

5.3. **Posibles respuestas:** **a.** ¡Qué chico tan feo!; **b.** ¡Qué coche tan bonito/caro!; **c.** ¡Qué jersey tan bonito/feo!; **d.** ¡Qué ordenador tan viejo!; **e.** ¡Qué perro tan bonito/pequeño/simpático!

5.4. **Diálogo 1:** **a.** dígame; **b.** llamadas perdidas; **c.** fuera de cobertura; **d.** sms. **Diálogo 2:** **e.** Diga; **f.** De parte de quién; **g.** comunica; **h.** le digo algo. **Diálogo 3:** **i.** Dime; **j.** saldo; **k.** cuelga; **l.** se ha equivocado.

Preguntas: **1.** b, Dígame; **2.** a, Dime.

5.5. **Relaciona:** **1.** a; **2.** e; **3.** c; **4.** b; **5.** d.
a. ir de compras; **b.** tiendas especializadas; **c.** establecimientos; **d.** dependientes; **e.** centros comerciales; **f.** servicios; **g.** hacer la compra; **h.** tiendas de alimentación; **i.** establecimientos; **j.** horarios.

5.6. **1.** g; **2.** f; **3.** e; **4.** h; **5.** c; **6.** b; **7.** a; **8.** d.

5.7. **a.** es; **b.** es; **c.** Son; **d.** es; **e.** es; **f.** es, soy; **g.** es; **h.** sois; **i.** son; **j.** es, es; **k.** es; **l.** son; **m.** es; **n.** son.

5.8. **a.** estoy, está; **b.** está; **c.** está; **d.** Estoy; **e.** están; **f.** está; **g.** está; **h.** está; **i.** Estamos; **j.** está; **k.** está; **l.** están.

5.9. **a.** es; **b.** es; **c.** son, está; **d.** es, es, está; **e.** está, es; **f.** están; **g.** Somos, somos; **h.** estoy; **i.** estáis; **j.** Estamos; **k.** está, son; **l.** es; **m.** está; **n.** es, está, está.

5.10. **Los verbos incorrectos son:** **b.** Estoy; **c.** Estás; **d.** estoy; **f.** estoy; **g.** es; **i.** eres; **j.** Es; **k.** Estoy; **n.** es; **ñ.** son; **o.** es; **p.** es; **r.** es; **t.** está; **u.** estoy; **v.** estoy; **w.** estoy.

5.11. **a.** estás; **b.** Estoy; **c.** Es; **d.** estás; **e.** estoy; **f.** es; **g.** Es; **h.** es; **i.** Son.

5.12. **-AR:** navegando, saltando, cantando, llamando; **-ER:** haciendo, bebiendo, comiendo, leyendo; **-IR:** oyendo, saliendo, escribiendo, durmiendo.

5.13. **a.** estoy haciendo; **b.** estás haciendo; **c.** están echando; **d.** Estás viendo; **e.** está saliendo; **f.** estoy preparando; **g.** están estudiando; **h.** estamos ordenando.

5.14. **a.** está preparando; **b.** está haciendo; **c.** están organizando; **d.** Estoy viendo; **e.** está oyendo; **f.** está leyendo; **g.** estamos esperando.

5.15. **Cantar:** canta, cantad; **Comer:** come, comed; **Escribir:** escribe, escribid.

5.16. **a.** bebe; **b.** bailad; **c.** abre; **d.** hablad; **e.** pon; **f.** leed. El verbo irregular es: poner.

5.17. **a.** bebe; **b.** Comprad; **c.** Lee; **d.** hablad; **e.** Abrid.

5.18. **Oír:** oye, oíd; **Venir:** ven, venid; **Ser:** sé, sed; **Decir:** di, decid; **Poner:** pon poned; **Salir:** sal, salid; **Tener:** ten, tened; **Hacer:** haz, haced; **Ir:** ve, id.

5.19. **a.** Gira; **b.** da; **c.** llama; **d.** Venid; **e.** Poned; **f.** Cierra.

5.20. **a.** ár-bo-les; **b.** pro-fe-sor; **c.** car-pe-ta; **d.** mú-si-ca; **e.** sá-ba-do; **f.** do-min-go; **g.** úl-ti-mo; **h.** a-mi-go; **i.** fá-bri-ca; **j.** ve-ci-na; **k.** pe-lí-cu-la; **l.** te-lé-fo-no; **m.** e-qui-po; **n.** ma-ña-na; **ñ.** man-za-na; **o.** he-li-cóp-te-ro; **p.** má-qui-na; **q.** e-xá-me-nes; **r.** re-su-men; **s.** fan-tás-ti-co. **Palabras esdrújulas:** a, d, e, g, i, l, o, p, q, s.

5.21. periódico, últimas, artículo, ópera, fantástico, público, música, mágicos, espectáculo.

5.23. **a.** Porque viven en pueblos aislados y no tienen ni conexión ni computadoras; **b.** Piensa que no es posible recibir una buena educación sin tecnología; **c.** Es voluntario en una organización que trabaja para acercar la tecnología a las comunidades indígenas; **d.** Es un buscador de internet; **e.** Porque dispone de una versión en maya, lo que permite que mucha gente pueda navegar en su propia lengua.

5.24. **a.** En una pastelería; **b.** Para Javier; **c.** 30, 50, y 12 euros; **d.** A una tienda de informática; **e.** En una impresora; **f.** Entre los dos.

Unidad 6

6.1. **a.** me; **b.** te; **c.** le; **d.** nos; **e.** os; **f.** les.

6.2. **1.** b, d, f; **2.** a, c, e.

6.3. **a.** le parece; **b.** les parece; **c.** me parece; **d.** les parece; **e.** nos parece.

6.4. **a.** Qué piensas/opinas; **b.** Qué te parece; **c.** Qué piensas/opinas; **d.** ha parecido.

6.6. **Posibles preguntas: a.** ¿Qué te parece el surf?; **b.** ¿Qué te parece hacer turismo?; **c.** ¿Qué piensas sobre el libro del Quijote?; **d.** ¿Qué opinas de los exámenes?

6.7. **a.** Creo que Arturo no viene esta noche; **b.** A mí no me parece buena idea; **c.** Me parece una buena idea; **d.** Creo que la comida mexicana es demasiado picante; **e.** ¿Cuál es tu opinión sobre ese tema?

6.10. **Diálogo 1:** Acuerdo parcial; **Diálogo 2:** Desacuerdo; **Diálogo 3:** Acuerdo total.

6.11. **Diálogo 1:** qué, parece, lo dices; **Diálogo 2:** nada; **Diálogo 3:** Qué piensas, que, totalmente, contigo, mí.

6.12. **a.** acuerdo parcial; **b.** desacuerdo; **c.** acuerdo; **d.** desacuerdo.

6.13. **a.** A mí, también; A mí, no; **b.** A mí, sí; A mí, tampoco.

6.14. **a.** Ni hablar; **b.** nunca jamás; **c.** Para nada; **d.** ¡Que no!; **e.** No, ni, ni.

6.15. **a.** hablador; **b.** cariñosa; **c.** ruidosa; **d.** impuntual; **e.** divertida; **f.** trabajador.

6.16. **a.** callado; **b.** silencioso; **c.** aburrido; **d.** puntual; **e.** perezoso/vago; **f.** frío.

6.17. **Posibles respuestas: 1.** b/d; **2.** a; **3.** e; **4.** c; **5.** d.

6.18. **1.** g; **2.** d; **3.** f; **4.** a; **5.** e; **6.** b; **7.** h; **8.** c.

6.19. **Hablar:** hablaba, hablabas, hablaba, hablábamos, hablabais, hablaban; **Comer:** comía, comías, comía, comíamos, comíais, comían; **Escribir:** escribía, escribías, escribía, escribíamos, escribíais, escribían; **Estar:** estaba, estabas, estaba, estábamos, estabais, estaban; **Tener:** tenía, tenías, tenía, teníamos, teníais, tenían; **Ir:** iba, ibas, iba, íbamos, ibais, iban; **Ser:** era, eras, era, éramos, erais, eran; **Ver:** veía, veías, veía, veíamos, veíais, veían.

6.20. **a.** escribías; **b.** caminaba; **c.** comía; **d.** estaban; **e.** jugábamos; **f.** estudiaba; **g.** preparabais; **h.** veía; **i.** trabajábamos; **j.** cogían; **k.** empezabas; **l.** teníamos; **m.** sabía; **n.** querían.

6.21. **1.** d; **2.** e; **3.** a; **4.** c; **5.** b.

6.22. **a.** se levantaba; **b.** estaba; **c.** tenía; **d.** esperaba; **e.** había; **f.** iba; **g.** llevaban; **h.** era; **i.** hacía; **j.** llovía; **k.** eran; **l.** jugaban.

6.23. **a.** Porque su escuela estaba muy lejos de su casa; **b.** En la parada que había frente a su casa; **c.** No, iba con su hermana Ester; **d.** Porque llevaban muchos libros en la mochila; **e.** Los días que hacía frío o que llovía; **f.** Porque jugaban con otros amigos a lanzarse bolas de nieve.

6.26. **a.** ves-ti-gio; **b.** ha-cien-da; **c.** si-guien-te; **d.** tien-da; **e.** sue-ño; **f.** tra-ba-jáis; **g.** a-ten-ción; **h.** sen-ti-mien-to; **i.** con-cier-to; **j.** can-ción; **k.** i-lu-sión; **l.** a-bue-lo.

6.27. **a.** cu-bier-to; **b.** a-diós; **c.** trein-ta; **d.** reu-nión; **e.** cua-der-no; **f.** ciu-dad; **g.** cuen-to; **h.** au-la; **i.** co-méis.

6.28. **a. a.** siglo XVIII; **b.** influencia española; **c.** religiosos; **d.** muros; **e.** patio; **f.** iglesia; **g.** cultivar; **h.** criar; **i.** murallas; **j.** mestizaje.
b. 1. Del siglo XVIII; **2.** Para ampliar la influencia española; **3.** Era una gran área cuadrada con muros y un patio interior, con una iglesia, un convento, huertos, caballerizas y cementerio; **4.** Para su protección.

c. Primer párrafo: 3, Su localización; **Segundo párrafo:** 1, La estructura de las misiones; **Tercer párrafo:** 4, Las misiones y los indígenas; **Cuarto párrafo:** 2, Su estilo arquitectónico.

6.29. **a.** De Andrés Iniesta; **b.** Trabajaba en la construcción y de camarero; **c.** Trabajaba en casa y en el bar de sus padres; **d.** Era un niño muy prudente, tímido, muy respetuoso, estudioso y trabajador; **e.** Tenían un bar; **f.** Se desprende del texto que la preparaba su madre (trabajaba en casa); **g.** Porque no le gustaba la comida del colegio; **h.** El pollo con patatas.

6.30. **a.** 4; **b.** 2, **c.** 1; **d.** 3.

6.31. **1.** b; **2.** b; **3.** c; **4.** a.

Claves del Apéndice gramatical

En el *Apéndice gramatical* del Libro del Alumno aparecen cuadros, denominados Expansión Gramatical, donde se amplían algunos contenidos lingüísticos de las unidades del libro. En algunos de estos cuadros se añaden actividades para el estudiante. A continuación se facilitan las claves.

Unidad 3

1. **a.** Mi; **b.** sus; **c.** nuestra; **d.** Sus; **e.** su; **f.** sus; **g.** Mi; **h.** mis; **i.** Nuestros; **j.** vuestros; **k.** nuestros.

Unidad 5

2. **a.** oyendo; **b.** diciendo; **c.** pudiendo; **d.** eligiendo; **e.** trayendo; **f.** cayendo.

TRANSCRIPCIONES

Libro del alumno

Unidad 0

[1]

Descripción 1

Es castaña y delgada. Tiene el pelo largo y un poco rizado. Tiene los ojos negros. No es ni alta ni baja. Es muy guapa, y parece buena persona.

Descripción 2

Es mayor. Tiene el pelo blanco y corto. Lleva barba y bigote. Es alto y tiene los ojos marrones. Es un poco gordo, pero no mucho. Es muy amable.

Descripción 3

Es joven, tiene 15 años. Es moreno, alto y delgado. Tiene el pelo corto y rizado. Tiene los ojos verdes y lleva gafas. Es muy simpático. Lleva siempre ropa moderna.

Descripción 4

Es joven, morena, alta y delgada. Tiene 14 años. Tiene el pelo largo y liso. Tiene los ojos grandes y verdes. Es deportista y siempre sonríe.

[2]

- ¿Qué haces los fines de semana, Javi?
- A menudo voy al cine con mis padres. ¿Y tú?
- Sí, voy a veces, pero los sábados por la tarde siempre voy a la bolera. ¿Tú también, Carlos?
- Yo no, casi nunca. Prefiero jugar al fútbol.
- ¡Ah! ¡Qué bien! ¿Y dónde juegas?
- Casi siempre jugamos en un polideportivo en mi barrio.
- Pues yo nunca juego al fútbol, prefiero el tenis.

[3]

Madrid es la capital de España. Está en el centro del país y tiene muchas cosas interesantes. Tiene un parque muy bonito que se llama El Retiro, con un pequeño lago.

También tiene un Palacio, el Palacio Real, cerca de la Puerta del Sol. La Plaza Mayor es otro de los sitios más turísticos. A mí me encanta el estadio de fútbol de Santiago Bernabéu y el mercado típico de los domingos, El Rastro. La gente de Madrid es muy simpática. Quiero volver pronto para disfrutar de sus deliciosas tapas de tortilla, paella, jamón, chorizo, queso, espárragos, gambas al ajillo, mmmm. Lo único que no tiene Madrid es playa. ¡Qué pena! Espero regresar muy pronto. ¡Hasta la vista, Madrid!

Unidad 1

[4]

- Mira, Sara, esta es mi nueva habitación.
- ¡Qué bonita!, tienes muchas cosas y todo está muy ordenado, ¿dónde las guardas?
- Ahí, mira, ese armario es muy grande y caben muchas cosas, y en la terraza tengo una caja para guardar los cedés y los libros.
- ¿Tienes terraza? ¿Dónde?
- Allí, en aquella puerta, al lado de la ventana. En este piso todas las habitaciones tienen terraza, pero son menos amplias que las del piso anterior.
- ¿Qué es esto? ¿Un regalo?
- No, es mi nuevo ordenador de mesa. El portátil viejo está en la habitación de mi hermana: este es más moderno y más grande.
- ¿Y ese póster? ¿De qué es?
- Es un póster del Real Madrid, ¡mi equipo! Pero tengo uno nuevo que me ha regalado mi padre. No es tan grande como ese, pero es mejor, porque es de esta temporada.

[5]

- Javi, ¿me explicas para qué sirven esas cosas?
- Sí, abuela, son los accesorios de mi nuevo ordenador. Esto se llama "teclado" y sirve para escribir.
- Ya, ¿y eso de ahí? ¿Es una televisión?
- No abuela, es el monitor y se usa para ver las imágenes y leer los textos.
- Vale. ¿Y eso redondo que tienes debajo de la mano?
- Esto es el ratón y sirve para seleccionar las opciones que quiero utilizar.

[6]

Cien, ciento uno, doscientos, doscientos dos, trescientos, trescientos tres, cuatrocientos, cuatrocientos quince, quinientos, quinientos veintiséis, seiscientos, seiscientos sesenta y nueve, setecientos, setecientos veinte, ochocientos, ochocientos noventa y siete, ochocientos noventa y nueve, novecientos.

[7]

Trescientos treinta y tres; seiscientos setenta y nueve; quinientos diez; novecientos sesenta y siete; setecientos uno; cuatrocientos ochenta; novecientos noventa y dos; doscientos dieciséis.

[8]

Abuela, cuadro, árbol, ratón, instituto, bolígrafo, goma, jarrón, España.

[9]

Médico, ordenador, camisa, cámara, ojo, lechuga, lápiz, dormitorio, zapato.

[10]

Alegría

Escucho un ruido en el salón. Me levanto silenciosamente y abro la puerta de mi habitación. Papá y mamá duermen. No lo entiendo. Hay alguien en el salón. Tengo miedo, pero intento ser valiente. Hace calor, o eso creo. Camino lentamente. Enciendo la luz. No veo a nadie. Pero hay un regalo para mí debajo del árbol. Sonrío. Ahora comprendo todo.

Unidad 2

[11]

- ¡Hola, mamá!
- Hola, Javi, ¿qué tal el instituto?
- Pues, bien, como siempre.
- Y ese papel, ¿qué es?
- Ah, es para la excursión de este finde. Vamos toda la clase. ¡Qué guay!
- ¿Y a dónde vais, Javi?
- Pues, vamos a visitar la sierra de Gredos.
- Muy bien. Y, ¿qué necesitas?
- El profesor dice que tenemos que llevar unos bocadillos y unas bebidas.
- Pero en la montaña normalmente hace frío. Yo creo que debes llevar un anorak, los guantes y el gorro.
- Vale, mamá. También quiero hacer fotos.
- Bueno, puedes coger mi cámara.
- ¡Fenomenal! Muchas gracias.
- ¿Cuánto hay que pagar por la excursión?
- Muy poco, solo 10 euros. ¡Ah! Vamos a salir el sábado a las ocho de la mañana.
- Entonces, esa noche tienes que acostarte pronto.

[12]

Diálogo 1

- Voy a coger el paraguas, porque está nublado.
- Sí, seguro que va a llover. ¡Qué frío!

Diálogo 2

- ¡Qué día tan bonito!
- Sí, hace sol y todo el mundo sale a la calle.

Diálogo 3

- Mira, está todo blanco.
- Brrr. Sí, hay nieve por todos lados y hace mucho frío.

[13]

Muy buenos días. Este es el tiempo que tenemos hoy en España. En la zona norte hace mal tiempo. Llueve en Galicia y nieva en el País Vasco. En el este de España, en Cataluña, hay nubes, llueve mucho en Valencia y así va a continuar todo el día. En las Islas Baleares, en Mallorca, esta mañana está nublado. Sin embargo, en el centro de España, en Madrid, hace sol y tenemos una temperatura de 29 grados. En el sur, hace bastante calor, especialmente en Sevilla y Cádiz, con temperaturas que van a llegar a los 35 grados. Es todo. Muchas gracias por su atención. Buenos días.

[14]

a. Es especialmente duro en la zona norte e interior de España, con temperaturas bajo cero y nieve frecuente. También son habituales otros fenómenos como el viento, la niebla o el hielo. En el sur y Levante es más suave.

b. Es bastante inestable. Hace calor, frío, viento, pero también llueve mucho y a veces nieva. Es una época perfecta para ver el campo verde y lleno de flores. Las temperaturas varían entre los 15 y los 25 grados.

c. Es un periodo muy caluroso, especialmente en el sur del país y el interior. Hace muy buen tiempo con temperaturas entre los 35 y los 40 grados. También son frecuentes las tormentas, con rayos y truenos.

d. Normalmente hace frío, pero no demasiado. Llueve bastante y también nieva, especialmente en el norte de España. Además son frecuentes las nieblas. Las temperaturas están entre los 5 y los 20 grados.

[15]

1. ¿Tú tienes un diccionario en tu cartera?; 2. Creo que sé quién es tu primo; 3. La profesora Carmen siempre me pregunta a mí; 4. A mí me gusta estudiar español; 5. Si quieres, te invito a un té esta noche.

[16]

Lluvia

En Cuba cuando llueve, llueve, y solamente en el campo llevan los guajiros algo con lo que protegerse de la lluvia, chubasqueros o capas de plástico, y en La Habana, por lo menos en esta parte de La Habana en que queda el cine "Rialto" (que no es La Habana Vieja ni La Habana Nueva), hay portales, columnadas, corredores por los que es posible caminar varias cuadras bajo la más espesa lluvia sin mojarse apenas.

Repaso - Unidades 1 y 2

[17]

Isabel: Este es mi dormitorio. Me gusta mucho, porque aquí están todas mis cosas: mis libros, mis cómics, mi música... ¿Veis esa cama? Es nueva. Esta es más grande y cómoda que la vieja. La cama vieja ahora la utilizamos para las visitas y está en la habitación de invitados. El escritorio no me gusta y lo quiero cambiar, porque este es muy pequeño y no sirve para poner el ordenador.

Sara: Este es el salón de la casa de mi abuela. Me encanta, porque tiene muchos muebles antiguos y muchos objetos de decoración muy delicados, como aquel jarrón de cristal y ese sofá de cuero. Yo la ayudo a limpiar y les paso la aspiradora a estas alfombras una vez a la semana. Lo mejor es la terraza. ¿Veis aquella mesa de metal? La utilizamos en verano para comer.

Javi: Pues, este es mi escritorio. Mis padres me dicen que siempre está desordenado. Yo les digo que lo ordeno todas las mañanas, pero por las noches vuelve a estar igual. Creo que no tengo mucho espacio para mis cosas, por eso le voy a regalar a mi hermana estos videojuegos. Yo no los uso ya y los cedés los voy a guardar en esa caja de plástico.

[18]

1. En Cantabria llueve mucho y normalmente está nublado. Por eso tiene un paisaje muy verde. Uno de los lugares más interesantes para visitar son los Picos de Europa.
2. Andalucía es la región más seca de España. En verano hace mucho calor y en invierno casi no llueve. En Sevilla a veces tienen 40 grados en verano.
3. Ávila está en Castilla y León, una de las regiones más frías de España. En invierno hace mucho frío y normalmente nieva en diciembre y enero.

Unidad 3

[19]

- ◗ Hola, Javi. He comprado tres entradas para ir al cine esta tarde. ¿Quieres venir?
- ᗡ Lo siento... pero estoy muy cansado.
- ◗ Yo, también. Esta semana hemos hecho demasiados exámenes y he ido todos los días a la biblioteca. Pero hay que divertirse...
- ᗡ Ya... es que esta mañana me he levantado muy temprano.
- ◗ ¡Pero, hombre, si hoy es sábado!
- ᗡ Lo sé, pero he tenido que ayudar a mi padre con las labores de casa, porque mi madre está en París con Laura, una compañera suya. Este mes ha viajado mucho, ha ido a Barcelona, a Milán y a París a presentar un proyecto de trabajo muy importante.
- ◗ Entiendo, entiendo... Entonces, ¿tomamos algo ahora?
- ᗡ Umm, tampoco puedo. Mi padre ha salido hace unos minutos al supermercado y me he quedado con mi hermana. ¿Has llamado a Luisa? Seguro que ella quiere ir.
- ◗ Buena idea, ahora la llamo.

[20]

Siempre he sido una persona muy deportista y viajera. Practico atletismo y ya he ganado dos medallas en los campeonatos de Sevilla 2003, aunque todavía no he participado en una olimpiada. También me encanta viajar, de hecho ya he visitado muchos países, pero todavía no he estado en Asia... Ah, y me encantan los idiomas. Ya he aprendido inglés, francés e italiano, pero todavía no he aprendido a hablar chino.

[21]

A diario vemos, escuchamos, leemos y, en general, estamos en contacto con diversos medios de comunicación. La televisión es el medio de comunicación más utilizado, cuyo objetivo es entretener a la gente a través de diferentes programas: telediarios, documentales, entrevistas, etc. Internet es otro de los medios de comunicación para recibir información o como medio de relación social, con el Facebook o Twitter. Es el medio más utilizado actualmente por los jóvenes en España. La radio es el medio que con mayor rapidez llega la información. Permite llevar las noticias y la música a cualquier lugar. La prensa es otro medio que tiene también como objetivo informar. Es el medio menos utilizado en España, ya que para acceder a ella se necesita comprarlo y saber leer. Todos estos medios de comunicación son importantes en nuestra sociedad para mantenernos informados.

[22]

Azúcar, cara, árbol, difícil, dibujo, botella, libro, móvil, planta, brazo, útil, lápiz.

[23]

El lunes Óscar y Carmen fueron al fútbol y animaron a Pérez, el portero. El martes fueron a Cádiz y llamaron desde el móvil a sus padres. El miércoles cortaron el césped y encontraron un nido en el árbol. Hoy es sábado y hablan en su casa de los planes de la próxima semana.

[24]

Novela de Andrés Choz

Sin duda se ha ido. Andrés Choz cierra los ojos, hoy he dormido bien, pero cuando los abre otra vez han transcurrido quince minutos más porque le ha atrapado la modorra, y se levanta, abre la ventana, el día es soleado, al final del camino, cerca de la senda que baja hacia la playa, Benilde se aleja con su pausado caminar.

[25]

1. El tiempo para esta jornada prevé cielos nublados en el norte, con lluvias en Galicia y en Cantabria. En Madrid y toda la zona centro vamos a tener sol y buen tiempo, lo mismo que en Andalucía, con temperaturas que van a llegar a los 30 grados en localidades como Sevilla y Jaén. Sol con intervalos de nubes en Baleares y buen tiempo en Canarias. Levante tiene previsto un día de viento, pero sin grandes problemas.
2. En Deportes Pereda va a encontrar todo lo que necesita para practicar deporte: zapatillas, raquetas, balones de fútbol, camisetas. Este mes todos nuestros productos tienen un 50 por ciento de descuento. Venga a vernos. Abrimos todos los días.
3. ¿Necesitas renovar tu ordenador personal, tu portátil, tu móvil...? En Mercadomedia reducimos los precios a la mínima expresión: Ordenadores desde 300 euros, móviles desde 20. Visítanos en la Carretera de Andalucía Km 15. No tenemos competencia, los mejores precios del mercado.
4. En la plaza de toros de las Ventas, no te pierdas este fin de semana un concierto inolvidable: Alejandro Sanz en directo el sábado 25 de mayo, a partir de las diez de la noche. Venta de entradas en taquilla y en la página web *ticketsyentradas.com*.

[26]

Mira, este es mi edificio donde vivo. En el primero vive María. Ella es cantante y hoy ha empezado a trabajar en un musical. Los del segundo hoy han salido de casa a las nueve de la mañana y han regresado a casa a las nueve de la noche. Mi hermana Ana vive conmigo, pero esta semana no está en casa porque ha ido de excursión a la montaña. Inma, la del cuarto, hoy ha trabajado muchísimo y ha vuelto a casa a las once de la noche. En cambio, su marido, Adrián, ha vuelto a las seis y ha ido a clases de guitarra. La del quinto, Marta, es mi nueva vecina. Ha llegado recientemente y no sé nada de ella.

Unidad 4

[27]

- ¿Diga?
- ¡Hola, Javi!
- ¡Hola, Carolina! ¿Qué tal?
- Supercontenta, ¿sabes? Este año mi familia y yo nos vamos de vacaciones a Ibiza.
- ¿Sí? Yo fui a Ibiza el verano pasado con mis padres y mi hermana.
- ¿Y cómo es? ¿Te gustó?
- Sí, me encantó. Es una isla preciosa.
- ¿Y qué tal lo pasaste?
- Muy bien, me bañé en el mar todos los días. Ibiza tiene unas playas fantásticas.
- ¿Y qué más cosas hiciste?
- Pues visité el casco antiguo, subí a un barco, monté en una moto acuática, comí mucho pescado, jugué al vóley-playa y al ping-pong... ¡Ah! y también conocí a mucha gente. La verdad es que fue un viaje inolvidable.
- ¡Qué bien! ¡Seguro que yo también me lo paso genial!
- ¿Y cómo vas a ir? Nosotros fuimos en coche hasta Valencia y después en barco.
- Nosotros vamos en avión desde Madrid. Mis padres ya han comprado los billetes. ¡Qué ganas tengo de ir!

[28]

Diálogo a

- ¿Qué tal tus vacaciones?
- ¡Ah! Pues muy interesantes. Estuvimos en Salamanca. Es una ciudad increíble, con muchos monumentos y mucha vida en las calles. Además, comimos fenomenal.

Diálogo b

- ¿Dónde estuviste de vacaciones?
- Fui con unos amigos a Benidorm. Fue genial. Nos bañamos todos los días en el mar y tomamos mucho el sol. Fue fantástico y muy divertido, aunque el hotel fatal, pequeño y caro.

Diálogo c

- ¿Qué hiciste el verano pasado?
- ¡Uf! Mi verano pasado fue muy aburrido. Estuve en el pueblo de mis abuelos y fue un rollo. No me gustó nada.

[29]

a. avión; b. barco, c. tren, d. autobús, e. pasaporte, f. billete, g. albergue, h. hotel, i. excursión, j. montar a caballo, k. senderismo, l. saco de dormir, m. maleta, n. mochila, ñ. playa, o. tomar el sol.

[30]

Pablo: La semana pasada viajé a México en avión con mis padres. Compré el billete por internet. Fue un viaje muy interesante porque visité su capital, México D.F., una de las ciudades más grandes del mundo. Me encantó el Zócalo, la segunda plaza más grande del mundo. Me alojé en un hotel en el centro de la ciudad. Estuvo muy bien.

Elena: El mes pasado fui de excursión a Navacerrada. Fue mi primer viaje de aventura con mis compañeros de clase. Yo fui hasta Navacerrada en autobús y llevé una mochila y un saco de dormir. En la montaña hice muchas cosas: monté a caballo, hice senderismo y contaron historias de misterio antes de dormir. Nos alojamos en un albergue. Lo pasé genial.

Félix: El verano pasado fui a la playa de vacaciones. Fui a casa de mis tíos y primos que viven en Benidorm. Hice el viaje en tren y llevé una maleta enorme. Lo pasé muy bien porque me bañé todos los días en el mar y tomé el sol. También tuve tiempo para hacer esquí acuático y subir a un barco para conocer las playas cercanas.

[31]

El año pasado tuve unas vacaciones increíbles. Fui a Cuba con mis padres. El viaje en avión la verdad es que fue un poco largo, unas nueve horas. Yo llevé una maleta pequeña, pero mis padres llevaron una muy, muy grande. Fuimos a La Habana y estuvimos en un hotel muy bonito del centro. Vimos muchas cosas y lo que más me gustó fue la gente de allí, que es fantástica. La verdad es que nos lo pasamos genial. También fuimos a distintas playas de Cuba y nos bañamos y tomamos mucho el sol. ¡Me encantó!

[32]

- Mira. ¡Qué pasada de botas! ¡Me encantan!
- Sí, a mí también me gustan. Molan mogollón.
- Pero el jersey verde también es mazo de bonito.
- Es más caro. Voy a decirle a mi madre si me compra las botas.
- Pero, está mosqueada contigo, ¿no?
- Sí, está enfadada. Es que el sábado llegué a casa media hora tarde y mis padres se rayaron y llamaron a todos mis amigos.
- ¿De verdad? ¡No me lo puedo creer! Es flipante. Los padres se enfadan muy rápido.
- Sí, muy rápido. Oye, ¿me invitas a un helado?
- ¡Jo!, Sonia, siempre quieres tomar helado por la cara. Nunca pagas tú.
- Porfa...

[33]

Color, camión, ratón, pastel, comí, reloj, almacén, corazón, amor, café, mamá, salí, bebé, feliz, azul.

[34]

Juan se compró un balón de color marrón. Aquí está Juan en el jardín con su amigo Martín. Con el balón rompen el cristal del salón.

[35]

La ruta del lobo perdido

Hace dos años fui de vacaciones con mi familia a Sierra Nevada. El primer día me rayé un poco. ¡Qué rollo! Todo el día en el coche con mis padres y mis hermanos. Pero cuando llegamos a la casa rural, rápidamente cambié de opinión. "¡Qué pasada!", pensé cuando vi aquel lugar tan guay. Nos alojamos en una casa antigua para turistas, en un pueblo rodeado de montañas y bosques. Lo que más me moló fue mi habitación, separada del resto de la casa. ¡Dormí en un antiguo establo convertido en dormitorio! Al segundo día hice cuatro amigos, un grupo de chicos y chicas superguays. Lo más flipante fue que mis padres me permitieron hacer una excursión por el bosque con ellos.

Decidimos hacer "la ruta del lobo perdido", una excursión muy famosa. Dicen que en el Bosque del Lobo Perdido hay un fantasma de un perro que se perdió hace muchos años. Cuenta la leyenda que su amo, un turista del norte, lo abandonó y el perro, desesperado, buscó durante años a su amo y se convirtió en lobo para sobrevivir en aquel entorno hostil. Un día un cazador lo mató y, desde entonces, el lobo sale todas las noches para vengarse del turista que lo abandonó y del cazador que lo mató. A mí no me asustó la historia, nunca he creído en los fantasmas y mis nuevos amigos tampoco. Comenzamos nuestra excursión por la mañana y caminamos durante dos horas hasta llegar a la cima de una montaña, donde comimos y descansamos. Fue muy divertido y relajante. Todos hablamos de nuestras vidas en la ciudad, de nuestros institutos y de nuestras cosas; allí comenzamos a conocernos mejor. Después de un largo rato miré el reloj: "¡Oh, no!", dije yo, "son las siete de la tarde y tenemos que volver a casa". Recogimos nuestras cosas y nos preparamos para regresar. Caminamos durante una hora. Anocheció y tuvimos que caminar más rápido. Pasó otra hora y empezamos a preocuparnos. "Oye, chicos, creo que nos hemos perdido, este camino es diferente al de antes", dije yo. "No creo", respondió Elena, "por la noche los bosques tienen otro aspecto". De repente, escuchamos ruidos lejanos y nos asustamos un poco. Unos minutos después, oímos un aullido y más ruido, pero nadie dijo nada. Continuamos, anduvimos media hora más y volvimos a escuchar el ruido; esta vez un ladrido más cercano. Volvimos a escuchar ladridos. Un arbusto se movió y todos gritamos a la vez. Un segundo después vimos una luz y oímos: "Ron, ¿qué haces? ¡Ven aquí!". Todo fue muy rápido. En un segundo, la luz se acercó y vi a mi hermano mayor con una linterna y nuestro perro Ron. "Vamos, chicos, que es muy tarde, ¿os habéis perdido? Yo he salido a buscar a Ron, creo que se ha peleado con otro perro en el bosque. Pero es extraño, en los bosques no hay perros", dijo mi hermano. Nadie dijo una sola palabra.

[36]

Anuncio 1
Viajes Sanz. Organizamos todo tipo de excursiones a la sierra de Madrid.

Anuncio 2
Noches Blancas. La mejor oferta de hoteles de la Costa Blanca. Hoteles de cuatro y cinco estrellas para disfrutar de unas noches inolvidables.

Anuncio 3
Si tienes que viajar a Galicia, la nueva línea de autobuses La Ruta es lo que buscas. Salidas cada hora desde Madrid.

Anuncio 4
Vuele Barato. La compañía aérea que le ofrece vuelos a Londres desde 35 euros. Compra tu billete ya y tu acompañante viaja gratis ahora.

[37]

- ¿Quieres pasar las mejores vacaciones de tu vida? Acércate a la agencia de viajes culturales Rutae e infórmate de las mejores ofertas de viajes.
- Si estás cansado de lo mismo, deja de imaginarte África. Ven a viajes Girasol, donde vas a ver tu viaje ideal realizado.

Repaso - Unidades 3 y 4

[38]

- ¿Qué tal es Londres, mamá?
- Muy bonita la ciudad, Isabel, pero ha sido un poco estresante.
- ¿La ciudad?
- No, hija, el viaje.
- Pero, ¿has visitado muchos lugares?
- Uy, no, hija, no he tenido tiempo para hacer turismo. Este viaje ha sido de trabajo. He ido a muchas reuniones y presentaciones.
- Pero... ¿Has estado en el trabajo toda la semana?
- Claro, hija, pero he visto la torre de Londres y el London Bridge todos los días.
- ¿Todos los días?
- Sí, claro. Nos hemos quedado en un hotel muy cerca de esa zona, pero no he podido visitarlos. ¿Y tú? ¿Qué tal tu semana? ¿Has sido buena?
- Sí... He ayudado mucho a papá y a Javi con la casa y en la escuela hemos hecho un concurso de dibujo.
- ¡Ah!, ¿sí? ¿Y quién ha ganado?
- ¡Yo! Je, je.
- ¡Muy bien, hija! Felicidades.

Unidad 5

[39]

- Mira, Isabel, ¡qué camiseta tan bonita hay en esa tienda!
- Sí, es verdad. Me encanta ese color. ¿Entramos y la compramos?
- Sí, vamos.
- Hola, buenos días.
- Hola, buenos días. ¿Cuánto cuesta aquella camiseta roja de allí?
- 12 euros.
- ¡Qué barata!
- Sí, me gusta para papá. Nos la llevamos.
- También estamos buscando un cinturón del mismo color.
- Mirad. Allí están los cinturones y todos están de rebajas.
- Javi, mira este rojo oscuro. Es perfecto.
- Entonces, nos llevamos este cinturón y la camiseta. ¿Nos dice cuánto es?
- Son 21,50 euros. ¿En efectivo?
- Sí. Javi, coge la cartera de mi mochila, por favor.
- Bueno, muchas gracias. Hasta luego.

(*Ring, Ring*)

- ¿Diga? Hola, mamá. Dime. Sí, estamos aquí en el centro comercial. Estamos comprando en una tienda el regalo de cumpleaños de papá. Vale. Ya vamos para allá. Un besito.
- ¿Quién es?
- Es mamá. Está preparando ya la merienda y dice que papá va a llegar a las seis.
- Vámonos ya entonces para casa que papá está a punto de llegar.

[40]

- ¿Puedo ver los móviles de última generación?
- Claro, están en aquella estantería.
- ¡Qué modernos!
- ¿Te gustan?
- Me encantan. ¿Cuánto cuesta el Mokia de color plata?
- Ese cuesta 380 euros.
- ¡Guau! ¿380 euros? ¡Qué móvil tan caro!
- Sí, lo sé, es que es de última generación, pero tenemos otros móviles más baratos para ti.
- Ya. ¿Y tenéis alguna promoción?
- Sí, esos Motorollas de ahí son los más prácticos de todos.
- ¿Qué precio tienen?
- Esos cuestan 50 euros.
- Me llevo el azul. Y también quiero esta funda para guardarlo. ¿Cuánto es?
- Son 65 euros en total. ¿Vas a pagar con tarjeta o en efectivo?
- En efectivo. Todavía no tengo tarjeta de crédito. ¡Soy muy joven!

[41]

a.
- Dime, Pedro.
- Oye, llámame que tengo que contarte una cosa y no tengo saldo.
- Vale, cuelga y te llamo ahora.

b.
- El teléfono al que llama está apagado o fuera de cobertura. Puede dejar un mensaje después de la señal.

c.
- ¿Diga?
- Hola, ¿puedo hablar con Paco?
- ¿Quién? Lo siento, te has equivocado.
- Perdón.

d.
- ¡Oh! Tengo tres llamadas perdidas de María.
- ¿Cuándo ha llamado?
- No lo sé, no he oído nada.

e.
- ¿Dígame?
- Buenos días, ¿está Javi?
- No, no está. ¿De parte de quién?
- Soy Carlos.
- Hola, soy su madre. ¿Le digo algo?
- Sí, dígale que he llamado. Adiós.

f.
- El móvil de César comunica.
- Pues mándale un sms.

[42]

1. [*Teléfono ocupado*]

2. ◗ Hola, buenos días, ¿está el señor Gutiérrez?
D Sí, pero en este momento se encuentra reunido.
◗ De acuerdo, dígale que llamaré más tarde.

3. ◗ ¿Diga?
D Hola, ¿está Sara?
◗ No, no está. ¿De parte de quién?
D Soy Bea.
◗ Hola, Bea. ¿Le digo algo?
D No, ya la llamo más tarde, gracias. Hasta luego.
◗ Hasta luego.

4. ◗ ¿Diga?
D ¿Puedo hablar con Ana?
◗ Sí, soy yo.

5. [*No contesta nadie*]

[43]

1. ◗ Perdona, ¿está en esta planta la tienda Movilandia?
D No, no. Para la sección de telefonía coge el ascensor y sube a la tercera planta.

2. ◗ Hola, no sé cómo iniciar este iPod que compré ayer.
D Claro, no tiene batería. Conecta el cable.

3. ◗ ¿Sabes llegar al museo del Prado?
D Sí, coge la línea 2 y baja en Banco de España.

4. ◗ ¿Puedo hablar un momento contigo?
D Espera, ahora estoy escribiendo un *e-mail* muy importante, vuelve más tarde.

[44]

Teléfono, página, fantástico, sábado, informática, médico, último, único.

[45]

Amigo, pueblo, húmedo, tierra, animal, músculo, fábrica, hermoso, príncipe, ventana, pantano, máscara, margarita, lágrima, máquina, película, carretera, armario.

[46]

Las únicas películas que le gustan a Ángela son las románticas. Esas pelis donde hay príncipes con muchos músculos y que siempre terminan en lágrimas. Yo prefiero las fantásticas.

[47]

Breve historia de un hombre que hablaba lenguas

Marcial es un hombre feliz, que ama a su mujer, ama a su hija y ama su trabajo. Disfruta enormemente de cada diálogo sostenido con sus compañeros en casi incontables idiomas. Él lo entiende todo. Cuando los turcos empezaron a negociar su ingreso en la Comunidad, se hizo con el turco de modo casi milagroso; y pronto descubrió que hay mucho que decirse con los chinos, de modo que se lanzó por esa senda sin miedo, respaldado por su amplia experiencia y su comprobada facilidad.

Unidad 6

[48]

◗ ¿Qué es eso, abuelo?
D Un álbum de fotos antiguas.
◗ A ver. ¡Qué joven en esta foto! ¿Por qué vas vestido así?
D Porque yo jugaba en el Real Madrid.
◗ ¿Eras jugador del Real Madrid, abuelo? ¡Anda ya!
D Que sí, y entrenábamos todos los días.
◗ ¿En serio? Cuéntame más.
D Bueno, eran otros tiempos, yo creo que más difíciles.
◗ ¡Qué va! Ahora es casi imposible jugar en el Real Madrid.
D No estoy de acuerdo contigo. Simplemente hay que trabajar duro.
◗ Si tú lo dices. ¿Y qué otras cosas hacías cuando eras joven?
D Como a tu edad ya trabajaba, solo salía con los amigos los fines de semana.
◗ ¿Ibas a la discoteca?
D No, je, je. Antes no había, hacíamos fiestas en las casas de los amigos. También íbamos al río para pasar el día. Pero debía regresar temprano a casa porque mis padres se enfadaban.
◗ ¡Qué vida tan diferente!

[49]

1. ◗ Hay unas nubes muy negras en el cielo, yo creo que esta tarde va a llover.
D Para nada, ¡qué dices!
2. ◗ ¿Tú crees que el cine español está de moda? A mí me parece que sí. Hay muchas películas en este momento con proyección internacional, ¿verdad?
D Pffff, si tú lo dices...
3. ◗ ¡Mira qué vestido tan bonito! ¿Por qué no te lo compras? Seguro que te está muy bien, ¿no crees?
D ¡Totalmente!

[50]

Hola, chicos. Os presento a mis amigos, Ana y Daniel. Ana siempre llega a clase a la hora exacta, nunca llega tarde. Además, siempre está alegre y me río mucho con ella. La profesora le dice que no debe hablar en clase, y es verdad, siempre está hablando de sus cosas con sus compañeros. En cambio, Daniel, siempre llega al instituto muy cansado. No le gusta nada levantarse temprano. La verdad es que nunca se pone nervioso por nada, es un chico que todo lo hace con mucha, mucha calma.

>>>

Lo que más le gusta es el fin de semana, cuando sale de fiesta con nosotros. Como veis, tengo amigos muy diferentes.

[51]

1. Mi tío Eugenio me llama cada día; 2. En esta ciudad hay mucho ruido; 3. Esta mañana un león se ha escapado de su jaula; 4. De cuatro a seis voy a clase; 5. A Jaime le gusta mucho la geografía; 6. Ya han llamado a la ambulancia; 7. Lo siento, no oigo bien; 8. Lourdes vive en Italia.

[52]

Tú, la oscuridad

Los domingos papá nos traía caramelos. Los compraba en una botica que había en Jérémie, un lugar lleno de trastos y de olores que se llamaba Pharmacie du Bord de Mer y que se dedicaba más al dulce que a las medicinas, nadie tomaba medicina en aquel tiempo. El dueño era un hombre flaco, con los ojos hundidos y las orejas caídas como las de un perro enfermo, más una boca pequeñita y gruesa [...] que nunca abría, ni para dar los buenos días.

Repaso - Unidades 5 y 6

[53]

Diálogo 1

◗ ¿Qué más necesitamos comprar?
D No sé, no sé. Estoy pensando que esta semana vienen los tíos a cenar y la tía Cristina no come carne.
◗ ¡Qué mujer tan especial!
D No es especial, es vegetariana.
◗ Entonces, vamos a una tienda de frutas y verduras. En este supermercado la fruta no es muy buena.

Diálogo 2

◗ ¡Mira que pantalones tan bonitos!
D Sí, son preciosos y muy baratos.
◗ ¿Quieres entrar a ver más?
D No, no, hoy estoy gastando mucho dinero.
◗ Tranquila. ¡Las rebajas son para comprar!
D Hoy ya he comprado muchas cosas. Prefiero seguir viendo escaparates.

Diálogo 3

◗ ¿Diga?
D ¿Está Alberto?
◗ ¿De parte de quién?
D Soy Luis.
◗ Hola, Luis. Alberto está estudiando en la biblioteca. Vuelve a las siete. ¿Le digo algo?
D Sí, por favor, necesito los apuntes de Historia de hoy, porque estoy leyendo los míos y creo que están mal.

Diálogo 4

◗ Hola, estoy buscando una nevera pequeña. ¿Cuánto cuesta esta?
D 800 euros.
◗ ¡Qué nevera más cara!
D No es tan cara, es la más moderna de todas las neveras pequeñas. Mira, esta es más barata y la está comprando mucha gente.

[54]

1. ◗ Ayer fui al cine. La película era muy buena.
D ¿Sí? ¿Qué película era?
◗ Era una película francesa.
D Sí, es que el cine europeo es mejor que el americano.
◗ ¡Qué dices! Depende de la película, no siempre es así.

2. ◗ Uf, otro día más de clase...
D ¡Qué dices! Ir a clase todos los días es fantástico.
◗ Si tú lo dices...
D Claro, hay que hacer cosas, todo el día sin hacer nada es imposible, mejor ir a clase.

Libro de ejercicios

[1]

Hola, me llamo David. Yo creo que mi nombre es muy bonito. Tengo quince años. Vivo en Sevilla. Para mí, Sevilla es una ciudad fantástica. Mi mejor amiga se llama Eva y vive en Madrid, pero en mi opinión es un poco seria. Mi cantante favorito es Enrique Iglesias y mi comida favorita la hamburguesa. Creo que la hamburguesa que yo preparo es maravillosa. Pienso que cocinar es divertido. En la estantería verde de mi dormitorio tengo libros de cocina para preparar cosas increíbles.

[2]

Sol, pierna, sillón, pelota, pluma, carbón, manzana, pollo, grande.

[3]

1. Llamo mucho a mis amigas por teléfono, no me gusta enviar mensajes, prefiero hablar. Creo que mantener una conversación es más personal que chatear. Además, prefiero el teléfono fijo, es más económico.
2. Yo nunca uso internet. Todas mis fotos las tengo en papel y las pongo en un álbum. Las fotos digitales son menos bonitas.
3. Pues yo para comunicarme con mis amigas uso WhatsApp. Me encanta poner emoticonos, son más divertidos que las palabras. También podemos compartir fotos, es más rápido así.
4. Me conecto a internet desde la computadora, desde el celular y desde la tableta para cosas de trabajo... estoy siempre *online*. Internet es la mejor forma de estar en contacto.

[4]

Mañana en la Comunidad de Madrid se espera un día soleado, con muy pocas nubes y temperaturas cercanas a los 25 grados, típicas del mes de mayo. El buen tiempo va a continuar en los próximos días, a excepción del norte de la Comunidad, donde, sobre todo en las zonas de montaña, vamos a tener lluvias y temperaturas más bajas, en torno a los 18 grados, con posibilidades de viento a mediodía. Como decimos, sin cambios importantes en el resto de la región, un buen momento para disfrutar de actividades al aire libre. Hasta mañana.

[5]

▶ El famoso tenista Rafa Nadal nos cuenta brevemente sus secretos para una vida sana. Rafa, ¿duermes mucho?

▷ Sí, para estar en forma necesito dormir nueve horas como mínimo.

▶ ¿Y haces algún tipo de dieta?

▷ No, yo creo que hay que comer de todo, especialmente, frutas, verduras, carne y pescado. No necesitamos muchas grasas, ni dulces.

▶ ¿Y cuando estás enfermo...?

▷ Casi nunca estoy enfermo, solo algún resfriado o tos, cuando hace frío. Me cuido mucho.

▶ Entonces, ¿qué aconsejas a nuestros oyentes para una vida en equilibrio?

▷ Yo creo que la gente tiene que comer bien, salir a la calle cuando hace buen tiempo, necesitamos tener amigos, hacer un poco de deporte, dormir bastante y en general yo creo que hay que disfrutar simplemente de las cosas sencillas de la vida, no cometer excesos. ¡¡¡Eso es!!!

▶ Bueno, parece sencillo, vamos a ver si todos tomamos nota.

[6]

Hola, me llamo Jaime. Os voy a contar qué cosas ya he hecho y qué cosas todavía no he hecho, pero quiero hacer. Por ejemplo, ya he visitado París. Me encanta esa ciudad, pero todavía no he aprendido a hablar francés. Ya he visto varias películas en el cine en 3D y ya he escrito un pequeño libro, pero todavía no he ganado ningún premio. Y todavía no he ido a un concierto aunque ya he cantado en el nuevo karaoke de mi barrio. Es muy divertido.

[7]

Esta noche he dormido fatal. He tenido una pesadilla. He soñado con tiburones y yo odio los tiburones. El despertador por la mañana no ha sonado y he llegado tarde a mi clase. No he desayunado porque no he tenido tiempo. Mi profesor de Matemáticas ha entregado el examen y he suspendido. He perdido el autobús y cuando he llegado a casa mi hermano pequeño ha pintado mi camiseta favorita. Mi madre me ha castigado por suspender el examen y no he jugado al fútbol con mis amigos.

[8]

▶ ¡Qué hambre tengo hoy!

▷ Siempre tienes hambre Javi, es increíble. Hoy ha sido un día duro para ti y por eso hemos venido a cenar a tu restaurante favorito.

▶ Sí, es verdad. Gracias, mamá. El examen de hoy ha sido muy difícil, pero creo que voy a aprobar.

▷ Esta semana has hecho dos exámenes, ¿verdad?

▶ Bueno, he hecho dos exámenes y ¡he terminado mi trabajo de Historia!

▷ ¿Y qué has hecho hoy después del examen? No te he visto en todo el día.

▶ Ya, es verdad. He ido a comer con mis compañeros a una pizzería. Hemos pedido una *pizza* buenísima. No recuerdo cómo se llama, pero lleva queso, tomate, cebolla y pimiento.

▷ ¡Pero si a ti no te gustan los pimientos!

▶ Sí me gustan, pero solo los verdes.

▷ ¿Qué vas a pedir para cenar?

▶ Pues yo quiero una tortilla de atún y un refresco de naranja.

▷ Yo voy a pedir una ensalada. Yo, para beber, agua.

[9]

◗ Hola, Ana. ¿Qué tal el fin de semana?
◖ Bueno, ni fu ni fa. El sábado estuve casi todo el día estudiando y el domingo queríamos ir al cine, pero se nos hizo tarde y cuando llegamos no quedaban entradas. Así que volvimos a casa y vimos una peli en la tele.
◗ ¿Y qué tal la peli?
◖ Pues regular, porque era de miedo y a mí las películas de miedo no me gustan mucho, pero bueno, no estuvo mal.
◗ ¿Y tú, Miguel? ¿Qué hiciste el fin de semana?
◗ Yo fui a Madrid a ver a un amigo. Estuvimos todo el fin de semana haciendo turismo por la ciudad. Me lo pasé genial, la verdad, porque mi amigo es muy divertido y siempre me río mucho con él. También me llevó a muchos sitios y me contó muchas cosas sobre Madrid. El sábado visitamos el centro: Puerta del Sol, Ópera, la Plaza Mayor, el Palacio Real... Y el domingo fuimos al Rastro y comimos tapas en la Latina. ¡Fue un fin de semana fantástico!
◗ ¿Y tú, Paula? ¿Qué hiciste?
◖ Bueno, mi fin de semana fue un desastre. El sábado fuimos a un restaurante y no sé qué comí que me puse malísima, todo el sábado vomitando en el baño. Y el domingo hicimos una excursión a la Sierra, pero primero nos equivocamos de camino y tardamos un montón en llegar, y después, cuando llegamos, se puso a llover tanto que nos tuvimos que volver a la media hora de llegar. ¡Y encima a la vuelta, nos encontramos con un atasco!

[10]

Avión, tren, maleta, billete, saco de dormir, albergue, mochila, autobús, senderismo, bañarse, hotel, pasaporte, tomar el sol, ir de excursión, barco, montar a caballo.

[11]

◗ Bueno, Alberto, explícanos qué tal fue tu viaje a México.
◖ ¡Buah! ¡Fue fantástico! ¡México es un país fascinante!
◗ Pero cuéntanos...
◖ A ver, lo que más me sorprendió fue lo grande que es. ¿Sabes que la capital tiene casi nueve millones de habitantes?
◗ ¡Guau! ¿Y qué hiciste allí?
◖ Pues muchas cosas. Primero estuvimos en ciudad de México, la capital, o como dicen los mexicanos, el D.F., allí visitamos el Museo Nacional de Antropología, la Catedral, la plaza del Zócalo –donde se encuentran las ruinas de la antigua capital azteca–. También fuimos un día a ver las pirámides de Teotihuacán, en las afueras de la ciudad...
◗ Ya veo, un viaje muy cultural...
◖ Sí, en el D.F. hay mucho que ver, pero bueno, no solo visitamos museos y monumentos, también paseamos por la ciudad y fuimos de compras por la zona rosa –donde están todas las tiendas, bares y restaurantes–. Un día también vimos un espectáculo de mariachis que cantaron rancheras y, ¿sabes?, sacaron a mi padre al escenario para cantar con ellos... ¡fue muy divertido!
◗ Seguro. Oye, ¿y qué comiste? Dicen que la comida mexicana está muy buena.
◖ Sí, a mí me gustaron mucho los nachos con guacamole y los burritos. Están mucho más buenos que aquí, eso sí, hay que estar preparados para el picante.
◗ Y después de la capital, ¿dónde estuviste?
◖ Pues después nos fuimos unos días a la playa, a Cancún, fuimos en avión, y allí estuvimos todos los días en la playa. El azul del mar Caribe es el más bonito que he visto nunca. Hice muchas fotos, las tienes que ver. También hicimos una excursión para ver las ruinas de la antigua ciudad de Chichén Itzá, con su famosa pirámide de Kukulcán, declarada Patrimonio de la Humanidad. ¡Ah! Y fuimos varios días al pueblo, que es menos turístico y puedes ver cómo vive la gente de allí. Visitamos algunos mercados tradicionales y te compré un regalito...
◗ ¡Ay! ¡Qué ilusión! Y, ¿qué es?
◖ Bueno, son unos pendientes de plata, que son muy típicos de allí.
◗ ¡Muchas gracias, Alberto!

[12]

◗ ¿Diga?
◖ ¡Hola, Marta!
◗ ¡Hola, Paco! ¿Qué tal?
◖ Muy bien, ¿y tú? ¿Qué tal el finde?
◗ Bueno, un poco aburrido. El sábado ayudé a mis padres a hacer la compra y a limpiar la casa, y ayer estuve casi todo el día estudiando para el examen de Historia y casi no salí. Y tú, ¿hiciste algo interesante?
◖ ¡Yo me lo pasé genial! Estuvimos de acampada en la sierra. Hicimos senderismo, nos bañamos en el río... ¡Fue muy divertido!
◗ ¡Qué suerte! ¿Y con quién fuiste?
◖ Con mi vecino Santi y su hermano mayor, Javi, que es un experto montañero. Él nos enseñó a montar solos una tienda de campaña y a usar el mapa y la brújula para no desorientarnos en el campo.
◗ ¡Qué guay! Y, ¿cómo fuisteis?
◖ Pues viajamos en autobús hasta el pueblo más cercano, Guadarrama, y después fuimos a pie hasta nuestro lugar de acampada. Por suerte no llevamos mucho peso en las mochilas.
◗ Pero, ¿os alojasteis en un hotel o un albergue, no?
◖ No, Marta, nada de albergues, ni de hoteles, fue un fin de semana en plena naturaleza.
◗ Pero, ¿dónde dormisteis entonces?
◖ Pues en las tiendas, en nuestros sacos de dormir. ¿Y sabes? El sábado por la noche vimos una lluvia de estrellas. ¡Fue impresionante, lo mejor de toda la excursión!
◗ ¿Y no os dio miedo encontraros con animales salvajes?
◖ ¡No, hombre, no! Además, con Javi nunca pasamos miedo, él sabe qué hacer en todo momento.
◗ Claro, es verdad. Mi padre siempre dice que a la mon-

taña hay que ir con alguien experimentado.
- Sí, tu padre tiene razón. La montaña es fantástica, pero también puede ser peligrosa.
- ¡Qué envidia! ¡Para la próxima me apunto! Y... ya que mi fin de semana no fue tan divertido como el tuyo, ¡espero al menos aprobar el examen de Historia!

[13]

- ¿Diga?
- ¡Hola, Cristina! Soy José.
- ¡Hola, José! ¿Qué tal?
- Muy bien, ¿y tú? ¿Qué estás haciendo?
- Pues estoy en una pastelería comprando una tarta para el cumpleaños de Javier. Hay muchísimas y no sé cuál elegir.
- Pues compra alguna con chocolate, ya sabes que a Javier le encanta el chocolate. ¿Hay alguna?
- Sí, hay dos. Una cuesta 30 euros y otra 50. La de 50 es muy grande y seguro que está muy buena, pero es cara.
- ¡Qué tartas tan caras! Y la de 30, ¿cómo es?
- Es grande también pero tiene menos chocolate. Supongo que cuesta 20 euros menos porque no estará tan buena como la otra, pero me parece que voy a comprarla. Espera, aquí al lado hay otra de manzana que está de oferta.
- ¿Y qué precio tiene?
- 12 euros.
- Muy bien, es un buen precio. ¿La vas a comprar?
- Creo que sí. Parece rica. También tenemos que comprarle un regalo. ¿Has pensado en algo?
- Ni idea. Sé que le gustan mucho los celulares y las computadoras, pero no sé qué comprarle.
- Pues, mira, toma el coche y ve a la tienda de informática de tu barrio, seguro que encuentras algo.
- Creo que una vez dijo que no tenía impresora en casa.
- ¡Claro, es verdad! Perfecto, podemos comprarle la impresora entre los dos. ¿Te parece bien?
- Sí, tienes razón. Puede ser un gran regalo. Voy a la tienda y si la compro, te vuelvo a llamar para decirte cuánto cuesta.
- Genial. ¡Hasta luego!

[14]

Diálogo 1

- No sé qué vestido ponerme para la fiesta de Juan. Dudo entre este y este.
- A mí me gusta más el verde.
- ¿Sí? No sé, antes me gustaba mucho, pero ahora no sé. ¿No te parece un poco anticuado? ¡Si es que parece un vestido de abuela!
- Pues los vestidos así están muy de moda ahora.
- Si tú lo dices...

Diálogo 2

- ¿Te ha gustado la película?
- ¡Para nada! ¡Qué película más tonta! Es la típica película para adolescentes. ¡No me digas que a ti sí te ha gustado!
- Pues sí, a mí me ha encantado.

Diálogo 3

- ¿Qué piensas sobre el nuevo libro de José Antonio Cotrina? Yo creo que es el mejor escritor de literatura fantástica, ¿verdad?
- Estoy totalmente de acuerdo contigo. Para mí, también es el mejor.

[15]

1. Alejandro: Yo nací en los 75. Cuando yo era pequeño, me encantaban los juegos de construcción. Tenía uno muy chulo para construir castillos. Me pasaba tardes enteras haciendo castillos. Luego los deshacía y los volvía a hacer. El juego estaba muy bien, porque tenía muchos detalles: puertas, ventanas, puentes... las torres. Después, mi hermana traía sus muñecas y nos inventábamos historias de princesas y dragones. Nos lo pasábamos muy bien.

2. Carmen: Yo nací en el 77. Me encantaba patinar, pero cuando era pequeña mis patines eran horribles. No tenías que quitarte los zapatos para usarlos y se podían hacer más grandes o más pequeños. Eran muy feos, pero eran los que tenía... Recuerdo que mi prima Marta tenía unos con las botas blancas, como los de las patinadoras profesionales, aquellos sí eran preciosos. ¡Qué envidia le tenía yo a mi prima Marta!

3. Toni: Yo nací en el 63. Mi juego favorito era el Cinexin. Este juego consistía en una cámara de cine, que proyectaba películas. Con mis hermanos, nos tumbábamos en la cama y proyectábamos las películas en la pared o en el techo. Siempre eran películas de Micky Mouse, el Pato Donald, la Pantera Rosa... si no recuerdo mal, yo creo que no tenía no tenía sonido. Solo eran imágenes. Ni hablaban ni había música.

4. David: Yo nací en el 82. A mí me gustaba mucho jugar con la Game Boy. La Game Boy, era una máquina para jugar a videojuegos. Había muy pocos juegos... yo solo tenía uno. El Super Mario. Era muy divertido, pero comparado con los juegos que hay ahora... ahora las imágenes son mucho mejores. Antes la imagen siempre era de color verde. No había más colores. Pero yo me lo pasaba igual de bien.

VOCABULARIO

UNIDAD 0

Verbos

- acostarse
- cenar
- comer
- comprar
- conocer
- creer
- desayunar
- divertirse
- dormir
- ducharse
- empezar
- encantar
- estar
- gustar
- ir
- jugar
- levantarse
- llamarse
- llevar
- nadar
- poder
- quedar
- tener
- tener que
- terminar
- ver
- vestirse
- vivir
- volver

Descripciones físicas

- alto/a
- corto/a (el pelo)
- delgado/a
- feo/a
- fuerte
- gordo/a
- joven
- largo (el pelo)
- liso/a (el pelo)
- mayor
- moreno/a
- rizado (el pelo)
- rubio/a

Descripciones de carácter

- abierto/a
- antipático/a
- desordenado/a
- divertido/a
- hablador/a
- nervioso/a
- perezoso/a
- simpático/a
- ordenado/a
- tímido/a
- trabajador/a
- tranquilo/a

Actividades de ocio y tiempo libre

- chatear
- escuchar música
- ir a la bolera
- ir en bici
- jugar al fútbol
- leer
- montar a caballo
- nadar
- ver la tele

La ropa

- las botas
- la bufanda
- los calcetines
- la camisa
- la camiseta
- la chaqueta
- la corbata
- la falda
- el gorro / la gorra
- los guantes
- los pantalones (cortos)
- el vestido
- las zapatillas de deporte
- los zapatos

El cuerpo

- la cabeza
- el cuello
- la espalda
- las manos
- los ojos
- el pecho
- el pelo
- las piernas
- los pies

Los colores

- amarillo
- azul
- blanco
- gris
- marrón
- naranja
- negro
- rojo
- verde

Medios de transporte

- avión
- barco
- bicicleta
- (a) caballo
- coche
- monopatín
- moto
- (a) pie
- tren

Palabras o expresiones útiles

- la lluvia

UNIDAD 1

Descripciones

- abierto/a
- cuadrado/a
- frágil
- grande
- ligero/a
- moderno/a
- pesado/a
- práctico/a
- rectangular
- redondo/a
- ruidoso/a
- sencillo/a
- útil
- viejo/a

Materiales

- el cristal
- el cuero
- la madera
- el metal
- el plástico

Comparativos

- más... que
- mayor
- mejor
- menos... que
- peor
- tan... como

Verbos

- guardar
- llamar
- poner
- usar

Demostrativos

- aquel/aquella, aquellos/as
- aquello
- ese/esa, esos/as
- eso
- este/esta, estos/as
- esto

Objetos

- la aspiradora
- la calculadora
- la cámara de fotos
- la carpeta
- el cuadro
- el escritorio
- el estuche
- la impresora
- el jarrón
- la lámpara
- el monitor
- las pinturas
- la planta
- el portátil
- el póster
- el ratón
- la regla
- el sacapuntas
- el sillón
- el teclado
- el teléfono móvil
- las tijeras
- la videoconsola

UNIDAD 2

Verbos
deber
decir
ir de excursión
lavar
llevar
llover
nevar
pagar
traer
venir

El tiempo
bajo cero
Está nublado.
los grados
Hace buen tiempo.
Hace calor.
Hace frío.
Hace mal tiempo.
Hace sol.
Hace viento.
el hielo
Llueve.
la lluvia
la niebla
Nieva.
la nieve
el relámpago
la temperatura
la tormenta
el trueno

Estaciones del año
el invierno
el otoño
la primavera
el verano

Descripciones
caluroso/a
inestable
ocupado/a

Expresiones de tiempo
ahora
antes
hoy
mañana
próximo/a (el año, el mes...)
que viene (el año, el mes...)

La ropa
el abrigo
el anorak
las chanclas
las gafas de sol
el gorro
los guantes
el impermeable
el paraguas

Palabras y expresiones útiles
¡Cuánto llueve!
Hace mucho frío/calor.
Estamos a veinte grados.
Hace muchísimo frío/calor.
Hace un día muy bueno /malo.
No hace nada de frío/calor.
¡Qué frío hace!
¡Qué calor!
¡Qué frío/calor tengo!
¿Qué día/tiempo hace?
¿Tienes frío/calor?

UNIDAD 3

Verbos
andar
bajar
dar
divertirse
mudarse
ponerse

Los medios de comunicación
el anuncio
el artículo
el documental
la entrevista
el informativo
las noticias
la página
el periódico
el periódico digital
el/la periodista
la portada
la prensa
la prensa deportiva
el/la presentador/a
el programa
la red social
el reportaje
la revista
la revista de información científica

Las noticias de prensa
el cuerpo de la noticia
la entrada
las noticias del día
la primera página
el subtítulo
el titular

Las personas
los famosos
el/la lector/a
el personaje

Expresiones útiles
el/la extranjero/a
Seguro que...

UNIDAD 4

Los viajes
el albergue
el billete
el destino
la excursión
el/la extranjero/a
las gafas de sol
la linterna
la maleta
la mochila
la playa
el pasaporte
el protector solar
el saco de dormir
el senderismo
la sombrilla
la tienda de campaña
la toalla de playa
el traje de baño/bañador

Expresiones temporales
anoche
ayer
hace dos días
el mes/año pasado

Valorar acontecimientos
Fue...
(muy) aburrido/a / aburridísimo/a.
un desastre.
(muy) divertido/a / divertidísimo/a.
estupendo/a.
fantástico/a.
fenomenal.
genial.
horrible.
un rollo.
terrible.

Lo pasé...
bien.
de miedo.
estupendamente.
fatal.
genial.
(muy) mal.
regular.
superbién.

Estuvo...
(muy) bien/superbién.
de miedo.
guay.
(muy) mal.

Ni fu ni fa.
Regular.
Más o menos.

Verbos
alojarse
andar
bañarse
buscar

conocer
crecer
descubrir
divertirse
empezar
enfadarse
llevar
montar a caballo
nadar
perder(se)
ponerse
regresar
subir
terminar
tomar el sol

Expresiones de jerga juvenil

estar mosqueado/a
mazo (de)
mogollón (de)
molar
por la cara
rayarse
ser flipante
ser una pasada

Palabras y expresiones

el anuncio
seguro

UNIDAD 5

Las tiendas

la carnicería
el centro comercial
la droguería/perfumería
el estanco
la farmacia
la floristería
la frutería
los grandes almacenes
la librería/papelería
la panadería
la pastelería
la perfumería
el quiosco
el supermercado
la tienda de alimentación
la tienda de electrónica
la tienda especializada
la tienda de ropa
la zapatería

En la tienda

¿Cómo va a pagar?
¿Cuánto cuesta?
¿Cuánto es?
de rebajas
en efectivo
hacer la compra
ir de compras
¿Me podría decir el precio?
¿Qué precio tiene?
tarjeta de crédito/débito
tarjeta de regalo

Palabras relacionadas con las compras/tiendas

el abrigo
la aspirina
la bolsa
el cajero
la cámara de fotos
el champú
el chándal
la chuleta de cerdo
el/a dependiente/a
el/la encargado/a
el escaparate
los medicamentos
el mostrador
la pasta de dientes
el perfume
el periódico
el probador
los productos de limpieza
la revista
la sección
las zapatillas de deporte
los zapatos

Por teléfono

¿De parte de quién?/¿Quién lo/la llama?
dejar un mensaje
¿Dígame?/¿Aló?
la llamada perdida
no contesta
el número equivocado
¿Puedo llamar más tarde?
¿Se encuentra...?
suena ocupado

Descripciones

abierto/a
aburrido/a
listo/a
malo/a
ocupado/a
rico/a

Palabras y expresiones útiles

el ascensor
las desventajas
la red social
el soldado
las ventajas

UNIDAD 6

Las personalidades

amable
callado/a
cariñoso/a
divertido/a
emocionante
entretenido/a
estresado/a
frío/a
hablador/a
impresionante
impuntual
interesante
juerguista
peligroso/a
perezoso/a
práctico/a
puntual
relajante
responsable
ruidoso/a
saludable
silencioso/a
soso/a
tranquilo/a

Expresiones temporales

antes
cuando
de joven
de pequeño/a
entonces

Pedir y dar opiniones

Me parece (que)...
No sé qué decir.
No te puedo decir.
¿Por qué?
porque
¿Qué opinas/piensas sobre...?
¿Qué te parece...?
¡Yo qué sé!

Expresar acuerdo y desacuerdo

¡Anda ya!
Estoy (en parte/totalmente) de acuerdo con...
¡Que no!
No estoy (totalmente) de acuerdo con...
Nunca jamás.
¡Para nada!
¡Por supuesto!
¡Qué dices!
Tienes razón.
¡Totalmente!

Palabras y expresiones útiles

la red social